安徽省高等学校“十二五”规划教材
高职高专国家骨干院校重点专业建设规划教材
管　理　工　程　系　列

仓储管理实务实训指导

CANGCHU GUANLI SHIWU SHIXUN ZHIDAO

程世平◎主　审
范爱理◎主　编
朱丽娜◎副主编

北京师范大学出版集团
BEIJING NORMAL UNIVERSITY PUBLISHING GROUP
安徽大学出版社

图书在版编目(CIP)数据

仓储管理实务实训指导/范爱理主编. —合肥:安徽大学出版社,2016.6
高职高专国家骨干院校重点专业建设规划教材.管理工程系列
ISBN 978-7-5664-1128-0

Ⅰ.①仓… Ⅱ.①范 Ⅲ.①仓库管理—高等职业教育—教材 Ⅳ.①F253.4

中国版本图书馆 CIP 数据核字(2016)第 124267 号

仓储管理实务实训指导 **范爱理 主编**

出版发行:北京师范大学出版集团
安 徽 大 学 出 版 社
(安徽省合肥市肥西路 3 号 邮编 230039)
www.bnupg.com.cn
www.ahupress.com.cn
印 刷:安徽省人民印刷有限公司
经 销:全国新华书店
开 本:184mm×260mm
印 张:15
字 数:362 千字
版 次:2016 年 6 月第 1 版
印 次:2016 年 6 月第 1 次印刷
定 价:35.00 元
ISBN 978-7-5664-1128-0

策划编辑:李 梅 武溪溪
责任编辑:武溪溪
责任校对:程中业
装帧设计:张同龙 李 军
美术编辑:李 军
责任印制:李 军

序　言

《教育部关于全面提高高等职业教育教学质量的若干意见》(以下简称“《意见》”)明确提出:课程建设与改革是提高教学质量的核心,也是教学改革的重点和难点。高等职业院校应积极与行业企业合作开发课程,根据技术领域和职业岗位(群)的任职要求,参照相关的职业资格标准,改革课程体系和教学内容,建立突出职业能力培养的课程标准,规范课程教学的基本要求,提高课堂教学质量。同时,《意见》指出,课程建设要改革教学方法和手段,融教、学、做为一体,强化对学生能力的培养,加强教材建设,与行业企业共同开发紧密结合生产实际的实训教材。

安徽交通职业技术学院是国家骨干高职院校,物流管理专业是其重点建设专业。该校坚持以就业为导向,以提高学生综合职业能力为主线,通过校企合作,重点开发了“仓储管理实务”“运输实务”“物流市场营销”“国际货运代理实务”等优质核心课程。

课程开发中采取企业调研、岗位访谈、熟悉企业业务流程和工作标准等形式,结合不同企业类型特点,总结出岗位典型工作任务。通过项目形式,按照实施步骤,将具体知识点与技能要点体现出来,实现在工作中提高技能、在技能提高中学习知识的目标,真正体现“工学结合”。

为了更好地突出技能培养,我校还专门开发了相关核心课程的实训指导书。这些指导书是真正的技能训练、真正的工学结合课程的行业操作指导书。通过实训,学生可以完全胜任行业企业基层岗位的工作。

参与本套教材编写的团队中,有学院的教授,也有来自企业的管理者。他们为这套实训教材提供了鲜活的素材和丰富的教学经验,力求使之符合职业教育的规律和特点,努力为教学改革与教学实践提供高质量的教材。在此向他们表示深深的感谢。

程世平

2016 年 4 月

前　言

仓储是物流活动的重要环节，仓储管理是高职高专物流管理专业的主干课程之一。《仓储管理实务实训指导》作为省级精品资源共享课“仓储管理实务”的配套实训教材，其建设思路是以就业为导向、以能力为本位、以岗位需要和职业标准为依据，开发满足学生职业生涯发展需求、突出能力培养的课程体系。因此，本实训教材在培养目标上，突出能力目标；在内容选取上，强调职业活动导向、工作过程导向；在课程设计上，以项目和任务为主要载体，通过完成任务训练职业岗位能力。

本书按照仓储工作过程的顺序来设计相关的课程内容，具体分为：第一篇仓储设备配置与操作技能；第二篇入库作业技能操作；第三篇货物在库管理作业技能操作；第四篇出库作业技能操作；第五篇 WMS 操作。其中，第五篇 WMS 操作中，涵盖了当今仓储管理信息系统的最新应用，如 WMS 横梁式货架入出库实训、WMS 窄通道货架入出库实训、WMS 箱盒式自动化立体仓库入出库实训、RFID 拣选作业系统实训、语音拣选系统实训、电子标签摘果式拣选作业系统实训以及电子标签播种式拣选作业系统实训等。

本书由安徽交通职业技术学院范爱理担任主编，深圳国泰安教育技术股份有限公司朱丽娜担任副主编，安徽交通职业技术学院程世平教授担任主审。范爱理负责第一篇的编写，周伟负责第二篇的编写，胡勇负责第三篇的编写，李娟玲负责第四篇的编写，朱丽娜负责第五篇的编写。

在本书编写过程中，我们参考了许多同类书，得到了物流企业从业人员的大力支持，在此深表感谢。由于时间仓促，加上编者水平有限，书中不足之处在所难免，欢迎广大读者予以指正，使其完善。

编　者

2016 年 4 月

目 录

第一篇　仓储设备配置与操作技能

项目一　仓储设备配置

1.1　实训项目说明

实训课时

4 课时。

实训目标

掌握常用的仓库存取设备的配置方法。

实训内容

安徽交通物流有限公司现有一座新仓库，主要经营百货类的存储服务。试为该仓库配置货架等存取设备。

材料准备

无。

1.2　知识链接

随着科技的发展、现代化仓库的建立，仓储设备也在日益更新，朝着经济、适用、安全、可靠、合理、稳定等方向发展。仓储设备在完成仓库功能中起着非常重要的作用。下面介绍几种常用仓库设备的结构、特点及用途。

1. 货架

(1)货架的分类。货架的种类较多，分类的方法也不尽相同。按货架是否是固定的可以分为固定型货架和移动型货架。固定型货架可细分为搁板式货架、托盘式货架、贯通式货架、重力式货架、压入式货架、阁楼式货架、钢结构平台、悬臂式货架、流动式货架、抽屉式货架、牛腿式货架等。移动型货架可细分为移动式货架和旋转式货架。其中，移动式货架又可细分为轻中型移动式货架(又称“密集架”，分为手动和电动 2 种)和重型托盘式移动货架;旋转式货架又可细分为水平旋转式货架和垂直旋转式货架。按货架系统与仓库建筑结构的连接与否可以分为库架合一式货架和分离结构式货架。前者的货架系统和建筑物屋顶等构成一个不可分割的整体,由货架立柱直接支撑屋顶荷载,在两侧的柱子上安装建筑物的围护(墙体)结构。后者的货架系统和建筑物为两个单独的系统,互相之间无直接连接。按单元货架每层的载重量大致可以分为轻型货架、中型货架和重型货架。轻型货架的每层载重量不大于 200kg,单元货架跨度通常不大于 2m,深度不大于 1m(多为 0.6m 以内),高度一般在 3m 以内。常见的为角钢式立柱货架,其外观漂亮、轻巧,主要适用于存放轻、小物品,资金投入少,广泛用于电子、轻工、文教等行业。中型货架的每层载重量为 200~500kg,单元货架跨度通常不大于2.6m,深度不大于 1m,高度一般在 3m 以内。如果单元货架跨度在 2m 以内,每层载重量在 500kg 以内,通常选无梁式中型搁板式货架较为适宜;如果单元货架跨度在 2m 以上,则一般只能选有梁式中型搁板式货架。无梁式中型搁板式货架与有梁式中型搁板式货架相比,层间距可调余地更大,更稳固、漂亮,与环境的协调性更好,适用于一些洁净度要求较高的仓库;有梁式中型搁板式货架的工业化特点强一些,较适用于存放金属结构产品。中型搁板式货架应用广泛,适用于各行各业。重型货架的每层载重量在 500kg 以上,单元货架跨度一般在 3m 以内,深度在 1.2m以内,高度不限,通常与重型托盘式货架相结合、相并存。重型货架的下面几层为搁板式,便于人工存取作业,高度在 2m 以上的部分通常为托盘式货架,使用叉车进行存取作业,主要用于一些既需要整托存取,又需要零存零取的情况。按货架的高度划分,高度为 5m 以下的为低位货架,高度为 5~12m 的为高位货架,高度在 12m 以上的为超高位货架。

(2)常见货架。

①托盘式货架。托盘式货架又称"横梁式货架"或"货位式货架",如图 1.1.1 所示。托盘式货架通常为重型货架,在国内的各种仓储货架系统中最为常见。操作托盘式货架时,首先要进行集装单元化工作,即将货物包装及其重量等特性进行组盘,确定托盘的类型、规格、尺寸以及单托载重量和堆高(单托货物重量一般在 2 000kg 以内);然后由此确定单元货架的跨度、深度和层间距,再根据仓库屋架下沿的有效高度和叉车的最大叉高决定货架的高度。单元货架的跨度一般在 4m 以内,深度在 1.5m 以内,低、高位仓库货架的高度一般在 12m 以内,超高位仓库货架的高度一般在 30m 以内(此类仓库均为自动化仓库,货架总高由若干段 12m 以内的立柱构成)。低、高位仓库货架大多用前移式电瓶叉车、平衡重电瓶叉车、三向叉车等进行存取作业。货架较矮时,也可用电动堆高机,超高位仓库货架用堆垛机进行存取作业。托盘式货架的空间利用率高,存取灵活方便,辅以计算机管理或控制,基本上能达到现代化物流系统的要求,广泛应用于制造业、第三方物流和配送中心等领域,既适用于存储多品种小批量货物,又适用于存储少品种大批量货物。此类货架在高位仓库和超高位仓库中应用最多(自动化仓库中货架大多数用此类货架)。

图 1.1.1 托盘式货架

②贯通式货架。贯通式货架又称“通廊式货架”，此类货架分为2种，一种为驶入式货架，另一种为驶出式货架，如图1.1.2所示。驶入式货架排布密集，空间利用率极高，几乎是托盘式货架空间利用率的2倍，但货物必须是少品种大批量型，货物要先进后出。操作贯通式货架时，首先要进行集装单元化工作，确定托盘的规格、载重量和堆高，由此确定单元货架的跨度、深度和层间距，再根据仓库屋架下沿的有效高度确定货架的高度。靠墙区域的货架总深度最好控制在6个托盘深度以内，中间区域可两边进出的货架总深度最好控制在12个托盘深度以内，以提高叉车存取的效率和可靠性(在此类货架中，叉车为持续采取“高举高打”作业方式，叉车易晃动而撞到货架)。此类仓储系统稳定性较弱，货架不宜过高，通常应控制在10m以内。为了加强整个货架的稳定性，除规格、选型要大一些外，还要加设拉固装置。单托货物不宜过大、过重，通常重量控制在1 500kg以内，托盘跨度不宜大于1.5m，常配叉车为前移式电瓶叉车或平衡重电瓶叉车，多用于乳品、饮料等食品行业，冷库中也较为多见。

对于驶出式货架，叉车在货架两端都可以进行存取作业，也可以从货架一端存放货物，从另一端取货，这样可以做到先进先出，但驶出式货架比驶入式货架减少了约25%的储存空间。

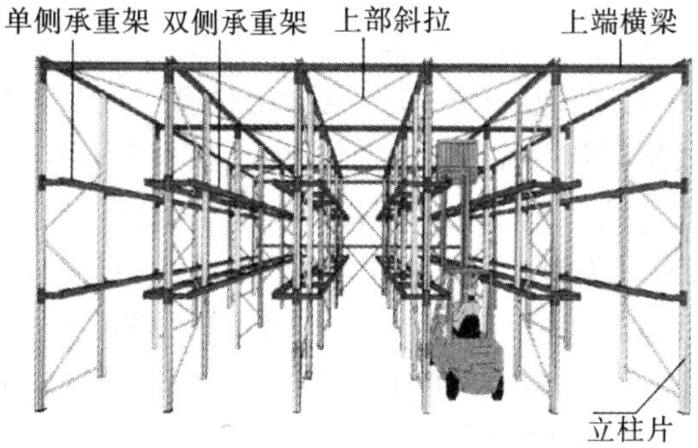

图1.1.2　贯通式货架

图1.1.3　重力式货架

③重力式货架。重力式货架采用辊子式轨道，轨道呈一定坡度，利用货物的自重实现货物的先进先出，一边进另一边出，适用于大批量、同类货物的先进先出存储作业，空间利用率很高，尤其适用于有一定保质期、不宜长期积压的货物。货架总深度(即导轨长度)不宜过大，否则，不能利用的上下“死角”会较大，影响空间利用率，且坡道加长，下滑的可控性会较差，下滑的冲力较大，易引起下滑不畅、阻住以及托盘货物的倾翻。为使下滑流畅，如坡道较长，应在中间加设阻尼装置。为使托盘货物下滑至最底端时不致因冲击力过大而倾翻，应在坡道最低处设缓冲装置。因此，重力式货架的设计、制造和安装难度都较大，成本较高。此类货架不宜过高，一般在6m以内，单托货物重量一般在1 000kg以内，否则其可靠性和可操作性会降低。目前，此类货架系统在国内应用得不多，如图1.1.3所示。

④压入式货架。压入式货架也称“后推式货架”，采用轨道和托盘小车相结合的方式，轨道呈一定的坡度，利用货物的自重实现托盘货物的先进后出，同一边进同一边出。该货架适用于大批量少品种的货物存储，空间利用率很高，存取也较灵活方便。货架总深度不宜过大，一般在5个托盘深度以内，如果托盘小车相互嵌入，则会使空间利用率牺

性较大。单托货物重量一般在 1 500kg 以内，货架高度一般在 6m 以内。此类货架系统对货架的制造精度要求较高，托盘小车与导轨间的配合尤为重要。如制造、安装精度不高，极易导致货架系统的运行不畅。此类货架造价较高，在国内已有一定的应用，如图 1.1.4所示。

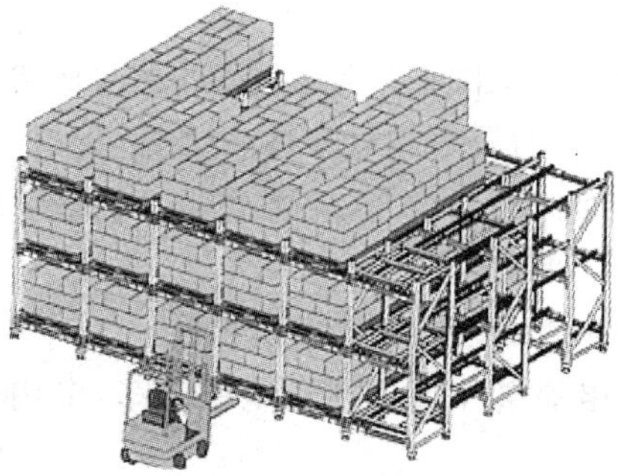

图 1.1.4　压入式货架

图 1.1.5　阁楼式货架

⑤阁楼式货架。阁楼式货架是在已有的工作场地或货架上建一个中间阁楼，以增加存储空间，可做二、三层阁楼，宜存放一些轻泡及中小件货物，如图 1.1.5 所示。此类货架适用于存储多品种大批量或多品种小批量货物、人工存取货物。货物通常由叉车、液压升降台或货梯送至二、三楼，再由轻型小车或液压托盘车送至指定位置。此类货架系统通常利用中型搁板式货架或重型搁板式货架作为主体和楼面板的支撑(根据单元货架的总载重量来决定选用何种货架)，楼面板通常选用冷轧型钢楼板、花纹钢楼板或钢格栅楼板。近几年多使用冷轧型钢楼板，它具有承载能力强、整体性好、承载均匀性好、精度高、表面平整、易锁定、有多种类型可选等优点，并且易匹配照明系统，存取和管理均较为方便。单元货架每层载重量通常在 500kg 以内，楼层间距通常为 2.2～2.7m，顶层货架高度一般为 2m，充分考虑了人机操作的便利性。此类货架在汽车零部件、汽车 4S 店、轻工、电子等行业有较多应用。

⑥钢结构平台。钢结构平台通常是在现有的车间(仓库)场地上再建一个两层或三层的全组装式钢结构平台，将使用空间由一层变成两层、三层，使空间得到充分利用，如图 1.1.6 所示。货物由叉车或升降台的货梯送上二、三楼，再由小车或液压托盘车运至指定位置。这种平台与钢筋混凝土平台相比，施工快，造价适中，易装易拆，且容易使用，结构新颖漂亮。此类平台立柱间距通常为 4～6m，一楼高 3m 左右，二、三楼高 2.5m 左右。立柱通常采用方管或圆管制成，主、副梁通常用 H 型钢制成，楼面板通常采用冷轧型钢楼板、花纹钢楼板、钢格栅楼板等制成，楼面载重通常在每平方米 1 000kg 以内。钢结构平台可使仓储和管理得到最近距离的结合，楼上或楼下可作为库房办公室。钢结构平台多用于第三方物流、机械制造等行业。

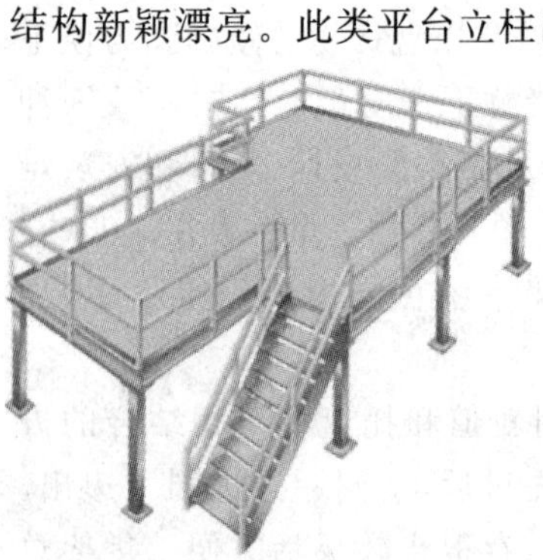

图 1.1.6　钢结构平台

⑦悬臂式货架。悬臂式货架主要用于存放长形物料，如型材、管材、板材、线缆等。该货架的立柱多采用 H 型钢或冷轧型钢，悬臂采用方管、冷轧型钢或 H 型钢，

悬臂与立柱间采用插接式或螺栓连接式，底座与立柱间采用螺栓连接式，底座采用冷轧型钢或 H 型钢。货物存取由叉车、行车或人工进行。货架高度通常在 2.5m 以内（如由叉车存取货，则可高达 6m），悬臂长度在 1.5m 以内，每臂载重通常在 500kg 以内。此类货架多用于机械制造行业和建材超市等，如图 1.1.7 所示。

图 1.1.7　悬臂式货架

图 1.1.8　流动式货架

⑧流动式货架。流动式货架通常由中型横梁式货架演变而成，货架每层前后横梁之间设置滚轮式铝合金或钣金流利条，呈一定坡度（30°左右）放置，如图 1.1.8 所示。货物通常用纸包装或将货物放于塑料周转箱内，利用其自重实现货物的流动和先进先出。货物由小车进行运送，人工存取，存取方便。单元货架每层载重量通常在 1 000kg 以内，货架高度在 2.5m 以内，适用于装配线两侧的工序转换、配送中心的拣选作业等场所，可配以电子标签，实现货物的信息化管理。

⑨抽屉式货架。抽屉式货架由重型托盘式货架演变而成，通常用于存放模具等重物，如图 1.1.9 所示。由于现场无合适的叉车可用，因此，需要组合装配螺栓连接式货架结构。货架高度一般在 2.5m 以内，除顶层外的其他层均可设计制作成抽屉式结构，安全可靠，可轻松抽出2 000kg/层的货物，辅之以行车或葫芦吊，能轻松实现货物的存取作业。此类货架主要用于存放模具等。

图 1.1.9　抽屉式货架

图 1.1.10　牛腿式货架

⑩牛腿式货架。牛腿式货架主要用于自动化仓库中，如图 1.1.10 所示。此类货架系统所使用的托盘承载能力强、刚性好。若托盘承载能力小，可取消横梁，或货格较小而不用横梁，直接将塑料箱等置于牛腿之上，由堆垛机对货物进行自动存取作业。此类货架主要用于轻小而贵重物品的自动化仓储系统中，如烟草、电子、机械制造等行业。

图 1.1.11 轻中型移动式货架

⑪移动式货架。轻中型移动式货架(也称“密集架”)由轻中型搁板式货架演变而成,采用密集式移动结构,仅需设一个通道(宽 1m 左右),密封性好,美观实用,安全可靠,是空间利用率最高的一种货架,如图 1.1.11 所示。导轨可嵌入地面或安装于地面之上,货架底座沿导轨运行,货架安装于底座之上,通过链轮传动系统使每排货架轻松、平稳移动,分为手动式和电动式 2 种类型,货物由人工进行存取。为使货架系统在运行中不致倾倒,通常设有防倾倒装置。此类货架主要用于档案馆、图书馆、银行、企业资料室、电子轻工等行业或部门。

重型移动式货架由重型托盘式货架演变而成,结构为裸露式,仅需设 1～2 个通道,空间利用率极高。该货架的结构与轻中型移动式货架类似,区别在于重型移动式货架一定是电动式的,货物由叉车进行整托存取,通道宽度通常为 3m 左右。此类货架主要用于一些仓库空间不是很大、要求最大限度地利用空间的场所,适用于机械制造等行业。

⑫旋转式货架。旋转式货架分为水平旋转和垂直旋转 2 种,自动化程度要求较高,适用于轻小而昂贵、安全性要求较高的货物,如图 1.1.12 所示。单个货架系统规模较小,单体自动控制,独立性强,可等同于某种动力设备来看待。此类货架造价较高。

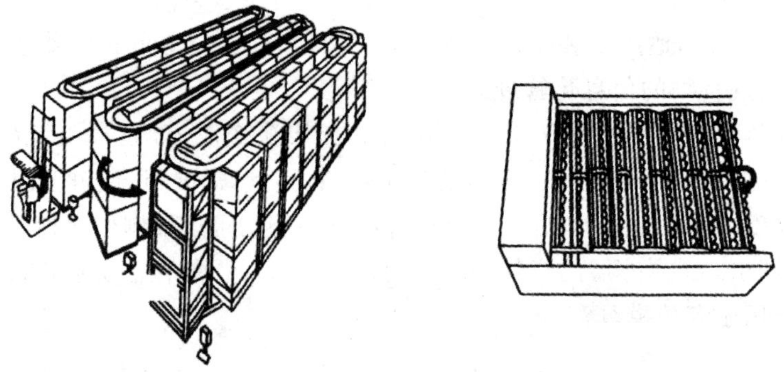

图 1.1.12 旋转式货架

不同的行业、使用场合、存放物品、环境、温度、洁净度等诸多因素,决定了货架系统的差异性,在此仅列举较常用的一些货架系统类型。这些货架系统多为组合装配式轻钢结构,表面多为静电喷塑处理。随着物流装备行业的飞速发展,货架系统的技术含量、精度将会越来越高,结构更趋优化,品种更全面,适应性更强,将在物流行业的发展中承担重要的角色。

货架是用于储存货物的设备,货架可以充分利用仓库空间,提高仓库利用率和存储能力,而且对货物保护较好,货物存取方便、损坏率低。但是货架设置好后不能随意改变,灵活性较差;不适合较重货物的存储;货架系统要求有较高的仓库管理水平,且货架投资较大。因此,在选择货架时,要充分考虑仓库的性质、货物的存放要求、储存的安全性与经济性等因素,确定最佳的方案,避免选择不适合的货架。

2.托盘

托盘是由两层面板中间夹以纵梁(或柱脚)或单层面板下设纵梁(垫板或柱脚)组成

的一种平面结构。其各部分的名称术语如图 1.1.13 所示。

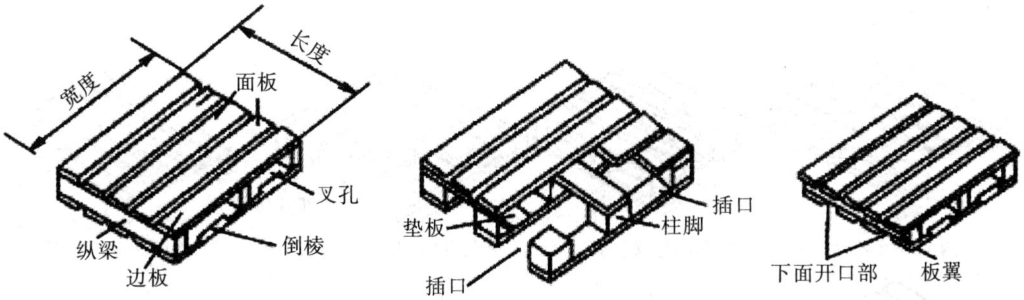

图 1.1.13　托盘的结构

托盘是物流作业中必不可少的装载工具。它的装载面可集合一定数量的货物,便于货物的装卸、运输和仓储。由于货物的品种繁多,性质不一,规格尺寸多样,形态各异,因此,与之相对应的托盘种类也多种多样。

(1)托盘的分类。

①按照托盘的材质分类,有木托盘、塑料托盘、金属托盘、纸托盘、复合材料托盘等。

木托盘。木托盘是目前使用数量最多的一种托盘,广泛应用于烟草、食品、化工、医药以及港口、码头的仓储物流和配送物流。近年来,一种新的加工工艺——拼接工艺开始应用于木托盘生产中。该工艺用松木、铁杉或冷杉作为原材料,根据使用地的温湿度进行干燥定型处理,干燥后的木材再一次进行认真的分选,对达到要求的木材采用专用设备进行切割、刨光、断头、抽边、砂光等精加工处理,采用射钉(具有止脱功能)连接成型,再进行整体砂光、倒角和防滑处理。对加工好的木托盘再进行封蜡处理,以防止到异地由于温湿度的变化而产生托盘开裂问题。这种工艺可保证木托盘结构牢固,负载、承重、变形、对角误差等技术条件能满足自动化物流系统的运行要求,并且使木托盘的使用寿命也相对提高。

塑料托盘。目前国内企业主要采用注塑和中空吹塑 2 种方式生产塑料托盘。注塑成型法生产工序少,生产效率较高,产品质量稳定。中空吹塑成型法一次成型,工艺简便,成本较低,但制品壁厚不均匀,尺寸稳定性差。这两种工艺的托盘各有优缺点:注塑工艺的塑料托盘刚度好一些,但使用寿命相对较短;中空吹塑工艺的塑料托盘刚性差一些,但使用寿命相对较长。由于塑料托盘在使用时有不可恢复的弯曲形变,因此,塑料托盘不太适合应用于货架。不过,最新的工艺在塑料托盘中加入金属嵌入件,基本解决了这个问题。

金属托盘。金属托盘的刚性很好,因此,其应用范围很广泛,基本可以适用于各个领域,尤其是应用在货架上。自重比较大是金属托盘的缺点,但可以通过改善结构设计来克服这一缺点。

纸托盘。纸托盘由于自重较轻,多用于航空运输中。缺点是防潮性能稍差,经过特别处理的纸托盘,比如浸蜡后,性能有所改善。

复合材料托盘。目前用于托盘制造的比较成熟的材料是塑木材料。复合材料托盘具有良好的防潮、防腐性能,适用于绝大多数行业。缺点是自重较大,连接件强度有待完善。

②按照托盘的结构分类,有平托盘、柱式托盘、箱式托盘、轮式托盘、特种专用托盘等。

平托盘。平托盘没有上层结构,用途广泛,品种较多。按叉车货叉的插入口可分为两向进叉托盘和四向进叉托盘；按使用面可分为单面托盘和双面托盘。各种平托盘如图 1.1.14 所示。

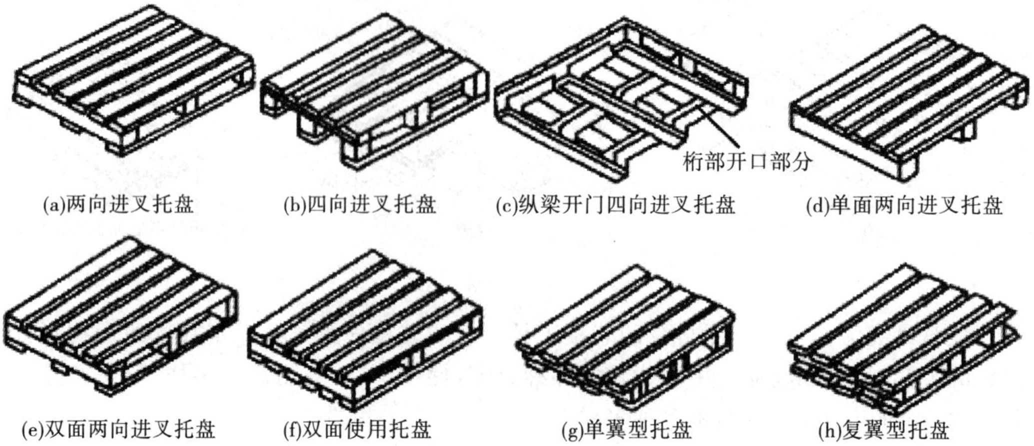

图 1.1.14　平托盘

柱式托盘。柱式托盘是在平托盘的四个角安装四根立柱后形成的，立柱可以是固定的，也可以是可拆卸的。柱式托盘多用于包装件、桶装货物、棒料和管材等的集装，还可以作为可移动的货架、货位。该托盘因立柱的顶部装有定位装置，所以堆码容易，堆码的质量也能得到保证。同时，多层堆码时，因上部托盘的载荷通过立柱传递，下层托盘货物可不受上层托盘货物的挤压。柱式托盘的种类有固定柱式托盘、拆装式柱式托盘、可套叠柱式托盘和折叠式柱式托盘。各种柱式托盘如图 1.1.15 所示。

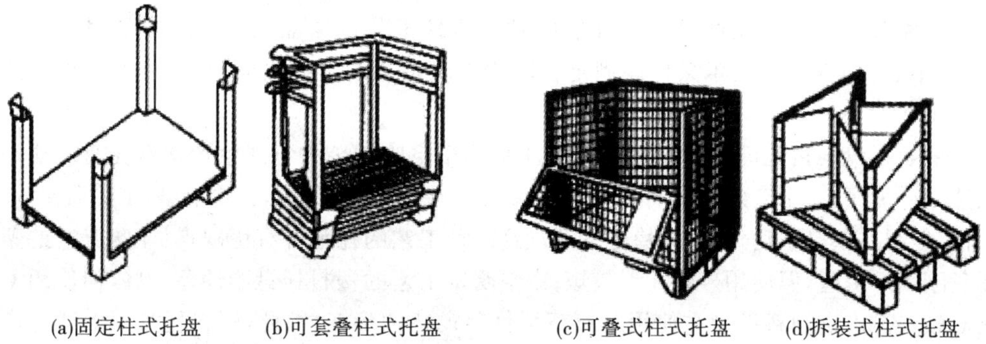

图 1.1.15　柱式托盘

箱式托盘。箱式托盘是在平托盘的基础上发展起来的，多用于装载一些不易包装或形状不规则的散件或散状货物，也可以装载蔬菜、瓜果等农副产品，金属箱式托盘还可用于热加工车间集装热料，如图 1.1.16所示。这种托盘的下部可叉装，上部可吊装，可使用托盘搬运车、叉车、起重机等作业。码垛时可相互堆叠四层，空箱可折叠。箱壁可以是平板或网状构造物，可以有盖或无盖，有盖的箱式托盘常用于装载贵重物品。

图 1.1.16　箱式托盘

轮式托盘。轮式托盘是在平托盘、柱式托盘或箱式托盘的底部装上脚轮而制成的，既便于机械化搬运，又宜于短距离的人力移动，如图 1.1.17 所示。这种托盘适用于企业工序间的物料搬运，也可在工厂或配送中心装上货物运到商店，直接作为商品货架的一部分。

图 1.1.17　轮式托盘

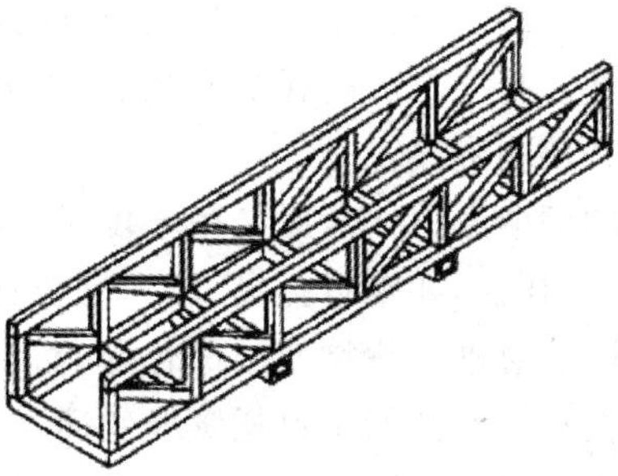

图 1.1.18　长件货物的储运托盘

特种专用托盘。特种专用托盘是一种集装特定货物（或工件）的储运工具。与通用托盘的区别在于，它具有适合特定货物（或工件）的支承结构。如图 1.1.18 所示是用于长件货物的储运托盘。

(2)托盘的尺寸。托盘与搬运的货物、集装箱、货架、运输车辆的货台以及搬运设施等有直接关系，因此，托盘的规格尺寸是考虑其他物流设备规格尺寸的基点，特别是想要建立有效的托盘共用系统，必须使用统一规格的托盘。托盘标准化是托盘作业一贯化的前提。国际标准化组织原规定的托盘规格见表 1.1.1。

表 1.1.1　国际标准化组织(ISO)原规定的托盘规格

规格尺寸	普遍使用地区	备注
1200×1000	欧洲	长方形
1200×800	欧洲	长方形
1140×1140	澳洲	正方形
40 英寸×48 英寸	美国	长方形

注：1 英寸约等于 2.54cm；尺寸单位未注明者均为 mm，下同。

目前，我国国家标准套用 ISO 规定的 4 种并列的标准。

2003 年，国际标准化组织通过新的托盘标准，除保留原有 4 种规格以外，又增加了 2 种，其中一种就是针对 1100×1100 的规格。国际标准化组织新规定的托盘规格见表1.1.2。

表 1.1.2　国际标准化组织(ISO)新规定的托盘规格

规格尺寸	普遍使用地区	备注
1200×1000	欧洲	长方形
1200×800	欧洲	长方形
1140×1140	澳洲	正方形
40 英寸×48 英寸	美国	长方形
1100×1100	亚洲	正方形
1067×1067	澳洲	正方形

考虑到托盘在将来使用的通用性，应该尽可能地选用这几种规格的托盘，以便日后托盘的交换与使用。当然，各行业由于长期以来形成了自己固有的包装尺寸，会对托盘的规格尺寸有一些不同的要求。但是，从长远的角度看，还是应该选择国家标准尺寸。

(3)托盘的选择。根据使用环境、用途、托盘尺寸以及托盘结构进行托盘的选择。

温度。不同材料的托盘有其发挥正常性能的温度范围,如塑料托盘的使用温度为－25～40℃,因此,要根据不同使用温度选择合适材质的托盘。

潮湿度。某些材料的托盘有较强的吸湿性,如木托盘不能用于潮湿的环境,否则将直接影响其使用寿命。

环境的清洁度。要考虑使用环境对托盘的污染程度,污染程度高的环境要选择耐污染、易清洁的托盘,如塑料托盘、塑木复合托盘等。

许多国家对进口货物使用的包装材料要求进行熏蒸杀虫处理,因此,用于出口的托盘应尽量选择一次性的塑料托盘或者简易的免熏蒸复合材料的托盘;用于货架堆放的托盘应选择刚性强、不易变形的托盘,如钢制的托盘和较硬的杂木制成的木质托盘;如果托盘装载货物以后不再移动,只是起到防潮防水的作用,则可选择结构简单、成本较低的托盘,如简易的塑料托盘,但是应注意托盘的净载量;如果是用于运输、搬运、装卸的托盘,由于要反复使用,且要配合叉车使用,故应选择强度高、载重大的托盘。

目前,国家标准中的托盘规格共有 4 种,分别为 1200×1000、1200×800、1140×1140 和 40 英寸×48 英寸。为了使托盘在将来的使用中有通用性,应该尽可能地选用这几种规格的托盘,便于日后托盘的交换与使用。

根据托盘装载货物以后是否要堆垛,还应考虑选择单面托盘还是双面托盘。单面托盘由于只有一个承载面,容易造成下层货物的损坏,故不适合用于堆码。堆码时,尽量选择双面托盘。如果托盘用在立体仓库内的货架上,还要考虑托盘的结构是否适合码放在货架上。由于通常只能在两个方向从货架上叉取存放托盘,故用于货架上的托盘应该尽可能地选用四面进叉的,这样便于叉车叉取存放,提高工作效率。

3.叉车

叉车是车站、码头、仓库和货场广泛用来承担装卸、搬运、堆码等作业的特种搬运车辆。叉车在企业的物流系统中扮演着非常重要的角色,是物料搬运设备中的主力军。特别是随着我国经济的快速发展,大部分企业的物料搬运已经脱离了原始的人工搬运,取而代之的是以叉车为主的机械化搬运。叉车不仅可以将货物叉起进行水平运输,还可以叉取货物进行垂直堆码,具有适用性强、机动灵活、效率高等优点。

仓储叉车主要是为仓库内货物搬运而设计的叉车。除了少数仓储叉车(如手动托盘叉车)是采用人力驱动的外,其他都是电机驱动的。仓储叉车因其车体紧凑、移动灵活、自重轻和环保性能好而在仓储业中得到普遍应用。在多班作业时,电机驱动的仓储叉车需要有备用电池,常见的有以下几种。

图 1.1.19 平衡重式叉车

(1)平衡重式叉车。平衡重式叉车是目前使用最广泛的叉车,如图 1.1.19所示。蓄电池式叉车又分为三轮与四轮、后轮驱动与前轮驱动等几种。转向与驱动都是后轮的称为“后轮驱动”,优点是成本较低,相对前轮驱动来说较容易定位;缺点是在光滑的地板及斜坡行走时,当荷载提升时,驱动轮压力会减轻，驱动轮可能会打滑。三轮平衡重式叉车与四轮平衡重式叉车相比，转弯半径小，比较灵活，最适用于集装箱内部掏箱作业。

(2)前移式叉车。前移式叉车的承载能力为 1.0～2.5t，门架可以整体前移或缩回，缩回时作业通道宽度一般为 2.7～3.2m，提升高度最高可达 11m，常用于仓库内中等高度的堆垛和取货作业，如图 1.1.20 所示。前移式叉车与平衡重式叉车相比，能节省较多的空间。

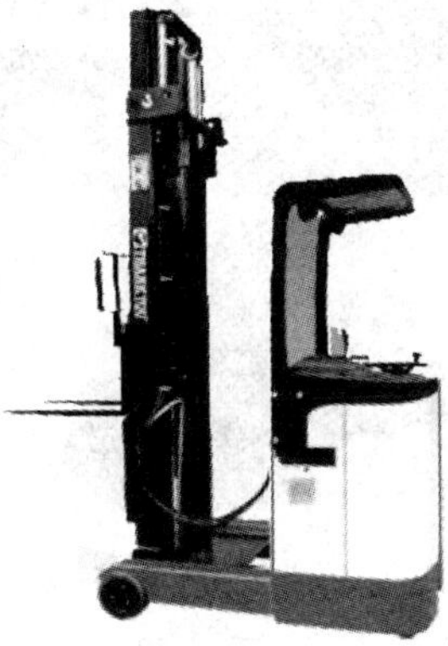

图 1.1.20　前移式叉车

图 1.1.21　侧面式叉车

(3)侧面式叉车。侧面式叉车在通道进行作业时，可以不必先转弯后作业，因此，比较适合窄通道作业，如图 1.1.21 所示；另外，还有利于装卸长形的货物。由于搬运时货物位于车身一侧，仓库通道宽度可以减至最小，所以可以进一步节省空间。

(4)窄通道叉车。窄通道叉车通常配备一个三向堆垛头，叉车不需要转向，货叉旋转就可以实现两侧的货物堆垛和取货，通道宽度为 1.5～2.0m，因此，它的空间利用率是最高的。窄通道叉车如图 1.1.22 和图 1.1.23 所示。

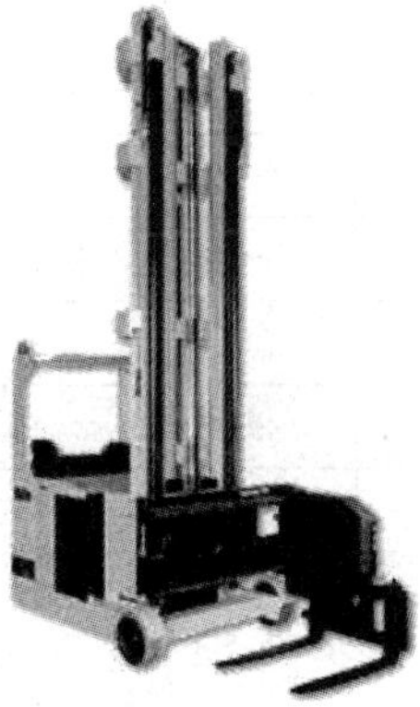

图 1.1.22　窄通道叉车 1

图 1.1.23　窄通道叉车 2

4.搬运车

仓库内常用的搬运车主要有手推车、手动托盘搬运车、电动托盘搬运车、无人搬运车(AGV)等。

(1)手推车轻巧灵活、易操作、回转半径小，是短距离输送轻型货物的一种经济方便的输送工具。

(2)手动托盘搬运车用来搬运装载在托盘或货架上的集装单元货物，操作灵活、轻便，适合于短距离的水平搬运。

(3)电动托盘搬运车的承载能力为1.6～3.0t，作业通道宽度一般为2.3～2.8m，货叉提升高度一般为210mm，主要用于仓库内的水平搬运及货物装卸。一般有步行式和站驾式2种操作方式，可根据效率要求选择。电动托盘搬运车如图1.1.24所示。

图1.1.24 电动托盘搬运车

图1.1.25 无人搬运车

(4)无人搬运车可以自动导向、自动认址、自动程序动作，灵活性强，自动化程度高，能节省大量的劳动力，但其价格在所有搬运车中是最高的。无人搬运车如图1.1.25所示。

5.关于计量检验设备的配置

一些仓储公司储存的货物，如化妆品之类，品种较多，数量也较大，这些商品在入库和出库时是要清点数量的。由于人工清点的工作量太大，也容易出错，作业效率很低，因此，可以配置电子收发货系统，减少收发货时间，提高效率和准确率。

1.3 考核标准

仓库设备配置考核标准

小组成员			评委		
序号	考核内容	考核标准	分值	扣分	得分
1	仓库设备配置	作业设备配置齐全	30		
2		货架选择得当	25		
3		叉车配置合理	25		
4		搬运车的配置符合公司作业特点	20		
综合得分					
评委指导意见					

项目二　手动液压托盘搬运车操作

2.1　实训项目说明

实训课时

2 课时。

实训目标

掌握手动液压托盘搬运车的操作。

实训内容

手动液压托盘搬运车的操作。

材料准备

(1)手动托盘车 2 辆。

(2)托盘若干。

(3)货箱若干。

2.2　手动液压托盘搬运车操作

1.起升和放下货物操作

在起升货物前，务必确定货物要完全放在托盘上，货物的重量没有超过液压托盘车的载荷能力(不允许长期满负荷地运送货物)。货叉应尽可能完全伸到托盘下面。

货叉提升：按压控制键至“货叉提升”状态，握住手柄向下来回压，使货叉升高到需要的高度。如图 1.2.1 和图 1.2.2 所示。

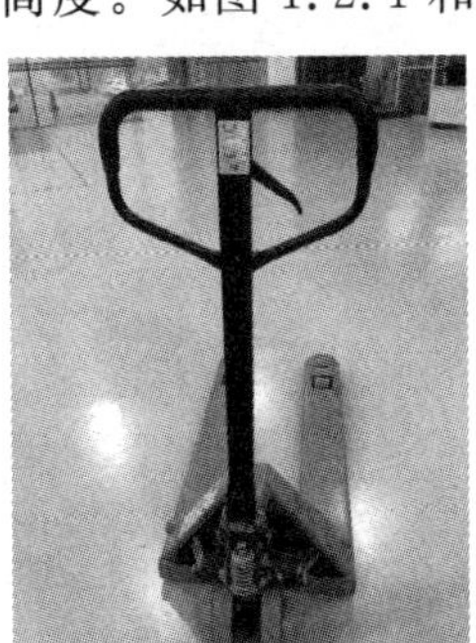

图 1.2.1　按压控制键

图 1.2.2　下压手柄

图 1.2.3　抬起控制键

货叉下降：抬起控制键至“货叉下降”状态，使货叉下降到需要的高度。如图 1.2.3 所示。

2. 安全停车

(1)停车时要注意安全，绝对不能将手动液压托盘车停放在斜面或斜坡上。

(2)停车后，货叉必须完全降到最低位置。

2.3 考核标准

手动液压托盘搬运车操作考核标准

小组成员			评委		
序号	考核内容	考核标准	分值	扣分	得分
1	手动液压托盘搬运车操作	了解手动液压托盘搬运车的功能	10		
2		将货叉推入托盘叉槽内，手柄与地面或货叉保持垂直；托盘靠近搬运车尾部	10		
3		启动液压部件，货叉上升到与地面无摩擦的高度	10		
4		移动货物，拉着托盘车走，而不是推着推着车走	10		
5		搬运车归位处于安全状态	10		
6		搬运车行进的时间效率	50		
综合得分					
评委指导意见					

项目三　电动托盘搬运车操作

3.1 实训项目说明

实训课时

2 课时。

实训目标

掌握电动托盘搬运车的操作和维护保养方法。

实训内容

(1)电动托盘搬运车的操作。

(2)了解电动托盘搬运车的维护保养方法。

材料准备

(1)电动托盘搬运车 1～2 辆。

(2)托盘若干。

(3)货箱若干。

3.2　电动托盘搬运车操作

1.驱动与操作步骤

(1)接通电源。确认电池的正、负极与整车的正、负极对应,插接必须牢固。如图1.3.1所示。

图1.3.1　接通电源

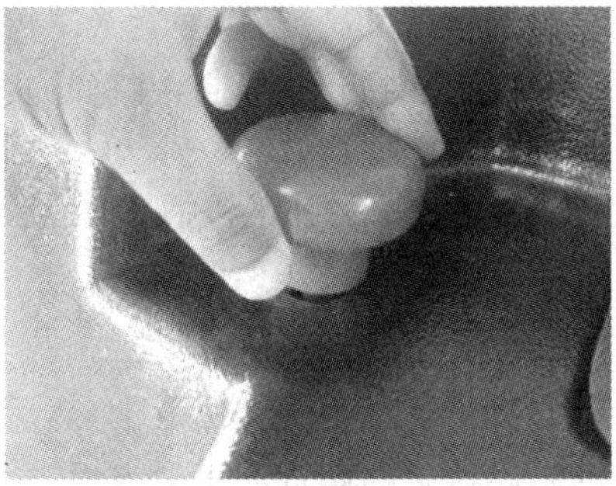

图1.3.2　紧急断电开关

(2)打开紧急断电开关。紧急断电开关在紧急状态下可迅速切断整车电源,以防造成伤害。如图1.3.2所示。

(3)打开钥匙开关。操作人员离车时必须关闭钥匙开关,拔出钥匙,并妥善保存。

(4)拉开手柄。操纵手柄具有自动复位功能,操作人员在操纵时应注意避让,以防造成伤害。如图1.3.3所示。

(5)前进、后退操作。电动托盘搬运车为无级调速,启动时应缓慢下压手柄,避免快速启动所带来的冲击伤害。操纵手柄上的旋钮不宜过分用力,正反切换时,应缓慢过渡。如图1.3.4和图1.3.5所示。

图1.3.3　操纵手柄

图1.3.4　前进操作

图1.3.5　后退操作

(6)转向。双手握住操纵把手的左右手柄，下压至倾斜位置，左右搬动操纵手柄，实现车辆转向。向左转时，车辆向左转；向右转时，车辆向右转。

(7)制动。慢慢松开大拇指，方向速度控制按钮便会自动回位，车辆速度减慢。另外，搬动操纵手柄至水平位置或垂直位置时，实现车辆制动。

(8)停车。不断减速，大拇指渐渐松开方向速度控制按钮；将操纵手柄恢复至垂直位置，货叉下降到最低位置。钥匙开关恢复至“OFF”位置，按下紧急断电开关，取下钥匙并保管好。

2.装卸步骤

(1)操纵电动托盘车，小心接近货物托盘。

(2)调整货叉高度，以便货叉尽可能叉到托盘叉槽里面。

(3)提起货物几厘米高，并确认货物是否牢固。

(4)车辆缓慢离开。

(5)下降货物至低位。

(6)接近货物置放场所。

(7)提升货物至正确高度。

(8)将货物置于卸货位置上，然后停下。

(9)确认货物卸货的正上方后，货叉慢慢下降，直至货叉从托盘叉槽中退出。

(10)将货叉降到离地15～20cm高的位置。

3.停放步骤

(1)将电动托盘车停在指定的地方。

(2)将货叉下降到最低位置。

(3)关闭钥匙开关，取下钥匙。

(4)若长时间停放，应按下紧急断电开关，并拔去电瓶插头。

4.电池充电

电池在充电过程中会发生化学反应，电池内的水会减少，此时应补充蒸馏水。蒸馏水补充至隔离板上方15～20mm处。由于电池充电过程中会产生氢气，故充电时要远离火源，应将电池放在通风良好的位置。电池充电时，需打开电池盖，利于排气。充电完毕后，需清理电池表面，避免因电池表面有少许充电过程中产生的稀硫酸溢出而造成漏电现象。如图1.3.6和图1.3.7所示。每月定期对电池进行一次均等充电，使每节单体电池电压平衡，延长电池的使用寿命。

图1.3.6 充电1

图1.3.7 充电2

3.3　考核标准

电动托盘搬运车操作考核标准

小组成员			评委		
序号	考核内容	考核标准	分值	扣分	得分
1	电动托盘搬运车操作	将货叉推入托盘叉槽内，手柄与地面或货叉保持垂直；托盘靠近搬运车尾部	10		
2		车辆行驶平稳	10		
3		货叉上升到与地面无摩擦的高度	10		
4		电动托盘搬运车充电符合要求	10		
5		搬运车归位并处于安全状态	10		
6		搬运车行进有效率	50		
综合得分					
评委指导意见					

项目四　电动平衡重式叉车操作

4.1　实训项目说明

实训课时

2 课时。

实训目标

掌握叉车的基本操作技能，熟练进行叉车装卸作业。

实训内容

(1)进行叉车起步、直线行驶能力、“8”字行驶能力及“工”字行驶能力的操作实训。

(2)了解电动叉车的充电及维护保养方法。

材料准备

(1)电动平衡重式叉车 1～2 辆。

(2)托盘若干。

(3)货箱若干。

4.2 知识链接

1.电动平衡重式叉车的启动

(1)车辆启动前,检查启动和音响信号、电瓶电路、运转和制动性能、货叉、轮胎等,使之处于完好状态。

(2)当有机械问题时,不能自己进行修理。应关掉叉车电源,并告知机械修理人员。

(3)起步时,要查看周围有无人员和障碍物,然后鸣号起步。叉车在载物起步时,驾驶员应先确认所载货物是否平稳可靠。起步时应缓慢平稳。

2.电动平衡重式叉车的行驶

(1)叉车在运行时,不准任何人上下车,货叉上严禁站人。

(2)在厂区内,行驶速度不得超过 5km/h,车间和仓库内限速 3km/h。

(3)除装卸货外,必须靠右边行驶。

(4)空载时,货叉距地面 50～150mm;载货行驶时,货件离地高度不得大于 500mm,起升门架须后倾到限。

(5)如遇前面有人,应当按喇叭,提示自己的行车路线。

(6)应与其他叉车保持 3 台自身叉车长的安全距离,叉车会车时除外。

(7)在交叉或狭窄路口,应小心慢行,并按喇叭,随时准备停车。

(8)进出作业现场或行驶途中,要注意上空有无障碍物刮撞。非紧急情况下,不能急转弯和急刹车。

(9)如果在斜坡上空车行驶,需要倒退上坡,货叉向前行驶下坡,这样重心会落在前轮上;如果在斜坡上载货行驶,需要货叉向前行驶上坡,倒退行驶下坡,这样重心也会落在前轮上。任何情况下都不允许在斜坡上掉头。

(10)叉车原则上不准超车,但要超越停驶车辆时,应减速鸣号,注意观察,防止该车突然起步或有人从车上跳下。

3.电动平衡重式叉车的作业

(1)严禁超载、偏载行驶。

(2)装卸货物时,即货叉承重开始至承重平稳以及相反的过程期间,必须启动刹车。

(3)作业速度要缓慢,严禁冲击性地装载货物。

(4)遵守"七不准"原则。第一,不准将货物升高做长距离行驶(高度大于 500mm),特殊情况除外;第二,不准用货叉挑翻货盘和利用制动惯性溜放的方法卸货;第三,不准直接铲运危险品;第四,不准用单货叉作业;第五,不准利用惯性装卸货物;第六,不准货叉带人作业,货叉举起后,货叉下严禁站人和进行维修工作;第七,不准用叉车去拖其他车辆,如确实需要叉车牵引,则需要经过安全部门同意。

(5)停车后,禁止将货物悬于空中。卸货后,应先降货叉至正常的行驶位置后再行驶。

(6)叉载货物时,货物重量应平均分担在两货叉上,货物不得偏斜,货物的一面应贴靠挡货架。小件货物应放入集物箱(板)内,防止掉落。叉车所载货物不得遮挡驾驶员视线,如出现遮挡驾驶员视线的情况时,应倒车缓慢行驶;如遇上坡,则不应倒车行驶,而应有一人在旁指挥货叉朝上前进。

(7)货叉在接近或撤离货物时,车速应缓慢平稳。注意车轮不要碾压货物、垫木(货盘)和叉头,不要刮碰货物扶持人员。

(8)叉车在起重升降或行驶时,禁止任何人员站在货叉上把持货物或起平衡作用。叉车叉物升降时,货叉周围1m的范围内禁止站人。

(9)搬运影响视线的货物或易滑的货物时,应倒车低速行驶。

(10)运货上、下货车前,应先观察货车与发货台是否靠紧,货车车轮是否按规定将三角木垫好,车厢里是否有人;估计货车的承重能力和货车与踏板的倾斜度,确认安全后再进行装卸。

(11)发现或损坏货物、设施后要如实上报。

(12)为了保护驾驶人员,叉车装备要有头顶保护装置。驾驶人员的身体(包括手和脚)都应该在保护范围之内。

4.电动平衡重式叉车的停车

(1)尽量避免停在斜坡上,如不可避免,则应取其他可靠物件塞住车轮,拉紧手刹并熄火。停放时,应将货叉降到最低位置并前倾,切断电路,不能将叉车停放在纵坡大于50°的路段上。

(2)不能将叉车停在紧急通道、出入口和消防设施旁。

(3)叉车暂时不使用时,应关掉电源,拉紧手刹。

5.电动平衡重式叉车的充电

见第一篇“3.2电动托盘搬运车操作”中“电池充电”。

6.电动平衡重式叉车的例行检查

每日出车前,应做好如下检查:

(1)轮胎是否良好,气压是否足够。

(2)喇叭是否良好。

(3)刹车制动器及手刹是否正常。

(4)润滑油或液压油是否充足,电瓶充电状况如何。

(5)升降系统、附属系统和制动系统能否准确运行无误。

(6)驾驶座位前后高度和靠背是否合适。

(7)棚顶是否良好,是否具备防止坠物的功能。

(8)前后灯、转向灯是否完好。

(9)后视镜是否完好,是否清洁。

(10)货叉及配件有无明显磨损及损坏情况。

4.3 电动平衡重式叉车操作

1.电动平衡重式叉车操作第一步

“8”字行驶练习。在场地内画如图1.4.1所示的“8”字路线,练习空车行驶。

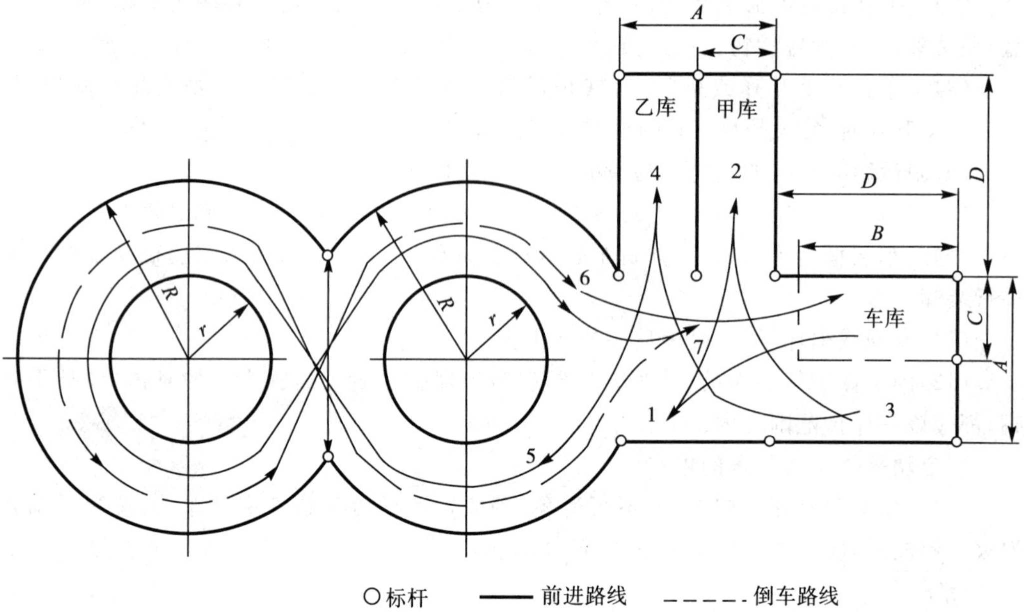

图 1.4.1 “8”字行驶练习图

场地尺寸：

A=2 倍车宽+1 200mm　　B=车长+500mm

C=车宽+600mm　　D=车长+1 000mm

R=2 倍轴距的长度+600mm　　r=轴距的长度+200mm

行驶路线：采用空车行驶，叉车从车库驶出到达 1，由 1 倒车至 2(甲库)，从 2 前进到 3，由 3 倒车至 4(乙库)，从 4 前进到 5 走一次“8”字，经 6 行驶到 7，由 7 倒车经 5 走第二次“8”字，由 6 回至车库。

2. 电动平衡重式叉车操作第二步

要求先在直线处练习叉车起步，然后练习直线行驶，熟练后再将起步和直线行驶连贯起来，在 3 分钟内一次性完成 15m 的行驶里程。

3. 电动平衡重式叉车操作第三步

练习前进“8”字和倒退“8”字。熟练后，从车库出发，在 5 分钟内完成“8”字进退，然后回到车库。

4. 电动平衡重式叉车操作第四步

电动平衡重式叉车“工”字行驶练习。在场地内画如图 1.4.2 所示的“工”字路线及叉货桩位，分别练习叉货、搬货过桩。待练习熟练后，在 5 分钟内完成叉货、搬货过桩 2 个动作。

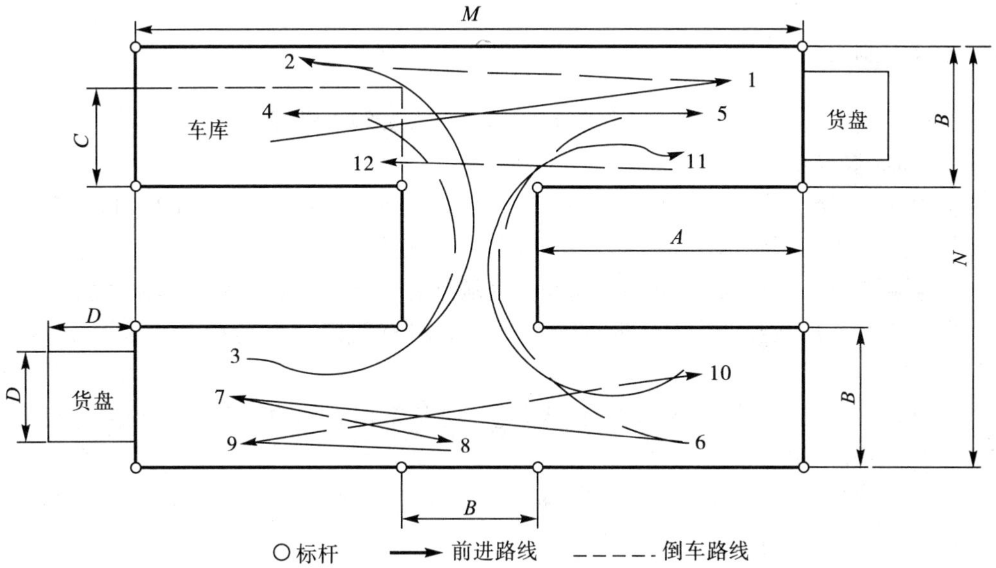

图 1.4.2 “工”字行驶练习

场地尺寸：

A＝车总长＋500mm　B＝2 倍车宽　C＝车宽＋600mm

D＝1 300mm　M＝2A＋B(mm)　N＝B＋B＋B(mm)，两货盘尺寸相同。

行驶路线：叉车从车库驶出到达 1，叉起一货盘后倒车至 2，从 2 驶到 3，放下货盘后倒车至 4，从 4 驶到 5，叉起剩下的货盘倒车至 6，从 6 驶到 7，放下货盘后倒车至 8，再前行至 9，叉起两货盘后退至 10，由 10 驶到 11，放下两货盘后，倒车至车库 12。

4.4　考核标准

电动平衡重式叉车操作考核标准

小组成员			评委		
序号	考核内容	考核标准	分值	扣分	得分
1	叉车操作	了解叉车功能	10		
2		起步、直线行驶：起步、直线行驶时方向盘、油门踏板、制动踏板等操作熟练，方法正确，行走路线直，在规定时间内完成。	20		
3		“8”字桩操作：“8”字桩操作按规定线路行驶，车轮不压线，在规定时间内完成。	30		
4		“工”字桩操作：“工”字桩操作按规定线路行驶，车轮不压线，在规定时间内完成。	20		
5		叉放货物：装卸货盘时门架垂直，拉手刹，挂空挡；操作平稳，不得碰撞和推移货盘，叉载时叉齿必须完全进入货盘，卸载时货盘必须放置在画线范围内，并且堆叠要整齐。	20		
综合得分					
评委指导意见					

4.5 附录

×××物流公司装卸操作流程及装卸工管理制度

一、货物装卸要求

安全第一，轻拿轻放，堆码稳固，预留通道，横看成行，竖看成列，标签向外，箭头朝上，大不压小，重不压轻，好不压坏，木不压纸，方不压圆，干湿分开。

1. 装卸人员入职后，必须掌握公司仓库区域划分情况以及各区域的具体功能作用。

2. 仓库货物堆放要求：各个客户的货物间要留有间隙或其他明显标志区分，以防混淆。

3. 操作员、装卸人员（含叉车司机）入职后，必须掌握仓库内各类搬运和装卸设备的日常维护、正确使用与管理的方法。

4. 叉车司机必须能进行叉车日常维护和普通故障的排除；装卸人员必须懂得各类手推车的结构、维护与使用。

5. 叉车作业时，一定要有人员在旁指挥与协助，其他人员不得在旁围观。要特别注意人员与货物的安全，不要损坏被装卸的货物和邻近的货物，保证货物堆码与摆放整齐、平稳。

6. 装卸人员在用各类手推车（老虎车）时，在装货物时不得强行将手推车插入货垛底，原则上要有人从旁协助，以保证货垛底层货物包装的完好性；卸车时不能用抛甩、脚踢的方式使货物快速存放到位。

7. 装卸人员入职后，要学会在捆绑货物、防雨篷布时绳子打活结的方法。

8. 对客户送货来的车辆，装卸人员要注意车辆的车厢及篷布状况，发现异常情况要及时提醒客户。

9. 装卸人员要根据货物的特性、卸车操作员的特别提示，在货物搬运、卸车过程中做好对易碎、易损、贵重、精密货物的保护，在装卸工具上铺垫保护物，轻拿轻放，放置稳固、整齐，货物严禁倒置。

10. 装卸人员在卸车时，要将发现或新发生的货物质量异常情况（货物、包装变形或破损、泄漏等）立刻报告装卸主管处理。

11. 装卸人员在卸车时，将货物按客户要求进行分类；有批次要求的，还要进行货物分批处理，并将货物放在仓库指定位置。如发现货物数量异常情况，要立刻报告装卸主管处理。

12. 装卸人员在卸车过程中要及时用包装带、胶纸等将包装破损的货物重新包装好。

13. 装卸人员在进行货物卸车的同时，要协助卸车操作员做好货物运号标签的检查、张贴或补贴工作。

14. 装卸人员在装卸货物时要小心谨慎，轻拿轻放，将货物沿区域线整齐堆放；做到货物横看成行，竖看成列，垛形垂直；大不压小，重不压轻，好不压坏；并按包装箱上标识的箭头方向正放，严禁倒置；货运标签朝外，便于查看。

15. 袋装货物一律成垛堆码，一般情况下，每垛货物的件数相同，要视货物的重量、耐压强度和高度来确定每垛货物的高度（不准超高码放），以方便拿取和保证人员、货物的安全。

16. 一般情况下，箱装货物每垛的高矮要一致，且件数相同，垛向相同，排列整齐，不可倾斜，排列后余下的零星货物须放置在最显眼处。

17. 圆柱形货物水平放置时，货物底部要加放垫板，以防其在装卸时滚动伤人损物。

18. 杂货零担货要按票数分开，标示朝外且垛码件数一致。行距为 0.5m 左右，条形货物要理顺集中堆放，圆柱形货物要竖放成形。

19. 电器类货物一般要按货物包装上的堆高提示进行堆码。

20. 装卸主管一定要监督装卸人员做好特殊类货物（如贵重、精密、易损、易碎和污染性的货物）的隔离与保护措施，贵重货物不能长时间放在仓库门附近。

21. 在客户的货物发生损坏时，原则上每个客户的货物要依其好坏情况分开放置，并做相应的识别标识。

22. 经理要每班安排相应的值班装卸人员协同操作员巡查仓库，主要检查仓库卫生情况、货物质量情况（如货垛底部货物变形、虫鼠害、货物泄漏、雨天防水防潮等情况）、货物摆放情况（如货物乱放、货垛倾斜、不整齐等）和货物安全情况，报告检查情况并及时采取相应的措施。

23. 装卸人员不得踩踏或坐在货物上，也不得将个人物品、仓库内用的各类工具等放在货物上。

24. 装卸人员找不到要装车的货物、发现要装车的货物数量异常（或多或少）时，要立刻报告主管处理，否则造成的后果由装卸直接责任人承担。

25. 装卸人员发现要装车的货物（包装）变形或破损、泄漏等质量异常时，要立刻报告主管处理，否则造成的后果由装卸直接责任人承担。

26. 装卸人员装车时，要确保将货物摆放平稳，水平方向紧凑（防止货物在行车中晃动），重不压轻，按箭头方向正放，易碎易损件在上，整车货物的重心要低，居中略靠汽车前部。多层货物装车时，视情况每层间要加放层板，以增强底层货物的整体抗压性能。

27. 单个或几个大件货物装车时，要做好相应的紧固措施，在装小件货物时，要用纸皮等缓冲物塞满货物间的空隙，以保证同层货物水平方向紧凑，防止货物在行车中晃动或倾倒而损坏货物。

28. 在货物装车时，贵重或易损货物要靠中、靠车厢里端装车，不能靠门窗，以防外物碰坏、磨损。

29. 装卸人员在装车时，要检查正在装车的货物质量，并做好货物装车时的保护措施。

30. 机械叉车作业时，在旁指挥与协助的人员一定要在叉车的货叉承受货物底部托盘的全部宽度时才能让司机升降货物，以防止货物在行车过程中因晃动而掉下；当货物（一般是抗压性能较好，且外包装要求低）没有托盘时，指挥人员要组织装卸人员在旁协助作业，以保证货物或其包装不受损。

31. 用叉车装卸多层货物时，叉车行进一定要平稳，必要时，要用皮筋将货物稍加紧固。

32. 叉车、手推车在货物搬运过程中，行车速度适中而平稳，不得走飞车，要保证人员与货物的安全。

33. 装卸人员在人工徒手作业或用其他方式作业时，不得将货物在地面上拖行，不得远距离抛接货物。

34.装卸人员在货物装完车后，要协同装车操作员迅速查看仓库，看所要装车的货物是否已经全部装车，不能有遗漏或错装，要特别注意货物的尾数、零散货物是否装车。

35.装卸人员在装车操作员确认货物已经全部装车后，做好车厢的安全封闭工作。

36.装卸人员在完成每次货物装卸作业后，及时整理作业现场，将装卸工具、卫生工具归放到指定位置，整齐摆放，清扫作业现场，保持其干净整洁。

37.装卸人员每天上班前做好装卸工具的检查和日常维护工作，叉车司机要按车辆管理的相关规定进行叉车的操作与维护。

二、装卸安全操作规范

（一）作业时应注意人员和货物的安全

1.卸货开车门时，要慢慢试着打开车门，以防车门开启过快而造成货物突然掉落伤人。

2.机械叉车作业时，要有人协助指挥，在旁进行装卸作业的人员要时刻注意躲避。

3.装卸工堆码货垛较高时，要注意货垛的稳定性，如需再往上加码货物，则要有人协助完成，以防货物掉下来或使货垛倾倒而伤人。

4.装卸工当班期间休息时，不要过于靠近码放较高的货垛或存放安全性差的货物。

5.登高作业时，更应谨慎操作，防止高空坠落和货物砸头。

（二）散装货物的安全装卸要求

1.根据货物的性能、形状、作业环境选择适当的工具以及采用正确的装卸工艺。

2.做好机械与机械之间、机械与人力之间的配合工作，保证安全作业。

3.人力搬运较大的货物时，应注意有无裂缝、倒塌的危险。对不易搬动的货物，应用撬棍拨动，不得用手拨。脚踏搬动时，应从上到下阶梯式落垛，层层搬取，严禁掏挖，防止塌方。

4.作业完毕要做到“大清”。

（三）包装货物的安全装卸要求

1.根据货物的包装和性质不同而选取配套的工具、托盘等。

2.装车时要平稳牢固，四方整齐，点数清楚。

3.装车时工人不少于2人。

（四）桶装物资的安全装卸要求

1.采用合适的工索具（铁担钩、桶钩等）。

2.起吊前，应用手扶住钩子，待完全吃紧后再松手，稳起、稳吊、稳落。

3.卸装时要自上而下，不得从底层抽装，桶口视要求确定朝上或卧装。

4.装车时工人不少于2人。

（五）危险品类的安全装卸要求

1.装运危险品前，应了解所装危险品的特性，按要求采取必要的防火、防爆、防毒、防腐蚀、防辐射等方面的安全措施，开好工前会，制定正确的作业方案。

2.严禁烟火，杜绝各类火种，严禁铁器撞击和穿钉鞋，防止摩擦起火。

3.作业人员与车辆应分别具有危险品操作证和准运证，做到定人、定机、定车，并会正确使用消防器材。

4.按规定穿戴好必要的防护用品，作业中的工索具设施应符合危险品作业要求。采用机械装卸时，应按规定使负荷降低25%。

5.装车工不少于2人，视作业情况进行轮换，安全员要根据实际到场监督。

6.采取必要的通风措施，谨慎操作，轻拿轻放。密切注意作业现场周围的动态，防止中毒、失火、爆炸等事故的发生。

7.作业过程中，一般不宜饮食，用过的防护用品应单独洗涤，作业人员沐浴后才能进入其他场所。

8.作业结束后，应做好清理工作，不能残留酸、碱、油质或危险物质。

三、装卸工管理制度

为确保公司的货物能得到正确、妥善的装卸、搬运、堆码与保护，维护公司的整体服务质量与服务形象，从装卸工的劳动纪律、作业流程乃至着装、言行、食宿等方面进行规范与要求，特制定本管理办法。

1.积极服从组长、操作员的工作安排，动作要迅速，按要求装卸、搬运、堆码货物，不得找借口或磨洋工，严格服从调度人员的安排和调遣。

2.如有顶撞上司、不服从安排的，每次给予50元罚款。

3.严禁上班期间喝酒、溜岗，每晚必须在12点之前归宿休息，如有没打招呼不按时归宿者，每次给予20元罚款。

4.当班时间不得随便外出、擅离岗位，离开时要向组长打招呼，经同意后方可离开。

5.同事之间应团结协作，避免发生冲突。如有严重争吵、辱骂、打架的现象，公司给予主动方罚款200元，被动方罚款100元；情况严重的，则给予扣除当月工资的处罚。

6.树立尊客爱货思想，确保货物完好无损，杜绝蛮干，以免造成事故。如有发现与发货客户发生争执或摔货者，每次给予100元处罚，并向发货客户道歉；造成损毁的，按照货物价值的100%进行赔偿。

7.严禁在车上吸烟，发现一次罚款100元。

8.不得乱放个人物品，更不能将个人物品放在货物上，不得乱吐口水，不准乱扔杂物与垃圾。

9.装卸工一律留短发，着装整洁，作业后要及时做好个人卫生，不准灰头土脸。

10.自觉遵守各项安全规章制度，不违章和冒险，并及时制止其他人的违章行为。对无视安全、强令冒险作业的指令应拒绝执行，并向现场负责人汇报。

11.装卸工作业时应轻拿轻放，不得有抛掷、翻滚、脚踢、在地上拖拉货物等野蛮装卸动作。

12.每次作业结束后，要立刻做好装卸工具与货物防护材料的归位整理以及现场的清洁工作。装车完毕后，要将篷布叠好收回；如有余货，要用篷布盖好。

13.协助叉车司机及时、准确地叉货。

14.公司将给予尽职尽责、无怨无悔、高效工作的员工每月奖励200元（按照人事部考核标准奖励）。

15.每位员工必须按时参加公司组织的培训教育及其他活动。

16.发生事故后及时组织抢救和保护好现场，并立即向领导汇报，认真吸取教训。

17.辞职者必须提前半个月提出申请，否则扣除当月工资的20%。

第二篇　入库作业技能操作

项目一　制订入库作业计划

1.1　实训项目说明

实训课时

4 课时。

实训目标

根据货物入库凭证，制订卸货、查点、验收、办理入库手续等各项业务活动的计划。

实训内容

安徽交通仓储有限公司现要入库一批客户储存的货物，请为该批货物的入库制订一份入库作业计划。

材料准备

无。

1.2　知识链接

1.入库操作流程

一般来讲，入库作业有下述流程。

(1)入库准备。做好货物入库前的准备，准备工作主要有以下几方面。

①熟悉入库的货物。主要是要了解入库货物的品种、规格、数量、包装状态、单件体积、到库确切时间、货物存期、货物特性、保管要求等，从而精确、妥善地进行库场安排和准备。

②掌握仓库库场的情况。了解货物入库期间、保管期间仓库的库容、设备、人员的变动情况，以便安排工作。对于必须使用重型设备操作的货物，一定要提供可使用设备操作的货位。必要时，对仓库进行清查，清理归位，腾出仓容。

③妥善安排好货位。仓库部门根据入库货物的性能、数量和类别,结合仓库分区分类保管的要求,确定是直接堆垛还是上架。如果是直接堆垛,需核算货位面积;如果是上架,需确定上架货位数以及货位的位置。

④做好货位准备。仓管员要彻底清洁货位,清除残留物,清理排水管道(沟),必要时要安排消毒除虫、铺地。详细检查照明、通风等设备,发现损坏时,应及时通知修理人员。

⑤根据入库货物的品种、规格、包装尺寸、数量、重量等数据,确定堆垛方法,绘制码盘示意图。

⑥做好验收准备。仓库理货人员根据货物情况和仓库管理制度,确定验收方法。准备验收所需的点数、称量、测试、开箱、装箱、丈量、移动照明等工具,包括叉车、托盘、电子秤、电脑、POS 机、条码打印机以及打印机等。

⑦装卸搬运工艺设定。根据货物、货位、设备条件、人员等情况,科学合理地设定卸车搬运工艺,保证作业效率。

⑧文件单证准备。仓管员应妥善保管货物入库所需的各种报表、单证、记录簿等资料,如入库记录单、理货检验单、料卡、残损单等,以备使用。

(2)货物接运。做好货物入库前的准备工作后,下一步就要进行货物的接运。接运的方式有 2 种:一是到车站码头、货主单位、托运单位、铁路专用线等去接货;二是由货主送货上门,仓储公司负责收货。

(3)货物验收。接运工作完成后,就要对入库的货物进行验收。验收的主要工作如下所述。

①做好验收的准备工作。准备工作主要包括:全面了解验收货物的性能、特点和数量,根据其需求确定存放地点、垛形和保管方法;准备堆码苫垫所需材料和装卸搬运机械、设备及人力,以便使验收后的货物能及时入库保管存放,减少货物停顿时间,若是危险品,则需要准备防护设施;准备相应的检验工具,并做好事前检查,以便保证验收数量的准确性和质量的可靠性;收集和熟悉验收凭证及有关资料;进口货物或上级业务主管部门指定需要检验质量的货物,应通知有关检验部门会同验收。

②核对凭证。核对凭证就是全面核对入库货物的三方凭证,即核对货主单位提供的入库通知单和订货合同副本;供货单位提供的验收凭证,包括材质证明书、装箱单、磅码单、发货明细表、说明书、保修卡及合格证等;承运单位提供的运输单证,包括提货通知单和登记货物残损情况的货运记录、普通记录以及道路运输交接单等。入库通知单、订货合同要与供货单位提供的所有凭证相符。

③检验货物。检验货物包括检验数量、检验外观质量和检验包装 3 个方面的内容,即入库货物数量是否与入库凭证相符,货物外观质量是否符合规定的要求,货物包装能否保证货物在储存和运输过程中的安全。

④正式进行入库。货物经过验收后,仓管员在货物入库单上签收,注明该批货物的货位编号,在送货人提供的送货回单上盖章,并留存相应单证。

至此,入库工作就告结束。

2.入库作业流程

入库作业流程如图 2.1.1 所示。

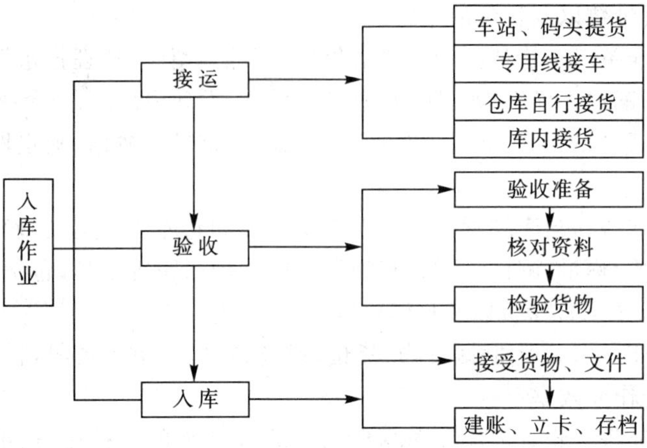

图 2.1.1 入库作业流程

1.3 考核标准

入库作业流程制定考核标准

小组成员			评委		
序号	考核内容	考核标准	分值	扣分	得分
1	制订入库作业计划	作业流程内容全面、正确	40		
2		作业流程先后顺序正确	40		
3		作业流程文档表达清晰、排版美观	20		
综合得分					
评委指导意见					

项目二 包装储运指示标志识别

2.1 实训项目说明

实训课时

2 课时。

实训目标

掌握常见的包装储运指示标志，在货物运输、装卸和储存过程中，按照货物特性要求贴上相应的标志，并按照指示标志进行操作。

实训内容

根据指导老师提供的各种包装储运指示标志，分别识别其含义，并将指导老师提供的指示标志粘贴在包装物正确的位置上。

材料准备

多媒体投影设备、17 种带文字说明的包装储运指示标志(印刷在不干胶上)、箱状包装物、包装袋、包装桶、捆扎包装物、成组包装物各若干。

2.2　知识链接

1. 包装储运图示标志

《包装储运图示标志(GB191－2000)》规定了包装储运图示标志的名称、图形、尺寸、颜色及使用方法，适用于各种货物的储存与运输包装，见表 2.2.1。

表 2.2.1　常见货物储运图示标志表

序号	标志名称	标志图形	含义	备注/示例
1	易碎物品	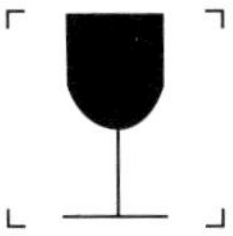	包装件内装易碎品，因此，搬运时应小心轻放	使用示例：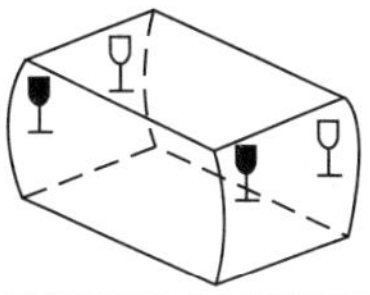
2	禁用手钩		搬运包装件时禁用手钩	
3	向上		表明包装件的正确位置是竖直向上的	使用示例：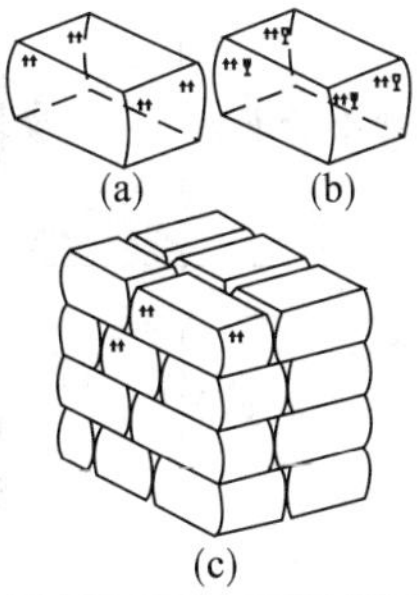
4	怕晒	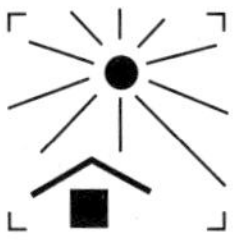	表明包装件不能被太阳直接照晒	
5	怕辐射		包装物品一旦受辐射，便会完全变质或损坏	

续表

序号	标志名称	标志图形	含义	备注/示例
6	怕雨		包装件怕雨淋	
7	重心		表明单元包装件的重心	使用示例：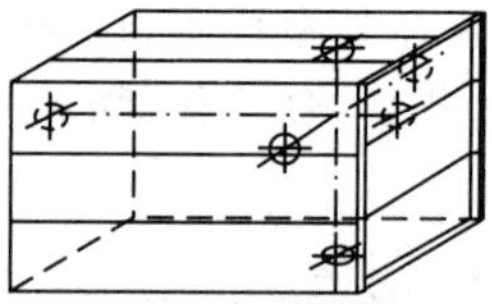本标志应标在实际的重心位置上
8	禁止翻滚		不能翻滚包装件	
9	此面禁用手推车		搬运包装件时，此面禁放手推车	
10	禁用叉车		不能用升降叉车搬运包装件	
11	由此夹起		表明装运包装件时夹钳放置的位置	
12	此处不能卡夹		表明装卸包装件时此处不能用夹钳夹持	
13	堆码重量极限		表明包装件所能承受的最大重量极限	
14	堆码层数极限	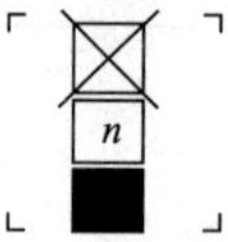	相同包装件的最大堆码层数，n 表示层数极限	
15	禁止堆码	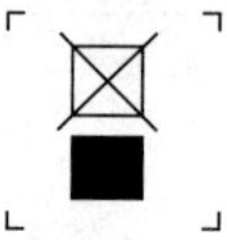	包装件不能堆码，并且其上也不能放置其他负载	

续表

序号	标志名称	标志图形	含义	备注/示例
16	由此起吊	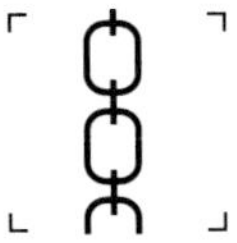	起吊货物时挂链条的位置	使用示例：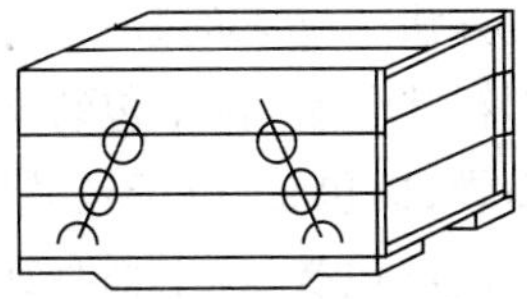本标志应标在实际的起吊位置上
17	温度极限		表明包装件应该保持的温度极限	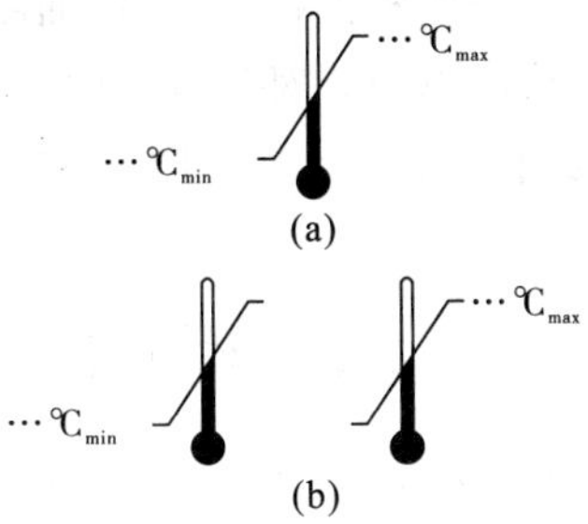

表 2.2.1 中，标志 1“易碎物品”应标在包装件四个侧面的左上角处（见表 2.2.1 标志 1 的使用示例）。

标志 3“向上”应标在与标志 1 相同的位置上（见表 2.2.1 标志 3 的使用示例(a)）。当标志 1 和标志 3 同时使用时，标志 3 应更接近包装箱角（见表 2.2.1 标志 3 的使用示例(b)）。

标志 7“重心”应尽可能标在包装件六个面的重心位置上，至少应标在包装件四个侧面的重心位置上（见表 2.2.1 标志 7 的使用示例）。

标志 11“由此夹起”只能用于可夹持的包装件；标志应标在包装件的两个相对面上，以确保作业时标志在叉车司机的视线范围内。

标志 16“由此吊起”至少贴在包装件的两个相对面上（见表 2.2.1 标志 16 的使用示例）。

2. 包装货物储运指示标志的图形尺寸、图形颜色和使用方法

(1)包装货物储运指示标志的图形尺寸。按标准规定，图形尺寸一般分为 4 种，见表 2.2.2。包装件体积特大或特小的货物，其标志幅度可以比表中的规定适当扩大或缩小。

表 2.2.2 包装货物储运指示标志图形尺寸一览表

号别	尺寸	
	长(mm)	宽(mm)
1	70	50
2	140	100
3	200	150
4	280	200

(2)包装货物储运指示标志的图形颜色。标志的图形颜色应按规定颜色印刷。涂打的标志，如因包装件关系不宜按规定的颜色涂打时，可根据包装件的底色，选配与其底色

不同的明显符合要求的其他颜色。印刷时，外框线及标志名称都要印上；涂打时，外框线及标志名称可以省略。印刷标志用纸应采用厚度适当、有韧性的纸张。

(3)包装货物储运指示标志的使用方法。标志的涂打可采用印刷、粘贴、拴挂、钉附、喷涂等方法。标志的数目及位置规定如下：

①箱状包装：位于包装两端或两侧的明显处。

②袋、捆包装：位于包装明显的一面。

③桶形包装：位于桶身或桶盖。

④集装箱、成组货物：粘贴 4 个。

对于涂打的标志，可用油漆、油墨或墨汁以镂模、印模等方式按上述粘贴标志的位置涂打或者书写。对于钉附的标志，应用涂打有标志的金属板或木板，钉在包装件的两端或两侧的明显处。对于“由此起吊”和“重心”2 种标志，要求粘贴、涂打或钉附在包装件的实际位置上。

2.3 实训操作指导

将学生进行分组，每组 6～8 人，每组将指导老师提供的指示标志按照要求粘贴到提供的包装件的正确位置上。

2.4 考核标准

包装储运指示标志识别操作考核标准

小组成员			评委		
序号	考核内容	考核标准	分值	扣分	得分
1	包装储运指示标志识别	能快速准确地识别标志的含义	50		
2		指示标志的粘贴位置正确、数量正确	50		
综合得分					
评委指导意见					

项目三 入库货物接运与验收操作

3.1 实训项目说明

实训课时

2 课时。

实训目标

掌握货物接运的主要方式、货物验收的基本要求和程序，熟悉货物接运与验收的实际操作技能。

实训内容

上海宏发商贸有限公司委托上海佳杰物流有限公司运送一批货品到安徽交通仓储有限公司储存，该批货物的详细情况见表2.3.1。请以安徽交通仓储有限公司的名义，做好这批货品的接运与验收工作。

表2.3.1　货物明细表

货品名称	规格	单位	数量	包装
小星星洗衣液	2000g	桶	150桶	10桶/箱
鹰牌洗衣粉	500g	袋	264袋	24袋/箱
莹洁牙膏	180g	支	300支	100支/箱

材料准备

(1)空纸箱29个，其中15个标注为小星星洗衣液，11个标注为鹰牌洗衣粉，3个标注为莹洁牙膏。

(2)入库通知单、送货单、入库验收单、产品合格证和入库货物异常报告(见本项目3.5附录)。

注：道具可放置一些有问题的货品，如洗衣液的封口裂了，洗衣粉受潮了或包装袋开裂了，外包装箱破损了，等等。

3.2　知识链接

1.货物接运

(1)货物接运前的准备。货物入库前要做好接运准备工作，接运人员要熟悉交通运输部门及有关供货单位的制度和要求。根据不同的接运方式，处理接运中的各种问题。根据仓储合同或者订单、入库单、入库计划，掌握入库货物的品种、数量、到货地点、到货日期等具体情况，及时进行库场准备，以便货物能按时入库，保证入库过程顺利进行。

①组织人力。按照货物到达的时间、地点、数量等，预先做好到货接运、装卸搬运、检验、堆码等人力组织安排。

②准备物力。根据入库货物的种类、包装、数量等情况以及接运方式，确定搬运、检验、计量等方法，配备好所用车辆、检验器材、度量衡器和装卸、搬运、堆码苫垫的工具，以及必要的防护用品用具等。具体的设备和工具需要准备叉车、托盘、地磅或电子秤、电脑、POS机、打印机和条形码打印机等。

③熟悉入库货物。货物入库前，相关作业人员要熟悉货物资料，掌握入库货物的品种、规格、数量、理化特性、包装状态、单件体积和重量、到库时间、货物存期、保管要求等，以便妥善进行库场安排、货位准备以及装卸设备和作业人员的准备。

④掌握仓库使用情况。了解在货物入库前、货物入库和保管期间仓库的库容、设备、人员的使用和变动情况，以便合理安排接运工作。

⑤制订仓储计划。仓库业务部门根据货物状况、仓库状况、设备使用状况等，制订仓储计划，并将任务下达到各相应的作业单位。

⑥如果货物直接堆垛，需要事先确定货位的大小。根据地坪的承重标准、仓库的可用高度、托盘的承重标准、底层货箱的承重标准和货箱码垛的安全高度，确定货箱的码垛层数，进而据此计算所需货位的面积；如果安排货物上架，要根据货架的高度、托盘的厚度以及操作空间确定托盘码垛层数，绘制托盘码垛示意图。货物上架还需要结合周转率、重量等因素确定货物所放置的层数。如果大件货物超过地坪的承重标准，则需要垫垛。

⑦验收准备。仓库理货人员根据货物情况和仓库管理制度，确定验收方法，准备验收所需的点数、称量、测试、开箱等工具及入库记录表、残损记录表、理货检验单、货卡等各种表单。

(2)货物接运的主要方式。

①车站、码头提货。提取货物时，首先根据运单以及相关资料认真核对货物的品名、规格、数量、收货单位等，并仔细检查货物的外包装，查看包装、封印是否完好，有无水渍、油迹、受潮、污损、锈蚀、缺件、破损等异常情况。如果发现有上述问题或货物与运单记载不相符合时，应当场会同承运部门进行共同检查。对短缺损坏的物品情况进行责任认定，凡确认属于承运方责任的，需承运方开具证明并做出相应的记录，由运输员签字。

货物到库后，接运人员应与保管员密切配合，将运单及提取回的货物向保管人员当面点交清楚。尽量做到提货、运输、验收、入库堆码一条龙作业，从而缩短入库验收的时间，并办理内部交接手续。

②专用线接车。这是一种铁路部门将转运的物品直接送到仓库内部专用线的一种接运方式。当货物到达后，保管员或验收员直接与送货人办理接收工作，当面验收并办理交接手续。如有差错，必须立即做记录，经送货人签字认定后，向有关方面提出索赔或其他的处理办法。

③仓库自行接货。这是指仓库管理方直接到供货单位进行提货的方式。进行仓库自行接货程序时，应将接货与验收工作结合起来同时进行。仓库管理方应根据提货通知，了解所提货物的性能、规格、数量等详细情况，并准备好提货所需的机械、工具和人员，配备验收人员在供方当场检验物品质量，清点数量，并做好验收记录，接收与验收合并一次完成。

④库内接货。存货单位或供货单位将货物直接运送到仓库储存时，应由保管员或验收人员直接与送货人员办理交接手续，当面验收并做好记录。若有差错，应填写记录，由送货人员签字证明，据此向有关部门提出索赔。

在完成货物接运工作的同时，每一步骤都应有详细的记录。接运记录应详细列出接运货物的到达、接运、交接等各个环节的具体情况。采用完整的信息记录的主要目的如下：用以检查接运工作各个环节的效率，防止遗漏和积压；作为接运工作的基础统计；分清责任，追踪有关资料，促进验收、索赔、交涉等工作的顺利进行；有利于清理在途货物。

接运工作完成后，所有的接运资料均应分类输入电脑，以备查询之用。

(3)货物接运的差错处理。在接运过程中，有时会发现和发生差错，如错发、混装、漏装、丢失、损坏、受潮和污损等。这些差错有的属于发货单位造成的，有的属于承运单位造成的，也有的是在接运短途运输装卸中自己造成的。除了由于人们不可抗拒的自然灾害或货物本身性质引起的差错以外，所有差错的损失应向责任者提出索赔。差错事故记录有以下 2 种。

①货运记录。货运记录是表明承运单位负有责任事故，收货单位据此索赔的基本文件。货物在运输过程中发生以下差错，均应填写货运记录：货物名称、件数与运单记录不符；货物被盗、丢失或损坏；货物污损、受潮、生锈、霉变或其他货物差错等。必须在收货人卸车或提货前，通过认真检查后发现问题，经承运单位复查确认后，由承运单位填写记录表并交给收货单位。

②普通记录。普通记录是承运部门开具的一般性证明文件，不具备索赔效力，仅作为收货单位向有关部门交涉处理的依据。遇到下列情况并发生货损、货差时，需填写普通记录：铁路专用线自装自卸的货物；棚车的铅封印纹不清、不符或没有按规定施封；施封的车门、车窗关闭不严，或者门窗有损坏；篷布苫盖不严实、漏雨或其他异状；责任判明为供货单位的其他差错事故等。

以上情况的发生，责任一般在发货单位。收货单位可持普通记录向发货单位交涉处理，必要时向发货单位提出索赔。

2. 货物验收

(1)快速而准确验收的益处。

①把握销售时机，创造最大销售额。

②与供应商财务结算清楚，避免繁琐的对单工作。

③减少向供应商退货的发生。

④减少顾客对货品质量问题的投诉。

⑤提供准确的库存数量。

⑥避免触犯国家法律法规。

⑦加快货品周转。

(2)验收流程。验收流程如图 2.3.1 所示。

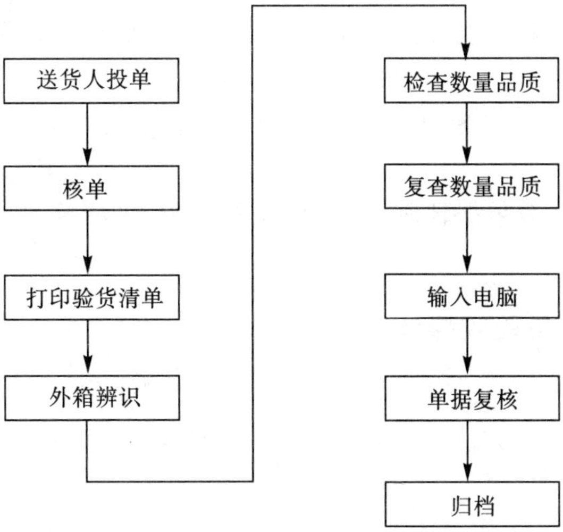

图 2.3.1 验收流程

①送货人投单。送货人投单是指送货人持送货单或订单递交收货窗口。

②核单。当收货员接到订单或送货单后，对订单或送货单上所列各项仔细核对，核

查供应商编号、供应商地址、电话、传真、送货地址、送货日期、订单号码、总页数、货品名称、货号、订购单位、订购数量等项目是否清楚。然后填写收货清单，分发卸货卡号，等待卸货。收货清单的内容应包括供应商名称或编号、货品类别、送货人、收货编号和审核人。

③打印验货清单。经核对无误后，在电脑上通过订单上的订单号码打印出验货清单(见表 2.3.2)，一式二联。

表 2.3.2 验货清单

供应商号码： 订单号码： 收 货 号：
供应商名称： 电 话： 传 真：
地 址： 供货日期： 收货日期：
类 型： 页数/总页数：

货号	货品名称	单位	条码	价签	实收数量

登记员： 验货员： 标签： 确认员： 备注：

④外箱辨识。检查外包装是否有破损，再详细检查外箱上货品描述、含量、规格是否与订单或送货单内容相符。

⑤检查数量品质。抽箱拆封检查某一箱内货品单品的条形码、包装、货品标识、保质期限和重量，并做数量统计。收货员完成以上工作后，在验货清单验货员处签字。

⑥复查数量品质。同一货品再由另一位收货员做复查。经核实无差异后，收货员与供应商分别在验货清单上签字，收货员盖收货章。将验货清单供应商联交给供应商，供应商的送货单附于验货清单收货联后。

⑦输入电脑。完成上述验货工作后，将验货清单收货联交给电脑录入员，录入员仔细核查验货清单上所列项目，特别是核查数量填写得是否清楚，再做电脑录入。

⑧单据复核。每天收货工作结束后，录入员应核对每一笔验货清单上所填数量与电脑录入数量是否相同。第二天，收货部主管复查收货报表数量与前一天验货数量是否相同。

⑨归档。收货部主管依据日期、商品类别或者供应商将验收单据分类保管，收货资料保存期为 1 年。

3.3 货物接运与验收操作

1.分组

首先进行分组，设定角色。每 5 人为一小组，其中 2 人充当送货人员，3 人充当仓库收货人员。

2.送货

送货人员向仓库收货人员出示送货单。

3.核对

仓库收货人员核对送货单、入库通知单、产品合格证等凭证。

4.验收

仓库收货人员进行外箱辨识,检查数量和品质。

5.验收结果处理

货物验收完毕后,仓库收货人员填写入库验收单,并由送货人员在验收单上签字。如上述程序中没有发现问题,收货人员在送货回单上盖章,表示货物收讫;如发现有异常情况,必须在送货回单上详细注明,并请送货人员签字,如问题比较严重,要填写货物异常报告。

3.4 考核标准

入库货物接运与验收操作考核标准

小组成员			评委		
序号	考核内容	考核标准	分值	扣分	得分
1	入库货物接运与验收操作	接运与验收操作程序正确	20		
2		凭证审核认真、全面,没有遗漏	20		
3		验收仔细、全面	20		
4		验收结果处理得当	20		
5		单证填写规范、正确	20		
综合得分					
评委指导意见					

3.5 附录

附录一

入库通知单

安徽交通仓储有限公司:

根据贵公司与我司双方签署的仓储保管合同,我司现有一批货物委托上海佳杰物流有限公司运送至贵公司储存,请安排接收。具体情况如下:

货品名称	规格	单位	数量	包装
小星星洗衣液	2000g	桶	150 桶	10 桶/箱
鹰牌洗衣粉	500g	袋	264 袋	24 袋/箱
莹洁牙膏	180g	支	300 支	100 支/箱

请在 2015 年 9 月 20 日前完成入库。

联系人:陈常华　电话:021－64895210

上海宏发商贸有限公司

2015 年 9 月 18 日

附录二

送货单

No.

送货单位：　　　　　　　　　　　　　　　　　送货日期：　　年　　月　　日

货品名称	规格	单位	数量	包装

送货单位：(盖章)　　　　送货人：　　　　收货单位：(盖章)　　　　收货人：

附录三

入库验收单

编号：

<table>
<tr><td>货物名称</td><td colspan="5"></td><td colspan="4">型号/规格</td><td colspan="3"></td></tr>
<tr><td>供方</td><td colspan="5"></td><td colspan="4">进货日期</td><td colspan="3"></td></tr>
<tr><td>进货数量</td><td colspan="5"></td><td colspan="4">验证数量</td><td colspan="3"></td></tr>
<tr><td>验证方式</td><td colspan="12"></td></tr>
<tr><td>验证项目</td><td colspan="4">标准要求</td><td colspan="7">验证结果</td><td>是否合格</td></tr>
<tr><td></td><td colspan="4"></td><td colspan="7"></td><td></td></tr>
<tr><td></td><td colspan="4"></td><td colspan="7"></td><td></td></tr>
<tr><td></td><td colspan="4"></td><td colspan="7"></td><td></td></tr>
<tr><td></td><td colspan="4"></td><td colspan="7"></td><td></td></tr>
<tr><td>检验结论</td><td colspan="12">□合格　　□不合格</td></tr>
<tr><td>复检记录</td><td colspan="12">1.
2.</td></tr>
<tr><td>检验主管</td><td colspan="2"></td><td>检验员</td><td colspan="4"></td><td colspan="3">日期</td><td colspan="2"></td></tr>
<tr><td rowspan="2">不合格品
处置方法</td><td colspan="12">□拒收　□让步拒收　□全检</td></tr>
<tr><td>批准</td><td colspan="5"></td><td colspan="2">日期</td><td colspan="4"></td></tr>
<tr><td>备注</td><td colspan="12">对于客户的货品，其不合格品处置由客户批准</td></tr>
</table>

附录四

验货清单

供应商号码：　　　　订单号码：　　　　收 货 号：
供应商名称：　　　　电　　话：　　　　传　　真：
地　　址：　　　　供货日期：　　　　收货日期：
类　　型：　　　　页数/总页数：

货号	货品名称	单位	条码	价签	实收数量

登记员：　　　　验货员：　　　　标签：　　　　确认员：　　　　备注：

附录五

入库货物异常报告

序号日期：

货物编号	货品名称	规格	数量	异常情况

送货人：　　　　　　　　验收人：

附录六

×××仓储公司货品收货流程

1.正常产品收货

(1)货物到达后，收货人员根据司机的随货箱单清点收货。

(2)收货人员应与司机共同掐封，检查货品状况。如货物有严重受损状况，必须马上通知客户等候处理，必要时拍照留下凭证；如货物状况完好，则开始卸货工作。

(3)卸货时，收货人员必须严格监督货物的装卸状况(小心装卸)，确认产品的数量，包装及保质期与箱单严格相符。任何破损、短缺必须在收货单上严格注明，并保留一份由司机签字确认的文件，如事故记录单、运输质量跟踪表等。破损、短缺的情况要进行拍照，并及时上报主管或库存控制人员，以便及时通知客户。

(4)卸货时，如遇到恶劣天气(下雨、下雪、冰雹等)，必须采取各种办法确保产品不会受损。卸货人员须监督产品在码放到托盘上时全部向上，不可倒置，每托盘码放的数量严格参照货品码放示意图(产品码放按照托盘的尺寸及货位标准设计)。

(5)收货人员签收送货箱单，并填写相关单据，将有关的收货资料，如产品名称、数量、生产日期(保质期或批号)、货物状态等，交订单处理人员。

(6)订单处理人员接单后，必须在当天将相关资料通知客户并录入系统。

(7)破损产品应与正常产品分开，单独存放，等候处理办法，并存入相关记录。

2. 退货或换残产品收货

(1)各种退货及换残产品入库都要有相应单据，如运输公司不能提供相应单据，仓库人员有权拒收货物。

(2)退货产品有良品及不良品的区别，如良品退货，货物必须保持完好状态，否则仓库拒绝收货；不良品收货则必须与相应单据相符，并且有配套的纸箱，配件齐全。

(3)换残产品必须与通知单上的型号、机号相符，否则仓库拒绝收货。

(4)收货人员依据单据验收货物后，将不同状态的货物分开，单独存放，将退货或换残单据、收货入库单以及记录产品名称、数量、状态等资料交订单处理人员。

(5)订单处理人员依据单据录入系统。

项目四　货物入库建档手续办理

4.1　实训项目说明

实训课时

2 课时。

实训目标

掌握办理货物入库建档手续的技能。

实训内容

上海宏发商贸有限公司委托上海佳杰物流有限公司运送一批货品到安徽交通仓储有限公司储存，该批货物的详细情况见表 2.4.1。经验收合格后，安徽交通仓储有限公司接受了该批商品的储存，请为该批货品办理入库建档手续。

表 2.4.1　货物明细表

货品名称	规格	单位	数量	包装
小星星洗衣液	2000g	桶	150 桶	10 桶/箱
鹰牌洗衣粉	500g	袋	264 袋	24 袋/箱
莹洁牙膏	180g	支	300 支	100 支/箱

材料准备

入库通知单、验收单、货物资料卡、货物保管账页、入库单、送货单、到接货交接单、货物异常报告和产品合格证(见本项目 4.4 附录)。

4.2 入库手续办理指导

1.立卡

货物入库堆码完毕后，按照《入库通知单》所列内容逐项填写货物资料卡，做到一垛一卡。

2.建档

将货物入库作业全过程的有关资料、证件进行整理、核对，建立资料档案，以便货物管理和保持客户联系，也可为发生争议时提供依据。档案的资料包括以下内容：

①货物出厂时的各种凭证、技术资料。

②货物到达仓库前的各种凭证、运输资料。

③货物入库验收时的各种凭证、资料。

④货物保管期间的各种业务技术资料。

⑤货物出库和托运时的各种业务凭证、资料。

建好档案后，还需要对档案进行编号。

(1)档号。档号由全宗号、分类号、类别号、案卷号和件号五部分组成。

①全宗号：指定给立档单位的编号。

②分类号：企业根据本单位档案的分类。

③类别号：本单位要求归档范围与分类给出的类别代字或代号。

④案卷号：档案排列的顺序号。

⑤件号：档案内文件的顺序号。

⑥档号的结构：全宗号－分类号、类别号－案卷号－件号。

示例：

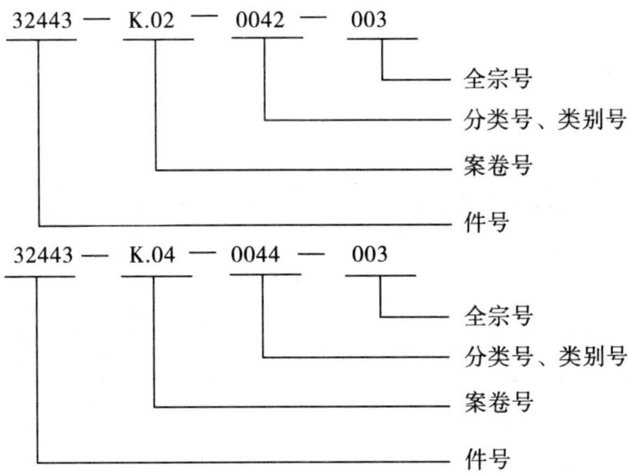

(2)电子档案号。电子档案号是整理电子文件时赋予的一组符号代码。电子档案号可与对应的档号相同。其结构为：全宗号－分类号、类别号－案卷号－件号。

(3)载体编号。载体编号是对光盘等载体排列顺序的编号。当多个案卷在一个载体上存储时，采用载体编号排架。其结构为：类别号－年－顺序号。

建档工作要遵循下列原则：

①一物一档：建立货物档案应该一物一档。

②统一编号：货物档案应进行统一编号，并在档案上注明货位号。同时，在《实物保管明细账》上注明档案号，以便查阅。

3.签单

仓库收货人员与送货人或承运人共同在送货人交来的《送货单》和《交接清单》上签名，签署后各方留存相应单证。《入库单》《验收单》和《货物异常报告》应由送货人或承运人签名。

4.3 考核标准

入库货物建档手续办理操作考核标准

小组成员			评委		
序号	考核内容	考核标准	分值	扣分	得分
1	入库货物手续办理操作	立卡填写正确、没有遗漏	25		
2		登账资料填写正确	25		
3		建档操作正确	25		
4		单证签发正确	25		
综合得分					
评委指导意见					

4.4 附录

附录一

入库通知单

安徽交通仓储有限公司：

根据贵公司与我司签署的仓储保管合同，我司现有一批货物委托上海佳杰物流有限公司运送至贵公司储存，请安排接收。具体情况如下：

货品名称	规格	单位	数量	包装
小星星洗衣液	2000g	桶	150 桶	10 桶/箱
鹰牌洗衣粉	500g	袋	264 袋	24 袋/箱
莹洁牙膏	180g	支	300 支	100 支/箱

请在 2015 年 9 月 20 日前完成入库。

联系人：陈常华　电话：021－64895210

上海宏发商贸有限公司

2015 年 9 月 18 日

附录二

入库验收单

<table>
<tr><td>货物名称</td><td colspan="3"></td><td>型号/规格</td><td colspan="2"></td></tr>
<tr><td>供方</td><td colspan="3"></td><td>进货日期</td><td colspan="2"></td></tr>
<tr><td>进货数量</td><td colspan="3"></td><td>验证数量</td><td colspan="2"></td></tr>
<tr><td>验证方式</td><td colspan="6"></td></tr>
<tr><td>验证项目</td><td colspan="2">标准要求</td><td colspan="3">验证结果</td><td>是否合格</td></tr>
<tr><td></td><td colspan="2"></td><td colspan="3"></td><td></td></tr>
<tr><td></td><td colspan="2"></td><td colspan="3"></td><td></td></tr>
<tr><td></td><td colspan="2"></td><td colspan="3"></td><td></td></tr>
<tr><td></td><td colspan="2"></td><td colspan="3"></td><td></td></tr>
<tr><td>检验结论</td><td colspan="6">□合格　　□不合格</td></tr>
<tr><td>复检记录</td><td colspan="6">1.
2.</td></tr>
<tr><td>检验主管</td><td></td><td>检验员</td><td colspan="2"></td><td>日期</td><td></td></tr>
<tr><td rowspan="2">不合格品
处置方法</td><td colspan="6">□拒收　□让步拒收　□全检</td></tr>
<tr><td>批准</td><td colspan="3"></td><td>日期</td><td></td></tr>
<tr><td>备注</td><td colspan="6">对于客户的货品，其不合格品处置由客户批准</td></tr>
</table>

附录三

货物资料卡

货物名称	
货物编号	
入库时间	
规格与等级	
单价	
收入数量	
出库数量	
结存余数	
存储位置	
备注	

附录四

货物保管账页

时间	货物名称	货物编号	规格	计量单位	收入数量	出库数量	结存数量	单价	金额总计	存储位置

附录五

入库单

送货单位：

入库时间：　　年　月　日

存储位置：

入库单编号：

货物编号	货品名称	规格	单位	送货数量	实收数量	备注

会计：　　　　　　仓库收货人：　　　　　　制单：

本单一式三联，第一联：送货人联；第二联：财务联；第三联：仓库存查。

附录六

送货单

No.

单位：　　　　　　　　　　　　日期：　　年　月　日

货品名称	规格	单位	数量	单价	金额	备注

收货单位：（盖章）　　经办人：　　送货单位：（盖章）　　制单：

附录七

到接货交接单

收货人	发站	发货人	货品名称	标记	单位	件数	重量	车号	运单号	货位	合同号

送货人：　　　　　　接收人：　　　　　　经办人：

附录八

货物异常报告

序号：　　　　　　　　　　　　　　日期：　　年　　月　　日

货物编号	品名	规格	数量	异常情况

送货人：　　　　　　验收人：

附录九

产品合格证

产品合格证

No:

本产品经检验合格，准予出厂

产品名称：__________

产品编号：__________

检 验 员：__________

检验日期：__年__月__日

盖　　章：__________

第三篇　货物在库管理作业技能操作

项目一　制订货物在库保管计划

1.1　实训项目说明

实训课时

2课时。

实训目标

掌握货物在库保管的工作流程和保管工作的主要任务。

实训内容

根据仓储保管业务的工作任务和工作步骤，制订一份货物在库作业计划。

材料准备

无。

1.2　知识链接

1.在库作业的主要工作

(1)安排储存场所。各种货物的自然属性、包装、尺寸等不同，对保管条件的要求也不同。如怕潮湿、易霉变、易生锈的货物，应存放在较干燥的库房；怕热、易熔化、易发黏、易挥发、易变质或易发生燃烧、爆炸的货物，应存放在温度较低的阴凉场所；一些既怕热，又怕冻，且需要较大湿度的货物，应存放在冬暖夏凉的楼下库房或地窖。此外，性能相互抵触或易串味的货物不能在同一库房混存，以免产生不良影响。特别是危险化学物品，必须严格按照有关规定选择库房，妥善安排。安排时需要考虑以下几个方面的内容：

①货物有无挥发性气体、异味、沾染或感染其他货物。

②货物和包装所含水分是否会影响同储物品的安全。

③货物与同一库房内的其他货物或邻近货垛的货品性能是否相互抵触。

④保管要求特别高的货物，是否需要专仓储存，以便加强养护管理。

⑤同一库房内货物的消防方法和养护措施是否一致。

⑥货物有无感染虫害的可能。

(2)苫垫。苫垫是防止各种自然条件对储存物品质量影响的一项安全措施，分为苫盖和垫底2种类型。苫盖和垫底都要根据货物的性能、对方场所、保管期限以及季节、温湿度、光照日晒、风吹雨淋等情况进行合理选择。

(3)在库保管。

①控制好仓库温湿度。货物在仓库储存中发生的各种变质现象，几乎都与库房内的温湿度密切相关。各种货物由于其本身特性，对温湿度一般都有一定的适应范围，若超过这个范围，货物的质量就会发生不同程度的变化。因此，应根据库存货物的性能要求，适时采取密封、通风、吸潮和其他控制与调节温湿度的办法，力求把仓库温湿度保持在适宜货物储存的范围内，以确保货物的质量安全。

②防止仓储物品霉腐。货物的霉腐是指货物在储存期间，由于受到某些微生物的作用所引起的生霉、腐烂、腐败和腐臭等质量变化现象。要防止仓储货物生霉，可从控制影响霉菌生长的几个环境因素出发，创造不利于霉菌生长、繁殖的环境条件，达到防霉的目的；从温度、湿度、氧气、酸碱度、光线等几个因素来看，使用最为普遍、效果最佳的方法是控制货物的水分和储存环境的空气湿度。紧抓这两个环节，就可防止货物生霉。

③金属货物防锈、除锈。金属物品锈蚀是指金属物品表面在环境介质的作用下，发生化学与电化学作用，从而发生质量变化。金属物品的防锈主要是针对客观环境条件进行的，主要方法有控制和改善储存条件、涂油防锈、气体防锈、可剥性塑料防锈、涂漆防锈等。金属的除锈方法主要有人工除锈、机械除锈、化学除锈、电化学除锈等。

④防治仓库害虫。仓库内害虫的防治是货物保管保养工作的一个重要环节。货物中发生害虫后，如不及时采取措施杀灭，会造成严重损失。具体方法有杜绝仓库害虫来源、药物防治、物理机械防治等。

⑤在库货物安全管理。在库货物安全管理主要涉及危险品的养护、防火及防盗等相关工作。

⑥搞好仓库清洁卫生。垃圾、尘土和杂草为霉菌、害虫提供了生存空间，而霉菌和害虫的繁殖直接导致仓储物品的霉变、虫蛀和变质。因此，要保管好货物，必须经常清除这些杂物，保持库房环境的整洁。库房内要做到墙壁、窗台、墙沟、垛底无垃圾和污土，垛顶无积尘，走道、支道要每天打扫。货垛出清后要清扫货位，屋角、垛顶要清除蛛网、积尘。为了防止尘土飞扬，在水泥地坪上可用湿木屑撒地。露天场地要做到货位四周不积水、无垃圾、无杂草，保持环境整洁。

(4)在库检查。检查在库储存货物是为了了解和掌握货物在保管过程中的质量变化情况，发现存在的问题，便于及时采取相应措施，进行防治或处理。如不能及时发现并采取措施救治，就会造成或增加损失。货物在库检查时不可能每批每件都查，可以排出重点，有计划、有步骤地进行定期检查。

一般可对下列货物进行排队：

①入库时发现已有问题的货物。

②性能不稳定或不够熟悉的货物。

③堆放场所不太适宜的货物。

④已有轻微异状，尚未处理的货物。

⑤储存时间较长的货物（久储货物）。

货物排队后，要根据确定的检查周期每月检查，循环进行。对所保管的货物的质量情况做到心中有数。检查货垛、抽查物品时，要从估计最易发生问题的部位，如近窗、沿墙、垛底、垛芯等处着手。必要时可进行翻堆倒垛、抽芯挖底检查，以便深入挖掘问题。还可以用测湿仪抽测水分，协助感官检查。

（5）异状处理。对检查时发现的问题，要彻底调查情况，分析原因，根据产生异状的原因，迅速采取措施，进行防治和处理。凡属储存条件和保管措施上的问题，应主动改善储存条件；凡属商品生产工厂方面的问题，应联系委托单位，协商处理，积极配合解决；凡属仓库保管不善而引起的问题，应承担应负的责任。

对在库检查时发现异状的货物，可根据其异状程度，进行不同的处理。凡在检查时发现商品的外观质量与入库时相比较发生了一些变化，但异状程度较轻，异状面不大，异状蔓延趋势缓慢，不影响销售和使用的，可作为一般异状问题处理，填报《商品异状问题报告表》并送委托单位掌握，加强仓库保管和检查措施，注意异状变化的发展情况。凡在质量上已发生显著变化，异状程度较重，异状面较广，并有迅速发展趋势者，可进行重大异状问题处理，填报《商品异状问题催请处理表》并送委托单位催请处理。

（6）出库复查。仓库对所有库存物品未经委托单位复查鉴定而开单提货时，必须与委托单位有关部门联系，确认可以发货后再出仓。尤其对于出仓商品，更要注意这一点。凡包装有破损的商品，要经修补加固后方能出仓。

2.货物在库保管流程

货物在库保管流程如图 3.1.1 所示。

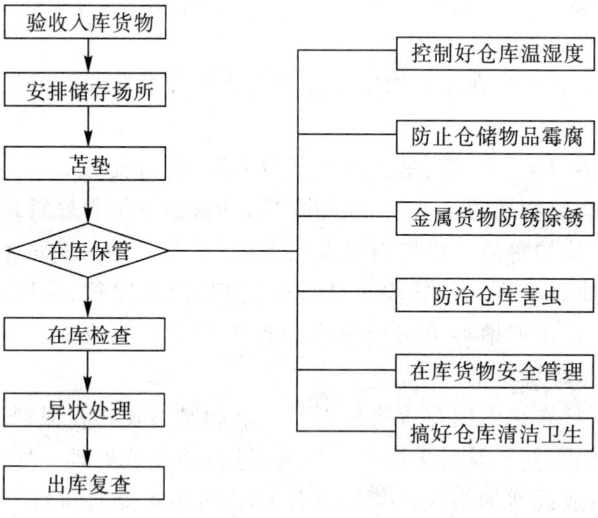

图 3.1.1 货物在库保管流程

1.3　考核标准

货物在库保管作业计划考核标准

小组成员			评委		
序号	考核内容	考核标准	分值	扣分	得分
1	货物在库保管作业计划	作业计划内容全面、正确	40		
2		工作流程的先后顺序正确	40		
3		作业计划文档表达清晰、排版美观	20		
综合得分					
评委指导意见					

项目二　托盘装盘码垛实训操作

2.1　实训项目说明

实训课时

2 课时。

实训目标

熟练掌握重叠式码垛、正反交错式码垛、纵横交错式码垛和旋转式码垛等 4 种常用的装盘码垛方式。

实训内容

现有一种货物，共 60 箱，需要装在托盘上运送到某仓库储存保管，货箱的规格为 400mm×250mm×200mm，每箱货物重 5 000g。标准货位的高度为 1 400mm，托盘尺寸为 1 200mm×1 000mm×150mm，托盘的承重标准为 1 000kg，货箱上标明码垛极限为 6 层。要求：①绘制码盘示意图；②计算需要托盘的数量；③如果是横梁式货架，计算需要货位的数量。

材料准备

(1)1 000mm×1 200mm 平托盘若干。

(2)400mm×250mm×200mm 空纸箱 60 只，虚拟每只重 5 000g。

2.2　托盘码垛实训操作

1.重叠式码垛操作要领

将纸箱直上直下堆装，横排方向上放 4 只，纵排方向上放 3 只，共装 5 层。各层重叠后，纸箱四角和边重叠垂直，这样的码垛方式称为“重叠式码垛”。码好后的垛形如图 3.2.1 所示。

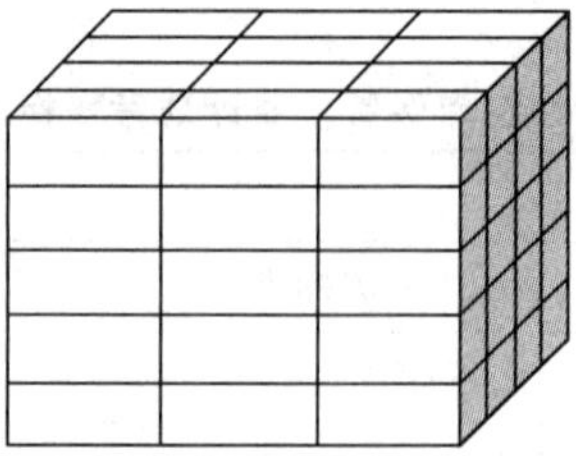

图 3.2.1 重叠式码垛

2.正反交错式码垛操作要领

同一层中不同列的纸箱以 90°垂直码放，相邻两层的纸箱码放形式是另一层旋转 180°。这种码放形式类似于房屋砌砖的砌筑方式。具体到本项目来说，如图 4.2.2、图 4.2.3所示分别为俯视图奇数层和偶数层。

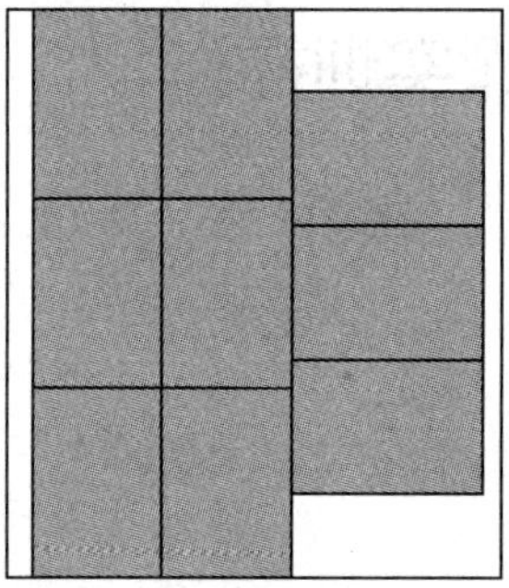

图 3.2.2 正反交错式奇数层

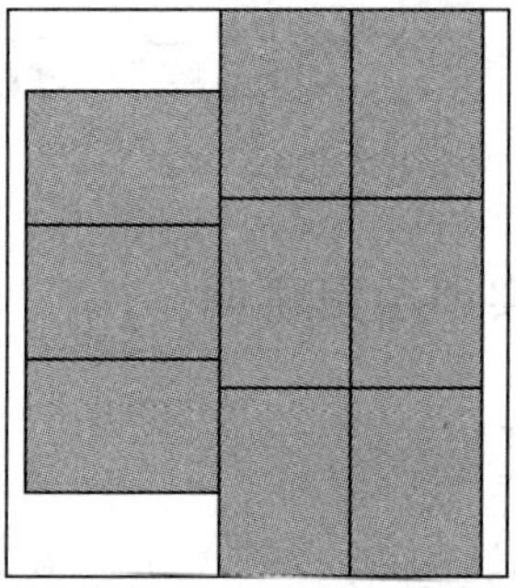

图 3.2.3 正反交错式偶数层

3.纵横交错式码垛操作要领

将上层的纸箱以横向压在下层纵向纸箱的接缝处，每层件数、长宽一致，每两层交替堆放。如图 3.2.4 所示。

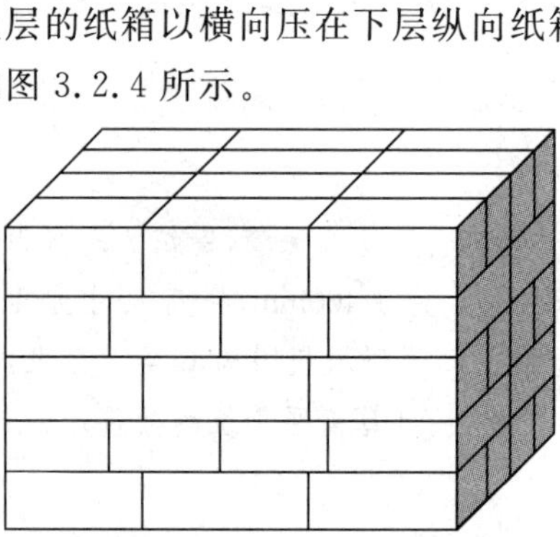

图 3.2.4 纵横交错式码垛

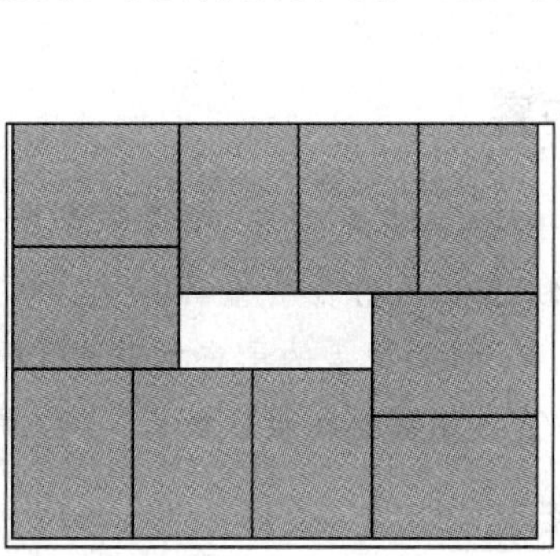

图 3.2.5 旋转式码垛

4.旋转式码垛操作要领

第一层的两只纸箱码放角度互为 90°，两层间的码放角度又相差 180°，以此类推。如图 3.2.5 所示。

5.四种码垛方式的优缺点

(1)重叠式码垛。

①优点：操作速度快，各层重叠后，包装物四角和边重叠垂直，承载力大。

②缺点:各层之间缺少咬合作用,稳定性差,容易发生塌垛。

(2)正反交错式码垛。

①优点:不同层之间咬合强度较高,且相邻层之间不重缝,因而码放后稳定性很高。

②缺点:操作比较麻烦,各层货物之间不是垂直面相互承受荷载,下面的货物容易被压坏。

(3)纵横交错式码垛。

①优点:装盘比较简单,有一定的稳定性。

②缺点:各层之间咬合强度不高。

(4)旋转式码垛。

①优点:相邻两层之间相互咬合交叉,稳定性较好,不易塌垛。

②缺点:码放难度较大,且中间形成空穴,会降低托盘载运能力。

2.3　考核标准

货物装盘码垛操作考核标准

小组成员			评委		
序号	考核内容	考核标准	分值	扣分	得分
1	托盘装盘码垛操作	码垛示意图清晰明确	40		
2		码垛操作熟练	20		
3		货架高度、托盘高度、操作时所需空间	40		
综合得分					
评委指导意见					

项目三　ABC库存管理法应用实训

3.1　实训项目说明

实训课时

2课时。

实训目标

掌握库存管理中重点与非重点的划分标准和一般划分步骤,以及不同种类物品相应的库存管理手段。

实训内容

某供应商对其库存的以下几种商品进行了盘点,各库存品种占用的资金及相应的库存金额比例见表3.3.1。实训任务:为了节省管理精力,试用ABC库存分类法进行管理。

表 3.3.1 商品明细列表

物资编号	年消耗额(个)	单位成本(千元)	价值(千元)	占全部库存价值的百分数(%)
1	5000	1.50	7500	2.9
2	1500	8.00	12000	4.7
3	10000	10.50	105000	41.2
4	6000	2.00	12000	4.7
5	7500	0.50	3750	1.5
6	6000	13.60	81600	32.0
7	5000	0.75	3750	1.5
8	4500	1.25	5625	2.2
9	7000	2.50	17500	6.9
10	3000	2.00	6000	2.4

材料准备

无。

3.2 知识链接

1.ABC 分类法的概念与由来

ABC 分类法又称“帕累托分析法”“巴雷托分析法”“柏拉图分析法”“主次因分析法”“分类管理法”“重点管理法”或“‘80 对 20’规则”。它是根据事物在技术或经济方面的主要特征进行分类排队，分清主次，从而有区别地确定管理方式的一种分析方法。

ABC 分类法是意大利经济学家维尔弗雷多·帕累托首创的。1879 年，帕累托在研究个人收入的分布状态时，发现 20%的人口控制了 80%的财富，他将这一关系概况为“重要的少数、次要的多数”，并用图表示出来，这就是著名的帕累托图。该分析方法的核心思想是在决定一个事物的众多因素中分清主次，识别出少数的但对事物起决定作用的关键因素和多数的却对事物影响较小的次要因素。后来，帕累托法被不断应用于管理的各个方面。

在库存中，往往有数万种存货，对每种存货都进行详细的库存分析是不经济的，因为通过不断地盘点、发放订货、接受订货等工作来控制库存要消耗大量的时间和资源。当资源有限时，企业很自然地试图采用最好的方式，利用有限的资源来对库存进行控制，此时，企业的库存重点应该集中于重要物品上。在库存系统中，帕累托原理同样适用(少量物品占用大量投资)，在库存中，往往少数几种物品的年消耗金额占总消耗的大部分。为了有效地进行库存控制，对于贵重物品，应少量采购和严格控制，而对于低价物品，就可以大量采购和稍加控制。

2.ABC 分类法的原理、依据及库存策略

(1)ABC 分类法的原理。按照控制对象价值的不同或重要程度的不同对其分类，通常根据年耗用金额(存货价值或数量×成本)将物品分为A、B、C 3类:A类存货的品种数占总品种数的10%左右,价值占存货总价值的70%左右;B类存货的品种数占总品种数的20%左右,价值占存货总价值的20%左右;C类存货的品种数占总品种数的70%左右,价值占存货总价值的10%左右。具体内容见表3.3.2。

表3.3.2 ABC分类表

	A类存货	B类存货	C类存货
品种种类所占总品种数的比例	约10%	约20%	约70%
价值占存货总价值的比例	约70%	约20%	约10%

某类存货的总价值是衡量其重要程度的尺度,也就是说,一种价格虽低但用量极大的物品可能比价格虽高但用量极少的物品重要。当根据物品的年耗用金额对其进行排队时,常会发现少数物品品种占用了大量资金,而大多数物品品种占用的资金却很少。

(2)ABC分类法的依据。在运用ABC分类法时,通常根据年使用费用的多少来分类。对于费用使用高的物料,可以给予最大的关注,宜采用永续盘存法来保证精确地控制库存,因为对于这类物料,哪怕多1个小时的存货,都会增加不少开支。而价廉且用量较少的物料,多保存3个月存货带来的费用增加,也不如精确地控制它们所需要的费用大。

在库存管理中,ABC分类法一般是以库存价值为基础进行分类的,它并不能反映库存品种对利润的贡献度、紧迫性等情况,而在某些情况下,C类库存缺货所造成的损失也可能是十分严重的。因此,在实际运用ABC分类法时,要具体、灵活地根据实际情况来操作。也就是说,ABC分类法的标准并不唯一,分类的目标是把重要的物品与不重要的物品分离开来,其他指标也同样可以用来对存货进行分类。其他指标包括缺货后果、供应的不确定性、过时或变质的风险。

ABC分类法理论上要求分为3类,但在应用中可以根据实际情况分为5类或6类。另外,在进行ABC分类时,所选择的分类时间也非常重要,应选择能反映真实情况的时间段,通常以年为分类的时间周期,即时间段。

(3)ABC分类法的库存策略。将物品进行ABC分类,其目的在于根据分类结果对每类物品采取适宜的库存控制措施。A类物品应尽可能从严控制,保持完整和精确的库存记录,给予最高的处理有限权等,而对于C类物品,则尽可能简单控制。例如,从订货周期考虑,A类物品可以控制得紧些,每周订购一次;B类物品可以2周订购一次;C类物品则可以每月或2个月订购一次。

对不同类别的存货,其库存控制策略是不同的,一般情况下,A、B、C 3类物品的库存控制策略见表3.3.3。

表3.3.3 不同类别存货的库存控制策略

存货类别	库存控制策略
A类	严格控制,每月检查一次
B类	一般控制,3个月检查一次
C类	自由处理

3.3 实训操作

1.收集数据

按分析对象和分析内容，收集有关数据。例如，打算分析产品成本，则应收集影响产品成本的因素、产品成本构成等数据；打算分析某一系统价值工程，则应收集系统中各部分功能、各部分成本等数据。

2.处理数据

对收集来的数据资料进行整理，按要求计算和汇总。

3.制定 ABC 分析表

ABC 分析表栏目：第一栏为物品名称；第二栏为品目数累计，即每一种物品皆为一个品目数，品目数累计实际就是序号；第三栏为品目数累计百分数，即累计品目数对总品目数的百分比；第四栏为物品单价；第五栏为平均库存；第六栏是第四栏物品单价乘以第五栏平均库存，为各种物品的平均资金占用额；第七栏为平均资金占用额累计；第八栏为平均资金占用额累计百分数；第九栏为分类结果。具体见表 3.3.4。

表 3.3.4 ABC 分析表栏目

物品名称	序号	品目数累计百分数	物品单价	平均库存	平均资金占用额	平均资金占用额累计	平均资金占用额累计百分数	分类结果
①	②	③	④	⑤	⑥=④×⑤	⑦	⑧	⑨

按下述步骤进行制表：将第二步算出的平均资金占用额，以大排队方式，由高至低填入表中第六栏。以此栏为准，将相应物品名称填入第一栏、物品单价填入第四栏、平均库存填入第五栏，在第二栏中按 1、2、3、4……填入序号，则为品目累计。此后，计算品目数累计百分数，填入第三栏；计算平均资金占用额累计，填入第七栏；计算平均资金占用额累计百分数，填入第八栏。

4.根据 ABC 分析表确定分类

按照 ABC 分析表，观察第三栏品目数累计百分数和第八栏平均资金占用额累计百分数，将品目数累计百分数为 5%～15%而平均资金占用额累计百分数为 60%～80%的前几个物品，确定为 A 类；将品目数累计百分数为 20%～30%，平均资金占用额累计百分数也为 20%～30%的物品，确定为 B 类；其余为 C 类，C 类情况正好和 A 类相反，其品目数累计百分数为 60%～80%，而平均资金占用额累计百分数仅为 5%～15%。

5.绘制 ABC 分析图

根据 ABC 分析表确定 A、B、C 3 个类别，在图上标明 A、B、C 3 类，制成 ABC 分析图，如图 3.3.1 所示。

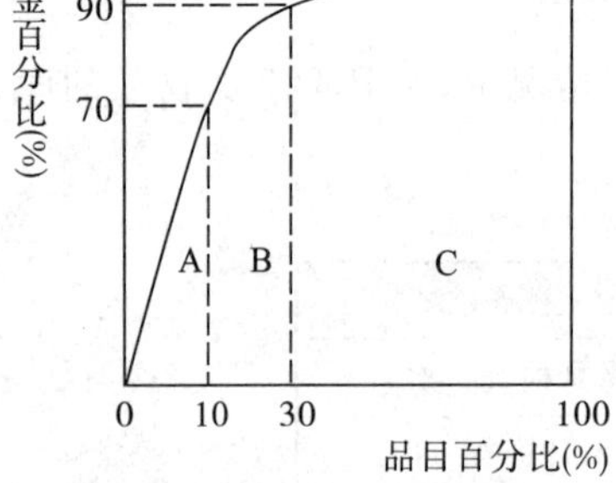

图 3.3.1 ABC 分析图

3.4　考核标准

ABC库存管理法应用实训考核标准

小组成员			评委		
序号	考核内容	考核标准	分值	扣分	得分
1	ABC库存管理法应用考核	遵循ABC分类的基本原则和基本步骤	20		
2		按要求处理数据，计算准确	50		
3		有针对性地对A、B、C 3类物品分别进行管理和控制	30		
综合得分					
评委指导意见					

项目四　库存货物盘点实训操作

4.1　实训项目说明

实训课时

4课时。

实训目标

掌握盘点作业的基本技能，包括人员的组织安排、盘点前的准备工作、现场盘点和盘点结果处理等。

实训内容

仓库月末需要进行盘点，库存物品的账面数量见表3.4.1。通过对实际库存量的盘点，比对实际数量和账面数量的差异，并进行处理。

表3.4.1　库存物品的账面数量一览表

序号	商品	规格	数量	包装
1	畅想计算机	4657－254B	72	纸箱装
2	金鸡计算机	152－2645F	42	纸箱装
3	西芝计算机	12121－83V	35	纸箱装

材料准备

(1)纸箱149只,分别标明畅想、金鸡、西芝3种计算机品牌。

(2)盘点所需要的工具,如计量工具、盘点单、盘点记录表、盘点盈亏表、存货盘点与账面调节记录表等。

4.2 盘点实训操作

1.制定盘点计划安排表

根据盘点物品的特征和盘点工作量的大小,进行人员的组织与安排,并制定相应的盘点计划安排表,上报主管,经核定后实施。

2.盘点

(1)告知。盘点前以电话、信函或其他方式告知供应商,避免供应商在盘点时间段送货。

(2)清理仓库。在进行盘点前,仓管人员要对现有货物的场地进行清洁整理。物品清洁整理的要点如下:

①供应商交来的物品尚未办完验收手续的,不属于本企业的物资,所有权为供应商所有,必须与企业的物资分开,以免盘入企业物资中。

②验收完毕的货物应及时整理归仓,若来不及入仓,可暂存于场内,并登记临时账。

③仓库关闭之前,必须通知各用料部门预领关闭期间所需的物资。

④清理、清洁仓库,使仓库井然有序,便于计数与盘点。

⑤将呆滞物品、不良物品和废旧物品预先鉴定,与一般物品划分界限,以便正式盘点时进行最后的鉴定。

⑥将所有单据、文件、账卡整理就绪,未登账、销账的单据均应结清。

⑦仓库管理人员应于正式盘点前进行自行盘点,若发现有问题,应进行必要且适当的处理,以利于正式盘点工作的进行。

(3)现场盘点。

①划分盘点区域。将仓库或盘点区域划分为几个区域,确保各区域之间不重合、没有空白。

②人员分配。在实地进行盘点时,根据编制的盘点计划安排表展开盘点,一般由仓储部相关人员或经管部门人员负责初盘,财务等相关部门主要负责复盘、抽盘及监督工作。

③盘点工作实施。盘点人员按照盘点时间表的安排完成仓库内存货盘点,并在盘点单上记录品种规格、代码数量等内容,盘点责任人进行账目和支持文件的核对。

④填写盘点单。盘点单一般为一式二联,盘点人员应根据清点后的数量填写盘点单(见4.4附录中附录二)的第一联,另一联供复盘人员填写。盘点单中的盘点单号为预先印刷的连续号码,应按顺序填写。填写错误时不得撕毁,应保留并上交。

⑤复盘。在初盘人员清点完货物,并填写盘点单后,复盘人员要对清点结果进行检查,据实填写盘点表的第二联。若复盘数量与初盘数量不一致,则应由初盘人员对其进

行再次清点，以确定最终的数量。

(4)盘点结果。

①盘点结果汇总。盘点后应将盘点单按编号收回，并根据盘点单上的最终货物数量统计货物的总量。盘点单是盘点实际库存的原始记录，收回后应妥善保存，以备与账、卡核对。

②盘点结果核对。将盘点所得的库存货物的实际数量与库存账目进行核对。

(5)盘点结果的处理。盘点工作结束后，将实际库存与账面库存相核对，若发现账物不一致，则应查明原因并进行分析。

①差异原因分析。若发现账物不符，而且差异超过容许的误差时，应查明差异产生的原因。差异产生的原因是多方面的，具体包括以下几个方面：账物处理系统的管理制度和流程不完善，导致货物数据不准确；盘点时发生漏盘、重盘、错盘等现象，导致数据不准确；盘点前数据资料未结清，使账目数据不准确；出入库作业时产生误差；盘点人员在盘点过程中出现过失，如货物损坏、丢失等；其他。

②差异处理。不同的差异原因应采取不同的处理方法。

a. 自然溢损。物品、原材料、物料等采购进仓后，在盘点中会出现干耗或吸潮升溢现象，如食品中的米面及其制品、干杂货等。在升损率合理的范围内，可填制升损报告书，经主管审查后，按规定在"营业外收入"或"管理费"科目内处理；超出合理升损率的损耗或溢余，应先填制升损报告书，查明原因，说明情况，报部门经理审查，按规定在"营业外收入"或"管理费"科目内处理。

b. 人为溢损。出现人为溢损时，应查明原因，根据单据报部门经理审查，按有关规定在"待处理收入"或"待处理费用"科目内处理。

③调整账面数量。当盘点实际数量与账面数量不符时，仓库管理人员或经管部门负责人应对其产生差异的原因进行分析，并将盘点结果上报给相关管理部门，根据管理部门的批示，调整相应的账面数量。

a. 相关负责人根据对仓库实物盘点表和盈亏盘点表的审核情况填制盘点结果报审表(第一联至第三联)，写明主要原因，报相关领导审批。

b. 经相关领导审批签字后，第一联仓库商品账留存，第二联转会计，第三联转统计。

(6)上报盘点结果。通过盘点工作，查清实际库存后，仓库管理人员及其他相关人员应向上级部门及时报告盘点结果。根据盘点后的结果及领导的批示，仓库管理人员办理库存账目、货物明细卡的更改手续，以保证账、物、卡相符。

4.3 考核标准

库存货物盘点操作考核标准

小组成员			评委		
序号	考核内容	考核标准	分值	扣分	得分
1	库存货物盘点考核	准备工作充分	10		
2		盘点操作流程正确	20		
3		单表填写正确	20		
4		差异原因分析正确	10		
5		差异处理正确	20		
6		账目处理正确	20		
综合得分					
评委指导意见					

4.4 附录

附录一

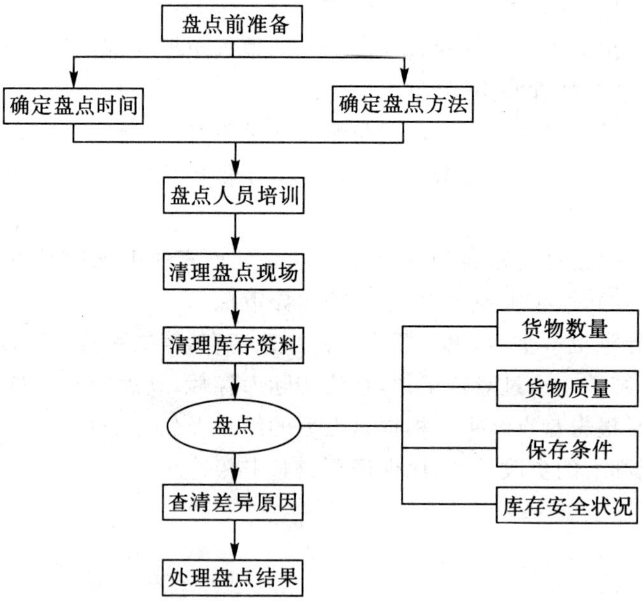

盘点流程图

附录二

盘点单

<table>
<tr><td colspan="6">第一联</td></tr>
<tr><td>商品名称</td><td colspan="2"></td><td>填写日期</td><td colspan="2"></td></tr>
<tr><td>商品编号</td><td colspan="2"></td><td>存放货位号</td><td colspan="2"></td></tr>
<tr><td>单位</td><td colspan="2"></td><td>数量</td><td colspan="2"></td></tr>
<tr><td>填写人</td><td colspan="2"></td><td>盘点单号</td><td colspan="2"></td></tr>
<tr><td colspan="6">第二联</td></tr>
<tr><td>商品名称</td><td colspan="2"></td><td>填写日期</td><td colspan="2"></td></tr>
<tr><td>商品编号</td><td colspan="2"></td><td>存放货位号</td><td colspan="2"></td></tr>
<tr><td>单位</td><td colspan="2"></td><td>数量</td><td colspan="2"></td></tr>
<tr><td>核对人</td><td></td><td>填写人</td><td></td><td>盘点单号</td><td></td></tr>
</table>

附录三

盘点记录表

编号：　　　　　　　　　　　　　　　　盘点日期：

序号	盘点票号	货物编号	品名	规格	单位	初盘数量	复盘数量	确认数量	备注

初盘员：(签名)　　　　　　　　　　　　复盘员：(签名)

附录四

盘点盈亏表

日期：　　　年　　月　　日

序号	盘点票号	货物编号	品名	规格	单位	实物数量	账面数量	差异数量	单价	差异金额	差异原因
主要事项说明：											

核准：　　　　　　　　复核：　　　　　　　　制表：

附录五

存货盘点与账面调节记录表

日期：　　　年　　月　　日　　　　　　　　　　　　　　　　　页次：

盘点单编号									
存货编号									
品名/规格									
单位									
库存数量	盘点								
	加								
	减								
	调整后								
单价									
金额									
账面数量会计数量									
差异	数量								
	单价								
	金额								
备注：									

附录六

货物养护检查记录表

库房		日期	
检查项目		检查结果	备注
(1)库区是否整洁、整齐、有序；物流通道是否畅通			
(2)库房屋顶、墙壁是否漏水、渗水；地上有无积水、油渍			
(3)库区的温度和湿度是否在物料需要的范围内			
(4)库房内通风设备是否处于良好状态			
(5)物料是否离地存放；是否按规定的行间距整齐码放			
(6)包装材料的“五防”设施是否完好；是否被鼠咬，出现受潮、发霉等现象			
(7)是否存在过期未用的物料；切割、裁剪的余料和肥料是否摆放合理			
(8)物料存放位置是否与物料标示一致			
(9)物料是否有变形、破损、划伤、起皱、开裂、败色、破包等情况			

续表

<table>
<tr><td>库房</td><td colspan="2"></td><td>日期</td><td></td></tr>
<tr><td colspan="3">检查项目</td><td>检查结果</td><td>备注</td></tr>
<tr><td colspan="3">(10)挥发性物料的包装是否渗漏;包装是否完好</td><td></td><td></td></tr>
<tr><td colspan="5">异常情况及处理意见:</td></tr>
<tr><td>记录人</td><td></td><td>库房主管</td><td></td><td>监控员</td></tr>
</table>

附录七

库房安全检查记录

<table>
<tr><td>库房</td><td colspan="2"></td><td>日期</td><td></td></tr>
<tr><td colspan="3">检查项目</td><td>检查结果</td><td>备注</td></tr>
<tr><td colspan="3">(1)是否配备足够的消防器材;标志是否明显</td><td></td><td></td></tr>
<tr><td colspan="3">(2)是否定期对消防器材进行养护和检查</td><td></td><td></td></tr>
<tr><td colspan="3">(3)易燃、易爆物品是否存放在危险品库(区);是否有专人保管;是否进行了有效的隔离并杜绝火源</td><td></td><td></td></tr>
<tr><td colspan="3">(4)油类和胶类物品是否混存;码放方式是否符合标准</td><td></td><td></td></tr>
<tr><td colspan="3">(5)库存物品是否堆放整齐;间距是否符合规定</td><td></td><td></td></tr>
<tr><td colspan="3">(6)库房内是否保持通风良好和清洁整齐;照明是否正常</td><td></td><td></td></tr>
<tr><td colspan="3">(7)库房是否设置了必要的防盗设施;门窗、门锁是否牢固完好</td><td></td><td></td></tr>
<tr><td colspan="3">(8)物品的取放是否严格按顺序进行;取放时有无碰撞</td><td></td><td></td></tr>
<tr><td colspan="3">(9)辅料的包装容器是否严密;有无渗漏和破损</td><td></td><td></td></tr>
<tr><td colspan="3">(10)库内温度是否控制在安全限度内;运输工具是否定期保养</td><td></td><td></td></tr>
<tr><td colspan="5">异常情况及处理意见:</td></tr>
<tr><td>记录人</td><td></td><td>库房主管</td><td></td><td>监控员</td></tr>
</table>

附录八

×××公司物资储存保管条例

(1)物资的储存保管,原则上应以物资的属性特点和用途规划设置仓库,并根据仓库的条件考虑划区分工。凡吞吐量大的,落地堆放;周转量小的,用货架存放。

(2)物资堆放的原则是,在堆垛合理、安全可靠的前提下,推行“五五堆放”,根据货物的特点,必须做到过目有数、检点方便、成行成列、文明整齐。

(3)所有商品应做到每日清点、核对,保持账、卡、物三者一致。

(4)仓库保管员对库存待保管、待检验材料以及设备容器和工具等负有经济责任和法律责任,因此,坚决做到人各有责、物各有主、事事有人管。仓库物资如有损失、贬值、报废、盘盈、盘亏等,保管员应及时报告上级主管,分析原因,查明责任,按规定办理报批手续。未经批准,一律不准擅自处理。保管员不得采取盈时多送、亏时克扣的违规做法。

(5)保管物资要根据其属性,考虑储存的场所和保管常识,勿使企业财产发生保管责任损失。同类物资堆放时,要考虑先进先出、发货方便,留有回旋余地。

(6)保管物资未经主管同意的,一律不准擅自借出;配套物资一律不准拆件零发,出现特殊情况时应经主管批准。

(7)仓库要采取严格的保卫制度,禁止非本库人员擅自入库;仓库严禁烟火,明火作业须经保卫部门批准;保管员要懂得使用消防器材和具备必要的防火知识。

第四篇　出库作业技能操作

项目一　出库业务操作

1.1　实训项目说明

实训课时

4 课时。

实训目标

理解和掌握出库作业的实际操作步骤和操作环节。

实训内容

(1)根据业务部门或存货单位开具的出库凭证,从对出库凭证审核开始,进行拣货、分货、发货检查、包装,直到把商品交给要货单位或发运部门,根据这一系列作业过程绘制一个完整的作业流程图。

(2)按照货主的调拨出库凭证或发货凭证(提货单、调拨单)所注明的货物名称、型号、规格、数量、收货单位、接货方式等条件,进行核对凭证、备料、复核、点交、发放等一系列作业和业务管理活动。

(3)实训任务:某仓库接到客户的出库请求,要从该仓库提取存储的计算机 62 台,具体品名及数量见表 4.1.1。这些计算机要分别送往 4 个客户,客户的需求情况见表 4.1.2,出库方式为送货上门。试完成该订单的货品出库作业。

表 4.1.1　出库商品信息表

序号	商品	规格	数量	包装
1	畅想计算机	4657－254B	18	纸箱装
2	金鸡计算机	152－2645F	22	纸箱装
3	西芝计算机	12121－83V	22	纸箱装

表 4.1.2 客户需求信息表

客户名称	需求商品及数量			
	畅想计算机	金鸡计算机	西芝计算机	合计
A	10	6	8	24
B	2	5	12	19
C	4	7	2	13
D	2	4	0	6
合计	18	22	22	62

材料准备

(1)纸箱 6 只,分别标明畅想、金鸡、西芝 3 种计算机品牌。

(2)标准塑料托盘 3 个。

(3)地牛 1 台。

(4)提货单、出库单、发货单、发货清单、货物资料卡和货物异常报告。

1.2 知识链接

货物出库时,一般要经过出库前准备和实际出库两大工作程序,具体内容如下。

1.出库前准备工作

(1)对货物原件进行包装整理。货物经过多次装卸、堆码、翻仓和拆检后,会使部分包装受损,不再符合运输要求。因此,仓库必须视情况事先进行整理、加固或改换包装。

(2)对零星货物进行组配、分装。根据货主需要,有些货物需要拆零后出库,仓库应为此做好准备,备足零散货物,以免因临时拆零而延误发货时间;有些货物需要进行拼箱,为此,应做好挑选、分类、整理和配套等准备工作。

(3)准备好包装材料、作业工具及相关用品。对从事装箱、拼箱或改装业务的仓库,在发货前应根据性质和运输部门的要求,准备各种包装材料及相应的衬垫物,以及刷写包装标志的用具、标签、颜料、钉箱等。

(4)安排好代运货物的仓容,调配好装卸机具。货物出库时,应留出必要的理货场地,并准备必要的装卸搬运设备,以便运输人员提货发运时能及时装载货物,加快发送速度。

(5)合理组织发货作业。发货作业是一项涉及人员多、处理时间紧、工作量大的工作,进行合理的人员组织和机械协调安排是完成发货的必要保证。

2.实际出库工作

(1)核对出库凭证。出库时首先要核对出库凭证。不论是领(发)料单还是调拨单,出库凭证均应有主管分配的业务部门签章。出库凭证应包括收货单位(用料单位)名称,发货方式(自提、送料、代运),货物的名称、规格、数量、单价、总价,用途或调拨原因,调拨单编号,有关部门和人员签章,付款方式及银行账号。

仓库接到出库凭证后,由业务部门审核证件上的印鉴是否齐全相符,有无涂改。审核无误后,按照出库单证上所列的货物品名、规格、数量与仓库料账再做全面核对。核实无误后，在料账上填写预拨数，然后将出库凭证移交给仓库保管员。保管员复核料卡无误后，即可做货物出库的准备工作，包括准备随货出库的物品技术证件、合格证、使用说明书、质量检验证书等资料。

凡在证件核对中有货物名称、规格型号不对的，以及印鉴不齐全、数量有涂改、手续不符合要求的，均不能发货出库。

(2)备货。出库凭证核实无误后，要进行备货。保管员对商品会计转来的货物出库凭证复核无误后，按其所列内容和凭证上的批注与编号的货位对货，核实无误后进行配货。

对实行送货制的出库货物还要进行理货，即将货物按地区代号搬运到备货区后，再进行核对、制唛和待运装车等。

①核对。理货员根据货物场地的大小、车辆到库的班次，对到场货物按照车辆配载、地区到站编配分堆，然后对场地分堆的货物进行单货核对。核对工作必须逐车、逐批地进行，以确保单货数量、品唛和去向完全相符。

②制唛。做好理货工作，必须准确制唛。对实行送货制的出库货物，为方便收货方的收转，理货员必须在应发货物的外包装上刷制收货单位的简称。制唛应在货物外包装两头，字迹清楚，不错不漏；若复用旧包装，必须刷除原有标志；如系粘贴标签，必须粘贴牢固，便于收货方收转。

③待运装车。车辆到库装载待运货物时，理货员要亲自在现场监督装载全过程。要按地区到站逐批装车，防止错装、漏装。对于实际装车件数，必须与随车人员一起点交清楚，再将送货通知单和随车同行单证交付随车人员一起送达车站码头。

(3)复查核对。货物备好后，要全面复查核对。为了避免备货过程中可能出现的差错，工作人员应按照出库凭证上所列的货物进行核查。核查的具体内容包括以下几方面：

①对于怕震怕潮的货物，其衬垫是否稳妥，密封是否严密。

②每件包装是否有装箱单，装箱单上所列各项目是否和实物、凭证等相符。

③收货人、到站、箱号、危险品或防震防潮等标志是否正确、明显。

④是否便于装卸搬运作业。

⑤能否承受装载物的重量，包装能否在货物运输装卸中不致破损、保障货物的完整。

货物出库的复核查对形式多样，可以由保管员自行复核，也可以由保管员相互复核，还可以设专职出库货物复核员进行复核或由其他人员复核等。

如经反复核对确实不符，应立即调换，并将原错备物品上刷制的标记除掉，退回原库房；复核结余物品数量或重量应与保管账目、物品保管卡片结余数相符，若发现不符，应立即查明原因，及时更正。

(4)登账。仓库发货业务中，有先登账后付货和先付货后登账 2 种方法。

①先登账后付货的仓库，核单和登账的环节连在一起，由账务员一次连续完成。这种登账方法可以配合保管员的付货工作，起到预先把关的作用。根据出库单登账时，除了必须认真核单外，还可根据货账(仓储账页)在出库单上批注账面的结存数，配合保管员付货后核对余数；对于移动货位货物，需随即更正货位，方便保管员按位找货。

②先付货后登账的仓库，在保管员付货后，还要经过复核、放行才能登账。要求账务员必须做好出库单、出门证的全面控制和回笼销号工作，防止单证遗失。按照日账日清的原则，在登账时，逐单核对保管员批注的结存数，如与账面结存数不符，应立即通知保

管员，直至查明原因。发现回笼单证中有关人员未签章的，应将原单退回，补办签章手续，再做账务记载。虽然保管员付货之前缺少预先把关的机会，但是，对于发货频繁、出库单较多的仓库，为了提高服务质量、缩短零星客户提货等候时间和充分发挥运输能力等，采用这种方法也是可以的。

(5)交接清点。货物备好并核对无误后，要进行交接清点。备齐出库货物，全面复核查对无误之后，即可办理清点交接手续。如果是用户自提方式，即将货物和证件向提货人当面点清，办理交接手续。如果是代运方式，则应办理内部交接手续，即由货物保管人员向运输人员或包装部门的人员点清交接，接收人签章，以划清责任。

运输人员根据货物的性质、重量、包装、收货人地址和其他情况选择运输方式后，应对箱件进行清点，做好标记，整理好发货凭证、装箱单等运输资料，向承运单位办理委托代运手续。对于超高、超长、超宽和超重的货物，必须在委托前说明，以便承运部门做出计划和安排。承运单位同意承运后，运输人员应及时组织力量，将货物从仓库安全无误地交给承运单位，并办理结算手续。运输人员应向承运部门提供发货凭证样本和装箱单，以便和运单一起交给收货人。运单总体应由运输人员交财务部门作为货物结算资料。

如果是专用线装车，运输人员应于装车后检查装车质量，并向车站监装人员做交接手续。

货物点交清楚、出库发运之后，该货物的仓库保管业务即告结束。仓库保管人员应做好清理工作，及时注销账目、料卡，调整货位上的吊牌，以保持货物的账、卡、物一致，及时准确地反映物资的进出、存取动态。

上述两大工作程序完成后，出库业务就告完成。根据上述工作程序，绘制出出库业务流程图，如图 4.1.1 所示。

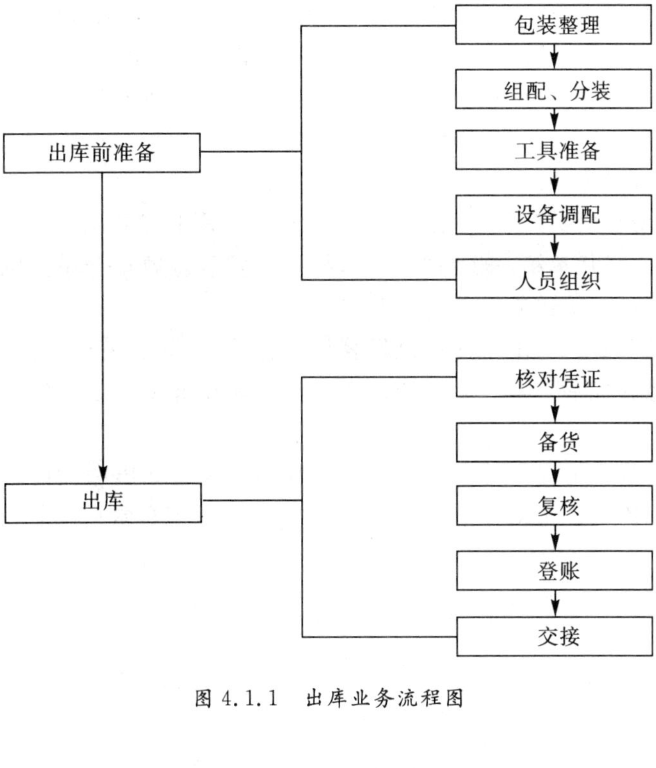

图 4.1.1 出库业务流程图

1.3 出库业务操作

1.分组

将学生分成若干小组，每组5人，1人充当出库业务受理员，1人充当保管员，1人充当复核员，1人充当理货员，1人充当司机，以小组为单位完成该项实训任务。

2.出库准备

出库业务受理员做好出库前的各项准备工作。

(1)检查包装。查一查这批货物经过装卸、堆码等工作后，有没有包装受损不适宜运输的。如有包装受损的，需进行整理、加固处理，甚至改换包装。

(2)准备好相关作业用品，如包装箱或加固材料、打包机、标签等。

(3)准备好装卸搬运设备，如托盘、地牛等。

(4)调配好作业人员。

由于本项出库任务量小，且每台计算机都是单独包装，所以只需3～4名作业人员。

3.出库

开始正式出库。

(1)备货。保管员对货物出库凭证复核无误后，按其所列项目内容和凭证上的批注与编号的货位对货，核实后进行配货。备完货后要先销卡，然后才能付货。

(2)理货。由于该批计算机是实行送货制，所以要将计算机按流向搬到备货区，再进行核对，主要核对4批电脑的流向是否和出库单上的流向一致。然后制唛，在计算机外包装箱的两头粘贴印有收货单位名称的标签。

(3)复核。复核员以单对卡，以卡对货，进行单、卡、货现场三核对。核对凭证号、实发数量、规格型号、储存货位、存货数量等，确保所出库的计算机名称、规格、数量与出库凭证上所列的内容一致。确认无误后签字，将所有单证退交保管员。

保管员在复核后的发货单诸联上加盖“发货专用章”，将发货单的第二联“出门证”、发货清单第二联“随货同行”交送货人作为出库凭证；发货单第一联、发货清单第一联及档案转交业务受理员存档。

业务受理员对保管员和收费员返回的发货单第一联和发货清单第一联(假定已交费结算)审核无误后，发货单第一联归档留存；根据实发数量填写仓单分割单，发货清单第一联经签字、盖章后返给送货人交存货人。

(4)清点交接和装车。出库计算机经复核及包装后(如有需要的话)，理货员要向送货人当面点交，点交完后，保管员要在出库凭证上签名和批注结存数，然后就可以装车发运。

(5)出库过程异常情况的处理。当出库过程中出现诸如出库凭证超过提货期限、出库凭证有疑点、出库凭证规格开错、提货数与结存数不符等异常情况时，还要填写异常情况处理报告。

1.4　考核标准

出库业务操作考核评价标准

小组成员			评委		
序号	考核内容	考核标准	分值	扣分	得分
1	出库业务流程图绘制与出库业务操作	出库流程图步骤正确	5		
2		出库流程图内容正确	5		
3		出库前的准备工作充分	10		
4		认真审核出库单证	20		
5		包装、制唛正确	10		
6		交接清楚	10		
7		作业程序正确	20		
8		操作规范、熟练	10		
9		异常情况处理得当	10		
综合得分					
评委指导意见					

1.5　附录

附录一

提货单

提货单位：　　　　　　　　　　　　　　提货时间：　　年　　月　　日

名称	规格	单位	数量
合计			

负责人：(签字)　　　　制单：(签字)　　　　经办人：(签字)

附录二

出库单

客户名称： 储存凭证号码：
发货仓库： 出库方式：
发货日期： 出库单号码：

货号	品名	规格及型号	包装及件数	数量
合计				

仓库主管：(签字) 提货人：(签字)

本单证一式四联，第一联存根，第二联仓库留存，第三联财务核算，第四联提货人留存。

附录三

发货单

出库单号码： 发货单号码：
提货单位： 发货日期： 年 月 日

货号	品名	规格及型号	包装及件数	数量
合计				

业务主管：(签字) 制单：(签字)

本单证一式二联，第一联仓库留存，第二联出门证。

附录四

发货清单

收货单位： 收货时间： 年 月 日 第 号

编号	品名	规格及型号	包装及件数	数量
1				
2				
3				
4				
5				
6				
7				
8				
合计				

负责人：(签字) 经办人：(签字)

本单证一式二联，第一联仓库留存，第二联随货同行。

附录五

货物资料卡

货物名称	
货物编号	
入库时间	
规格与等级	
单价	
收入数量	
出库数量	
结存余数	
存储位置	
备注	

附录六

货物异常报告

序号： 日期：

货物编号	品名	规格	数量	异常情景

送货人：(签字) 检验人：(签字)

附录七

×××仓储公司商品出库管理制度

(1)按“先进先出，按单发货”的原则出库。

(2)商品出库时，必须有符合规定、符合制度、签字齐全的出库单，要严格执行“凭出库单发货，无单不发货，名称不准不发货”的规定。

(3)出库管理员接到发货通知后，应在仓库查看商品品种是否齐全，以备发货。

(4)出库数量要准确(账面出库数量要和出库单、实际出库数量相符)，做到账、货相符。出现问题时，不能随意更改，应查明原因，检查是否有漏出库、多出库问题。

(5)出库商品应当面点验、交接清楚，出库后不得退换。

(6)商品不可以不经出库管理员直接出库，如遇特殊情况急用，必须经相关领导批准。

(7)出库后要及时校对物、卡，结清账目，做到账、卡、物相符，并及时清理场地、整理货垛。

项目二　出库单流转程序图绘制

2.1　实训项目说明

实训课时

2 课时。

实训目标

掌握出库的业务流程和各工作环节。

实训内容

安徽交通仓储有限公司接到一客户的通知，将于2015年12月24日来公司提取部分储存的大米，大米为“五常”牌东北大米，袋装，每袋1 000g，每10袋装1纸箱，共计20箱。公司出库管理员受理该项业务后，即安排办理出库事宜。试结合该笔出库业务，画一张出库单流转程序图。

材料准备

仓单或提货单、出库单、作业通知单、发货单、发货清单、东北大米储存档案、发货专用章、空纸箱20只（纸箱上用笔标注东北大米的相关资料，如品名、规格、每箱的数量等）、地牛1台等。

2.2　实训操作

1.分组

将全部学生进行分组，每组5人，其中1人充当提货人，1人充当出库业务受理员，1人充当保管员，1人充当作业人员，1人充当复核员，以小组为单位完成该项实训任务。

2.发货

实训开始后，首先由出库业务受理员根据发货单和作业通知单，将发货单和客户储存的东北大米档案转给保管员。然后，保管员根据发货单和东北大米档案核对要出库的该批东北大米，并与作业人员联系，现场备货，核对无误、手续完备后装车，并与提货人清点交接。按照实发数量及有关内容填写发货单，转复核员进行实物复核。

3.复核

复核员根据发货凭证，现场核对凭证号、实发数量、规格型号、储存货位、存货数量等，确认无误后签字，将所有单证退交保管员。

4.结算

保管员在复核后的发货单诸联上加盖“发货专用章”，并将发货情况录入计算机中。

如客户已办理结算和交费(发货单上有费用收讫章)的,保管员将发货单第二联(出门证)、发货清单第二联(随货同行单)交提货人作为出货凭证;发货单第一联、发货清单第一联及东北大米档案转交业务受理员存档。

如客户未办理结算和交费的,保管员将发货清单第一联、第二联及东北大米档案返给收费员。收费员进行结算、收费、盖章,打印发货清单第一联、第二联后,将发货单第二联(出门证)、发货清单第二联及随货资料等交提货人出库,将发货单第一联、发货清单第一联及东北大米档案返给业务受理员。

5.存档

业务受理员对保管员和收费员返回的发货单第一联和发货清单第一联审核无误后,发货单第一联归档留存;根据实发数量填写仓单分割单,发货清单第一联经签字、盖章后返给存货人。

至此,出库业务完结。

根据上述出库流程,可以画出出库单流转程序图,如图 4.2.1 所示。

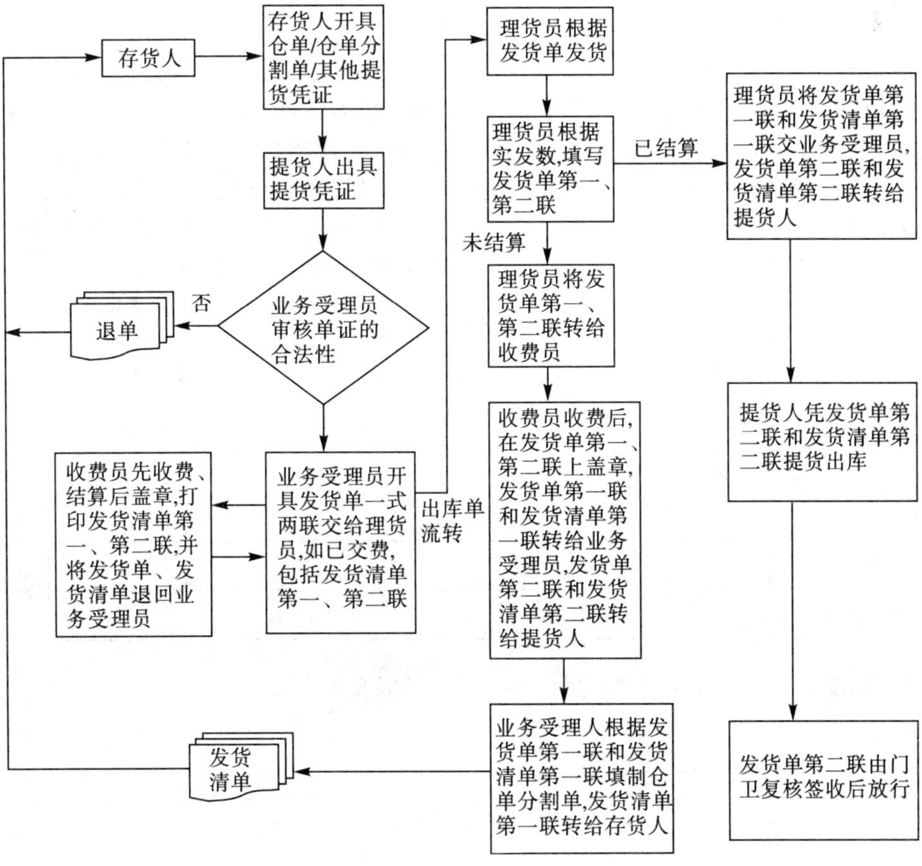

图 4.2.1 出库单流转程序图

2.3 考核标准

出库作业操作考核标准

小组成员			评委		
序号	考核内容	考核标准	分值	扣分	得分
1	出库单流转程序图绘制	出库工作流程的先后顺序正确	30		
2		绘制的程序图内容全面、正确	40		
3		流程图布局合理、图面简洁	10		
4		单证填写正确	20		
综合得分					
评委指导意见					

2.4 附录

附录一

仓单

根据《仓单要素与格式规范(GB/T30332－2013)》,仓单是仓储(物流)企业开展仓储服务过程中,与客户(委托方)之间进行业务交接的基本凭证,也是货物所有人拥有物权的重要凭证。仓单有通用仓储仓单和金融仓储仓单2种类型。通用仓储仓单用于普通仓储业务。仓储物的出库单、入库单都视为仓单。通用仓储仓单示例如图A所示。图A为通用仓储仓单正面,其背面无内容。金融仓储仓单用于企业融资货物质押、货物转让、期货交割,与货物共同整进整出。金融仓储仓单示例如图B和图C所示。

凭单提货

×××公司仓单

填发日期(大写)　　年　　月　　日　　NO. ________

存货人: ________________　　账号: ________________

储存期: ________至________　　仓库地址: ________________

仓储物名称	规格	单位	数量	包装	体积	重量	备注
货值合计金额(大写)					¥(小写)		

正本提货联

保管人(签章)　　注: 仓储物(已/未)办理保险,
保险金额¥______元,
保险期限______,保险人:__________。

记账:　　复核:

----------骑缝章加盖处----------

(附件粘贴处)

图A　通用仓储仓单正面

凭单提货

×××公司仓单

填发日期(大写) 年 月 日 NO. ________

存货人: ______________ 账号: ______________
储存期: ________至________ 仓库地址: ______________

仓储物名称	规格	单位	数量	包装	标记	仓储费率	备注
货值合计金额(大写)					¥ (小写)		

正本提货联

保管人(签章)

注: 仓储物(已/未)办理保险,
保险金额¥________元,
保险期限______,保险人:__________。

记账: 复核:

-----------骑缝章加盖处-----------

（附件粘贴处）

图 B 金融仓储仓单正面

背书人	背书人	背书人
背书人签章 年 月 日	背书人签章 年 月 日	背书人签章 年 月 日
保管人签章 年 月 日	保管人签章 年 月 日	保管人签章 年 月 日

(贴粘单处)

持单人向公司
提示取货签章:

身份证件名称:
号 码:
发 证 机 关:

图 C 金融仓储仓单背面

附录二

提货单

提货单位：　　　　　　　　　　　　　　提货时间：　　　年　　月　　日

名称	规格	单位	数量
合计			

负责人：(签字)　　　　制单：(签字)　　　　经办人：(签字)

附录三

出库单

客户名称：　　　　　　　　　　　　储存凭证号码：
发货仓库：　　　　　　　　　　　　出库方式：
发货日期：　　　　　　　　　　　　出库单号码：

货号	品名	规格及型号	包装及件数	数量
合计				

仓库主管：(签字)　　　　　　　　提货人：(签字)

本单证一式四联，第一联存根，第二联仓库留存，第三联财务核算，第四联提货人留存。

附录四

发货单

出库单号码：　　　　　　　　　　　　发货单号码：
提货单位：　　　　　　　　　　　　　发货日期：　　年　　月　　日

货号	品名	规格及型号	包装及件数	数量
合计				

业务主管：(签字)　　　　　　　　制单：(签字)

本单证一式二联，第一联仓库留存，第二联出门证。

附录五

作业通知单

作业通知单 仓储部： 兹有公司前来提货，请根据“发货单”所列项目，按时做好出库准备。 ×××仓储有限公司业务部 ××年××月××日

附录六

发货清单

收货单位：　　　　　　收货时间：　　年　　月　　日 第　　号

编号	品名	规格及型号	包装及件数	数量
1				
2				
3				
4				
5				
6				
7				
8				
合计				

负责人：(签字)　　　　　　经办人：(签字)

本单证一式二联，第一联仓库留存，第二联随货同行。

附录七

货物资料卡

货物名称	
货物编号	
入库时间	
规格与等级	
单价	
收入数量	
出库数量	
结存余数	
存储位置	
备注	

第五篇　WMS 操作

安徽交通职业技术学院物流实训室是学院于 2014 年投资扩建的，由深圳国泰安教育技术有限公司(简称"国泰安")升级改造。实训室硬件包含各类货架、叉车、拣选台车、语音设备、提升机以及电子标签，软件包含国泰安综合第三方物流实训平台、DSP 拣选软件和堆垛机操作系统。该物流实训室是一个集仓储、配送、拣选、搬运于一体的现代化仓储配送中心，能够进行企业配送中心仿真实训。

本篇项目是基于国泰安综合第三方物流实训平台的仓储管理信息系统(简称 WMS)，结合安徽交通职业技术学院物流实训室硬件条件进行的实训任务，具有真实性、针对性、流程模拟等特性，能满足安徽交通职业技术学院物流相关专业的教师教学、学生学习的需要，有利于培养物流专业学生的实际仓储配送操作能力，提高学生的专业素质。将安徽交通职业技术学院物流喻为"安徽交通物流公司"，将学院的物流实训室喻为"安徽交通(物流公司)合肥机构"进行模拟实训操作，极大地保证了实训任务的真实性，便于学生的理解。

项目一　WMS 操作系统

1.1　实训项目说明

实训课时

4 课时。

实训目标

(1)学会在 WMS 中进行客户关系管理和维护。

(2)学会在 WMS 中进行货物管理和维护。

(3)学会在 WMS 中进行仓库管理和维护。

(4)熟悉仓库各项设备设施的用途和用法。

实训内容

(1)掌握 WMS 系统基础数据的添加与管理。

(2)掌握仓储业务的操作。

材料准备

这里对WMS进行的仓储资料的整理和录入是根据安徽交通物流公司合肥机构仓储部工作内容完成的。在项目组和仓储部的全力配合下，仓储信息的梳理和录入工作紧张而有序地开展。具体数据在步骤中可见。

1.2　知识链接

1.仓储管理信息系统

仓储管理信息系统是一个实时的计算机软件系统，它能够按照运作的业务规则和运算法则，对信息、资源、行为、存货和分销运作进行更完美的管理，使其最大化满足有效产出和精确性的要求。系统环境如图5.1.1所示。

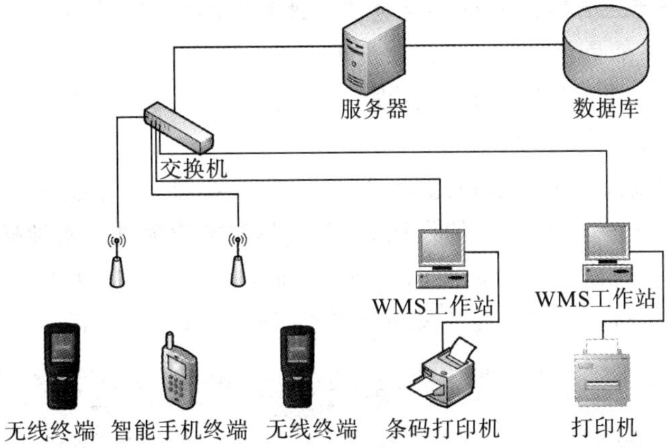

图5.1.1　WMS系统环境

2.国泰安综合第三方物流实训平台仓储管理系统

国泰安综合第三方物流实训平台仓储管理系统是一款模拟第三方物流企业真实业务及工作流程的软件。该软件能够满足第三方仓储物流活动，进行日常的管理及运作，模拟了第三方仓储部门的入库、理货、出库、移库、拣选、上架、下架等工作，是一款贴近企业真实现状的模拟软件。

3.国泰安综合第三方物流实训平台仓储管理系统功能结构图

安徽交通职业技术学院物流实训室国泰安综合第三方物流实训平台包含以下几个主要功能结构：

基础资料：基础资料—通用、基础资料—仓储。

订单管理：物流订单、物流订单批量确认、物流订单波次计算、物流订单波次确认。

仓储管理：入库管理、出库管理、库存管理、盘点管理。

策略管理：拣货策略对象、拣货策略组、拣货策略设定、上架策略对象、上架策略组、上架策略设定、内补货策略对象、内补货策略组、内补货策略设定。

该系统的功能结构图如图5.1.2所示。

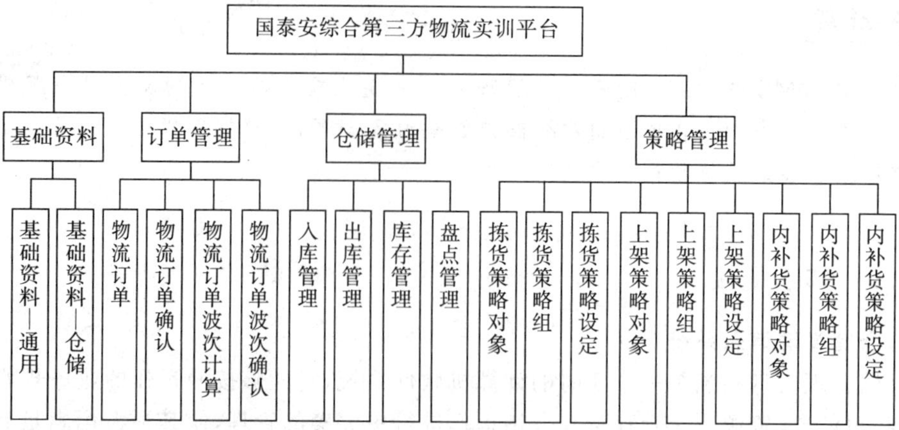

图 5.1.2　国泰安综合第三方物流实训平台功能结构图

4.国泰安综合第三方物流实训平台仓储管理系统的操作流程

WMS 中涉及三个角色，即管理员、教师和学生，如图 5.1.3 所示。

管理员端的操作流程依次是班级管理、教师管理、学生管理；工作内容是班级、教师、学生的基础资料的输入与管理。

教师端的操作流程依次为公司组管理、公司模板管理、公司管理、实验任务模板、实验任务，主要是教师进行实训任务的设计，根据实际教学情况进行实训任务设计。

学生端的操作流程依次为选择实训任务、基础资料输入与修改、实训任务操作。这部分的实训任务操作中包含仓储流程与策略流程两部分，后文的实训任务中有详细介绍。

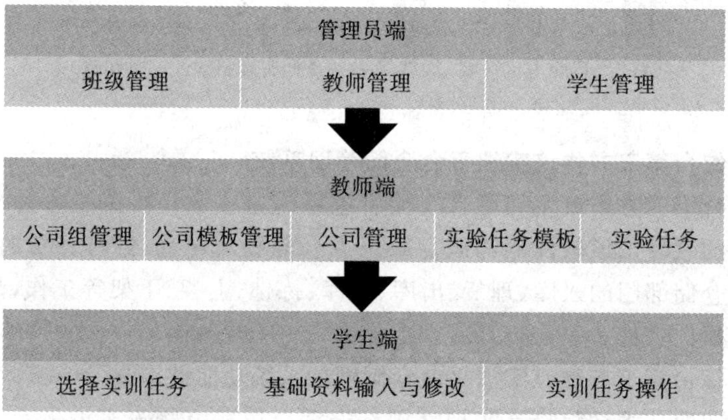

图 5.1.3　国泰安综合第三方物流实训平台操作流程

注：本书仅涉及学生端操作，管理员端与教师端操作步骤见《国泰安综合第三方物流实训平台操作手册》。

1.3　WMS 系统操作

1.登录实训平台。以学生的身份登录国泰安综合第三方物流平台系统（账号为 L201501001，密码均为 1111）。

2.选择公司和任务。选择公司（初始设置的公司或者系统默认的公司）和实验任务界面，单击进入实训平台首页。如图 5.1.4 至图 5.1.7 所示(注：教师可以从教师账号设置学生数据)。

图 5.1.4 国泰安综合第三方物流实训平台登录界面

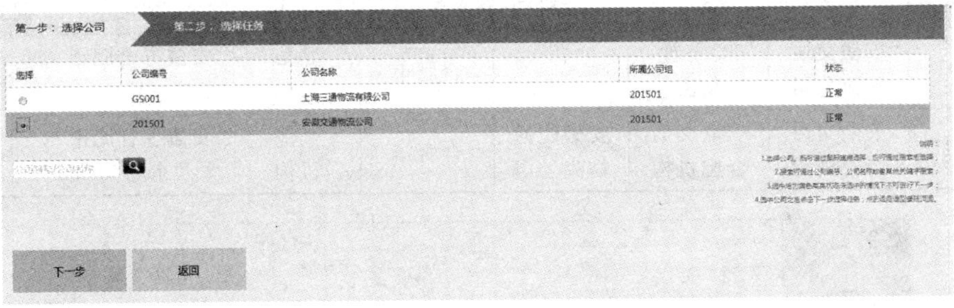

图 5.1.5 选择公司界面

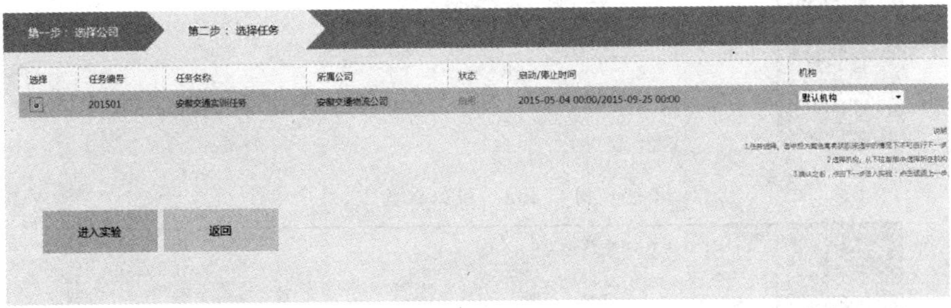

图 5.1.6 选择实验任务界面

图 5.1.7　实训平台首页

3.新增组织信息。单击左侧“基础资料一通用”→“组织机构”,按照表 5.1.1 中的信息,新增组织结构信息。操作界面如图 5.1.8 和图 5.1.9 所示。注意:填写信息时,需要勾选“揽件网点”和“配送网点”两个选项。

三通公司组织结构信息见表 5.1.1。

表 5.1.1　组织结构信息表

代码	名称	简称	上级机构	所在区域	机构属性	地址	到站区域
AH01	安徽交通物流公司	安交通物流	—	合肥市	其他机构	安徽省合肥市太湖东路 19 号	华东区
AH01HF	安徽交通合肥机构	安徽交通合肥机构	安徽交通物流公司	合肥市	其他机构	安徽省合肥市太湖东路 19 号	华东区

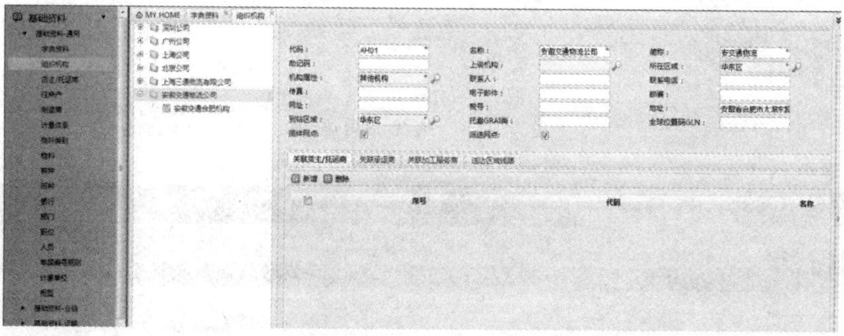

图 5.1.8　组织机构 1

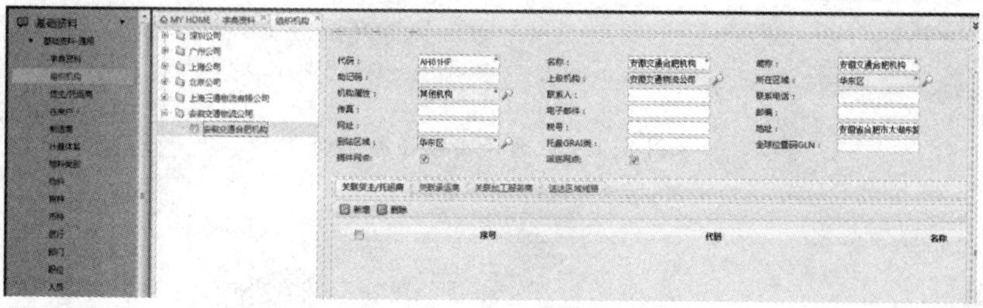

图 5.1.9　组织机构 2

4. 新增货主/托运商信息。单击左侧"基础资料－通用"→"货主/托运商"，按照表5.1.2中的信息，新增货主/托运商信息。操作界面如图 5.1.10 至图 5.1.14 所示。

表 5.1.2 货主/托运商信息表

代码	名称	公司性质	货主	托运商	地址/注册地址	联系人	电话
SHYC	四海友诚百货超市	股份有限公司	是	是	深圳市宝安区建安一路与新圳路交汇处西北侧香缤广场	袁虹	0755－62759099
SHKSMY	上海昆山贸易股份有限公司	股份有限公司	是	是	上海市浦东新区外高桥保税区外高桥加太路 29 号	谭杰森	138＊＊＊＊8852
JHSC	巨晖商城	有限责任公司	是	是	上海市虹口区西江湾路388 号	唐润敏	021－25658654
SNDQ	苏宁电器	股份有限公司	是	是	深圳市南山区南山大道2022 号	苏宁电器	137＊＊＊＊5241

图 5.1.10 货主/托运商列表界面

单击图 5.1.10 所示货主/托运商列表界面的"新增"，出现货主/托运商输入界面。按照表 5.1.2 中数据录入信息，得到货主/托运商的界面，如图 5.1.11 至图 5.1.14 所示，最终结果如图 5.1.15 所示。

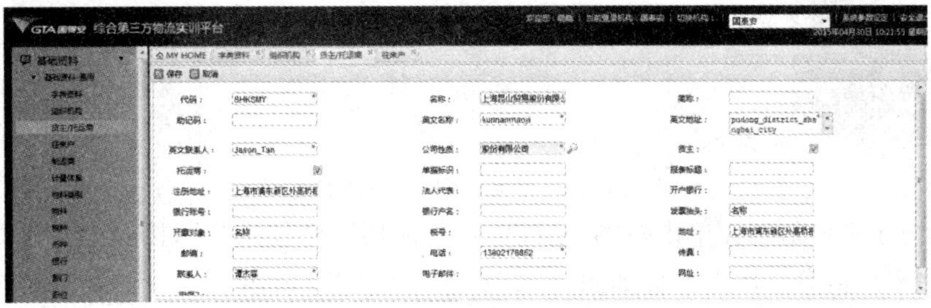

图 5.1.11 货主/托运商基本信息 1

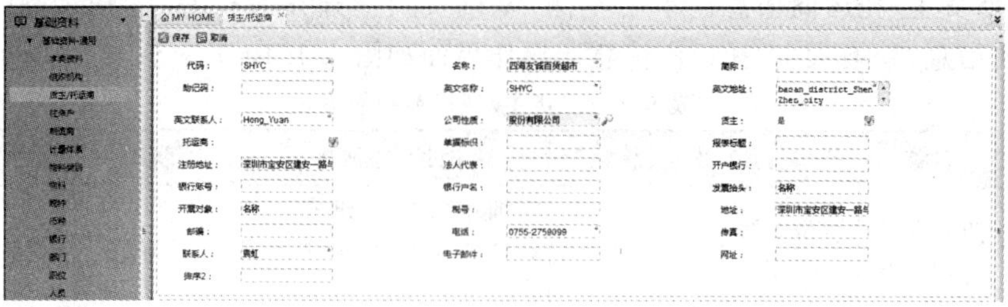

图 5.1.12 货主/托运商基本信息 2

图 5.1.13 货主/托运商基本信息 3

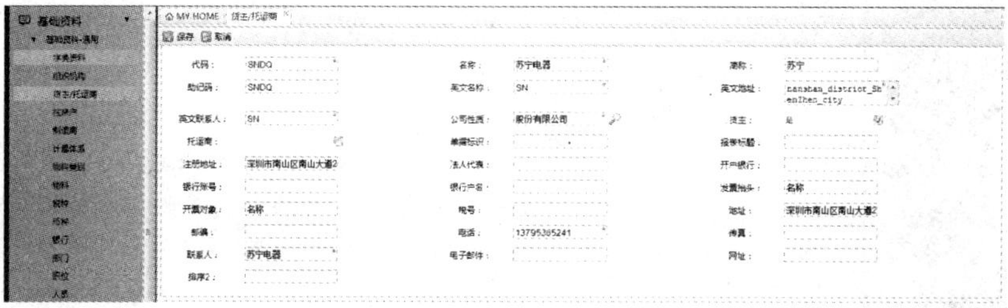

图 5.1.14 货主/托运商基本信息 4

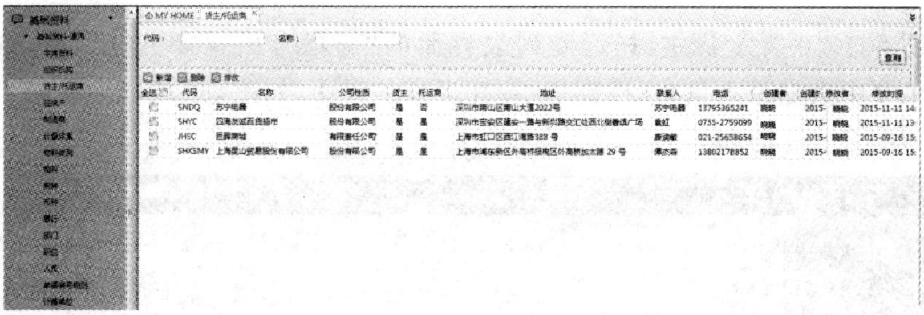

图 5.1.15 货主/托运商基本信息 5

5.新增往来户信息。单击左侧“基础资料－通用”→“往来户”,按照表 5.1.3 中的信息,新增往来户信息。操作界面如图 5.1.16 至图 5.1.19 所示。

安徽交通物流公司的往来户信息见表 5.1.3。

表 5.1.3　往来户信息表

代码	名称	公司性质	地址	联系人	电话	供应商
WJCS	万家超市	有限责任公司	兰州市城关区天水南路 229 号	潘宇清	0931－4634384	否
XXLCS	心相连超市	股份有限公司	郑州市金水路 297 号	陈健友	0371－66622880	否
THBH	天虹百货	股份有限公司	秦皇岛市海港区迎宾路 121 号	傅琼辉	0335－4041219	否

图 5.1.16　往来户信息 1

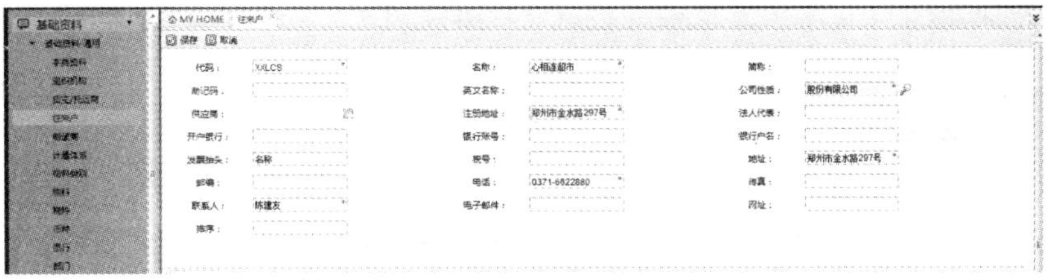

图 5.1.17　往来户信息 2

图 5.1.18　往来户信息 3

图 5.1.19　往来户信息 4

6.新增制造商信息。单击左侧“基础资料—通用”→“制造商”，按照表 3.1.4 中的信息，新增制造商信息。操作界面如图 5.1.20 至图 5.1.24 所示。

安徽交通合肥机构的货主的制造商信息见表 5.1.4。

表 5.1.4 制造商信息表

代码	名称	公司性质	地址	联系人	电话
JML	今麦郎日清食品有限公司	股份有限公司	北京市朝阳区东三环北路 38 号泰康金融大厦 17 层	任毅	010－85999898
MN	内蒙古蒙牛乳业集团有限公司	股份有限公司	内蒙古呼和浩特市和林格尔盛乐经济园区	刘爱萍	0471－6603333
WHH	杭州娃哈哈集团有限公司	股份有限公司	浙江省杭州市清泰街 160 号	张晓	0571－86032866
SX	三星电子	股份有限公司	北京市朝阳区	三星	010－69541236

安徽交通合肥机构制造商信息如图 5.1.20 至图 5.1.24 所示。

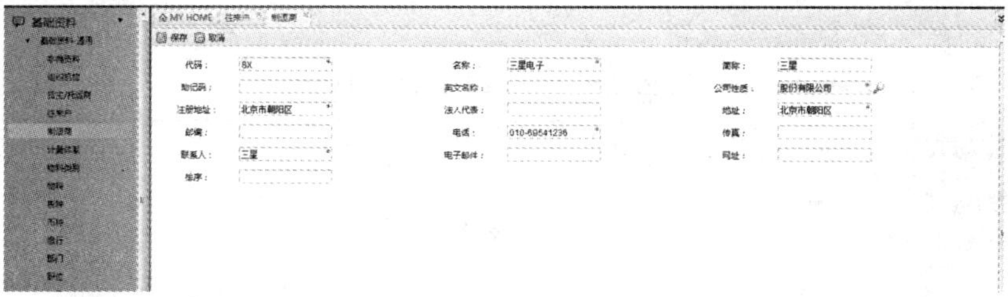

图 5.1.20 制造商信息 1

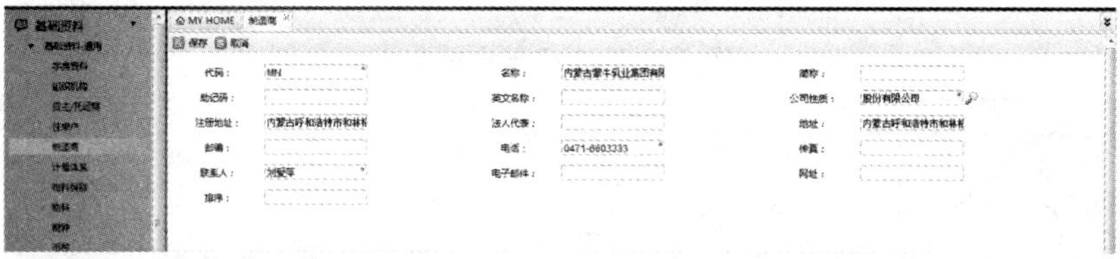

图 5.1.21 制造商信息 2

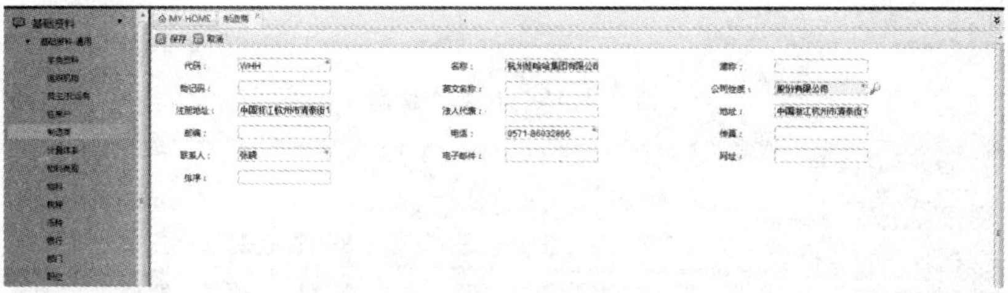

图 5.1.22 制造商信息 3

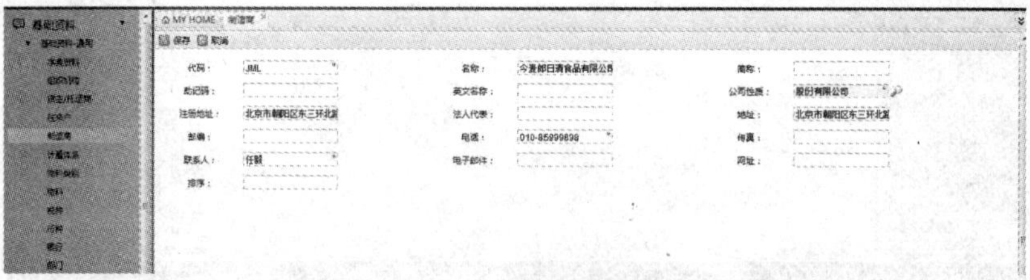

图 5.1.23 制造商信息 4

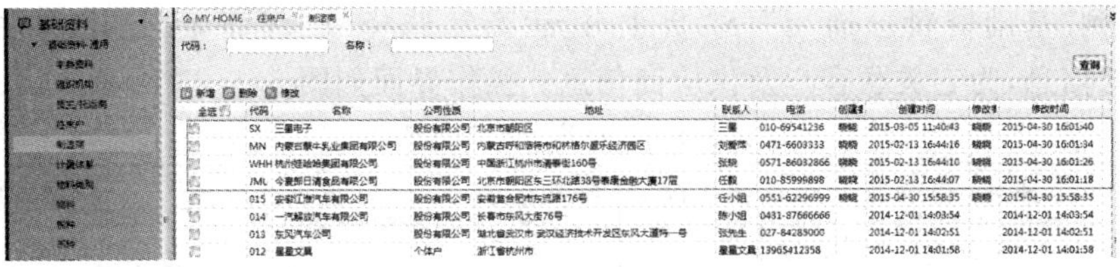

图 5.1.24　制造商信息 5

7. 回到“基础资料一通用”➝“组织机构”，表 5.1.5 中的信息为上海机构关联货主/托运商。安徽交通合肥机构与货主/托运商的关联关系见表 5.1.5。单击“关联货主/托运商”，单击“新增”，即出现关联货主/托运商的信息，选择与表 5.1.5 中一致的关联货主/托运商信息，操作界面如图 5.1.24 所示。单击“确认”后，出现图 5.1.25 和图 5.1.26 所示界面。

表 5.1.5　关联货主/托运商信息表

名称	代码	名称
安徽交通合肥机构	JHSC	巨晖商城
安徽交通合肥机构	SHKSMY	上海昆山贸易股份有限公司
安徽交通合肥机构	SHYC	四海友诚百货超市
安徽交通合肥机构	SNDQ	苏宁电器

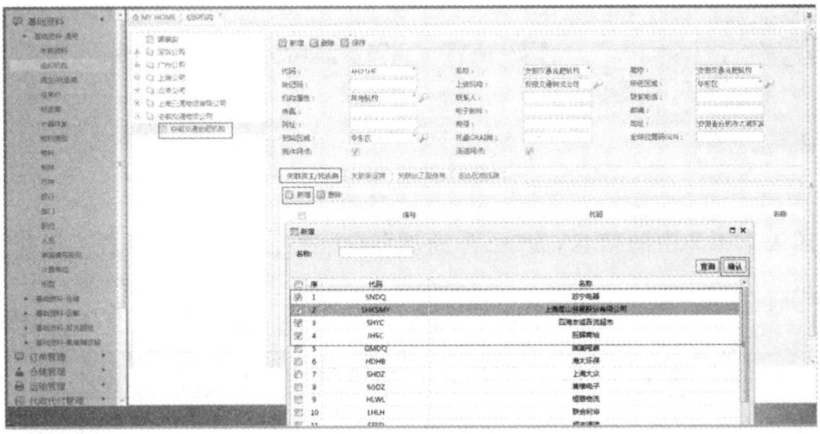

图 5.1.25　关联货主/托运商 1

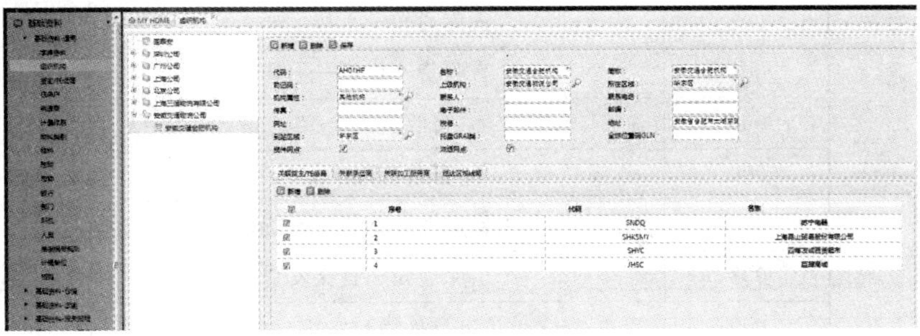

图 5.1.26　关联货主/托运商 2

8. 回到"基础资料一通用"→"货主/托运商",选择"巨晖商城"这个货主,按照表5.1.6中的信息,为它关联客户及供应商信息。操作界面如图5.1.27所示。

表5.1.6 提送货明细信息表

地址	用于提货	用于送货	提送货单位	所在区域
北京市朝阳区东三环北路38号泰康金融大厦17层	√	√	今麦郎日清食品有限公司	北京市
内蒙古自治区呼和浩特市和林格尔盛乐经济园区	√	√	内蒙古蒙牛乳业集团有限公司	呼和浩特市
杭州市清泰街160号	√	√	杭州娃哈哈集团有限公司	杭州市
郑州市金水路297号	√	√	心相连超市	郑州市
秦皇岛市海港区迎宾路121号	√	√	天虹百货	秦皇岛市
上海市虹口区西江湾路388号	√	√	巨晖商城	上海市

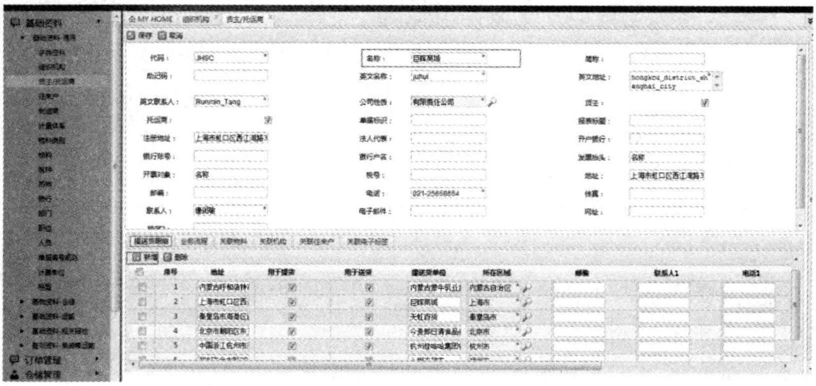

图5.1.27 提送货明细

9. 按照表5.1.7中的信息,为"巨晖商城"这个货主关联业务流程。操作界面如图5.1.28所示。

表5.1.7 "巨晖商城"流程指令集表

代码	流程指令集
001	入库通知一收货一检验一上架
002	入库通知单一收货一上架
003	入库通知一直接上架
004	盲收货一检验一上架
005	盲收货一上架
006	盲收直接上架
007	出库通知一拣货一发货单
008	出库通知一直接发货
009	盲拣货一发货
010	盲发货

图 5.1.28　“巨晖商城”流程指令集

下面我们来学习这十种流程的具体内容。如图 5.1.29 至图 5.1.41 所示。

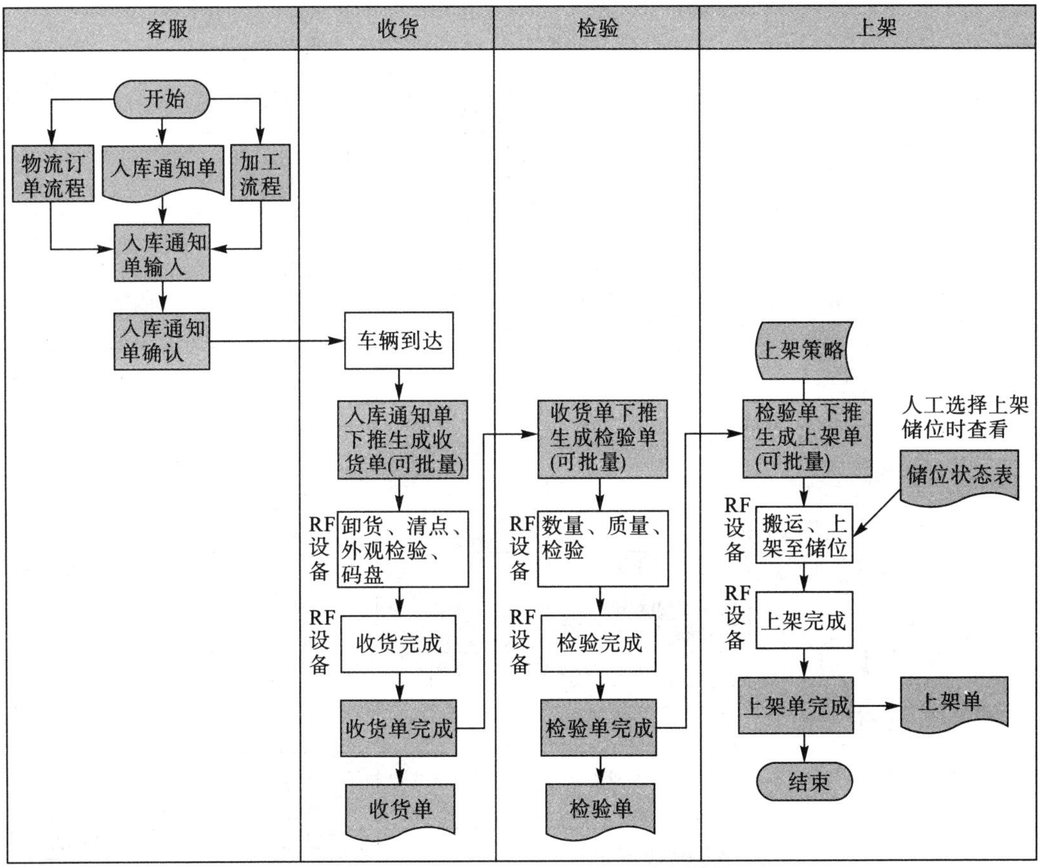

图 5.1.29　流程指令集 001“入库通知—收货—检验—上架”流程

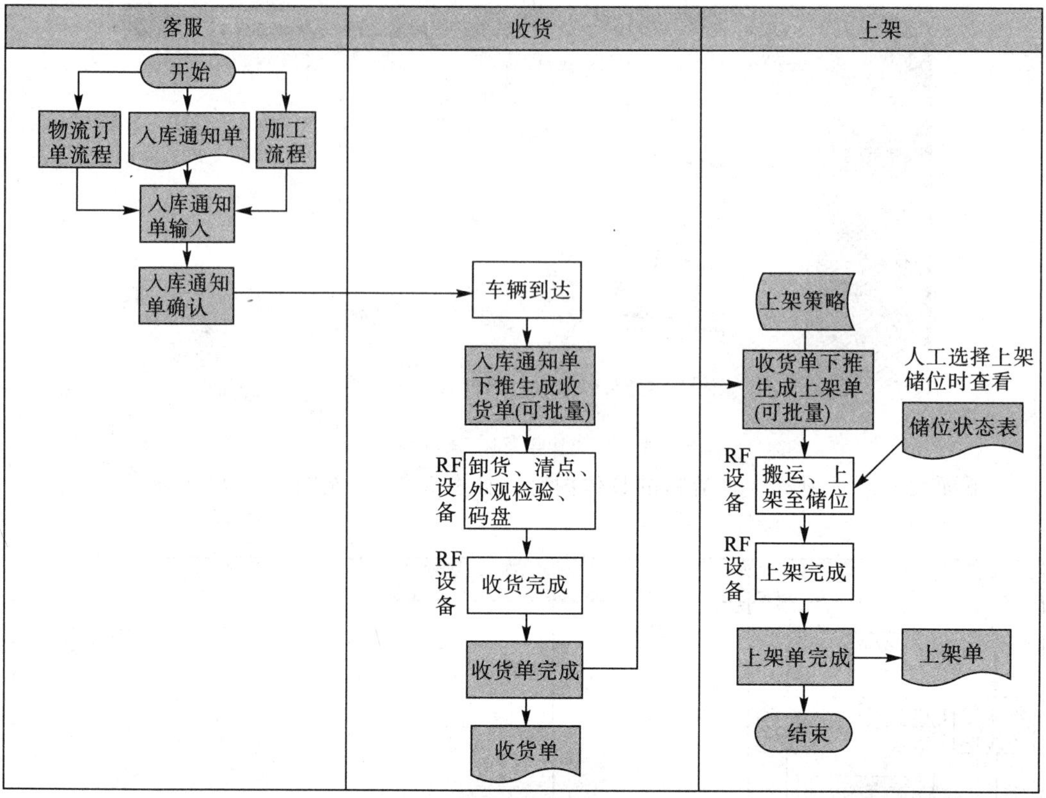

图 5.1.30 流程指令集 002“入库通知单—收货—上架”流程

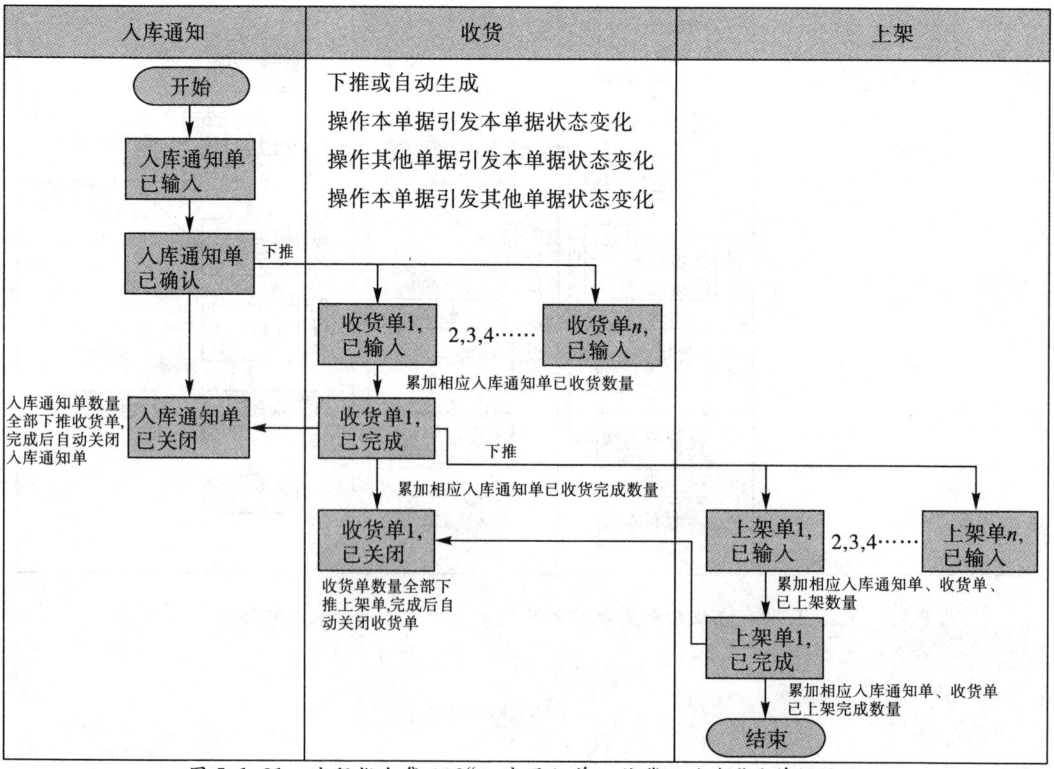

图 5.1.31 流程指令集 002“入库通知单—收货—上架”的单据流程

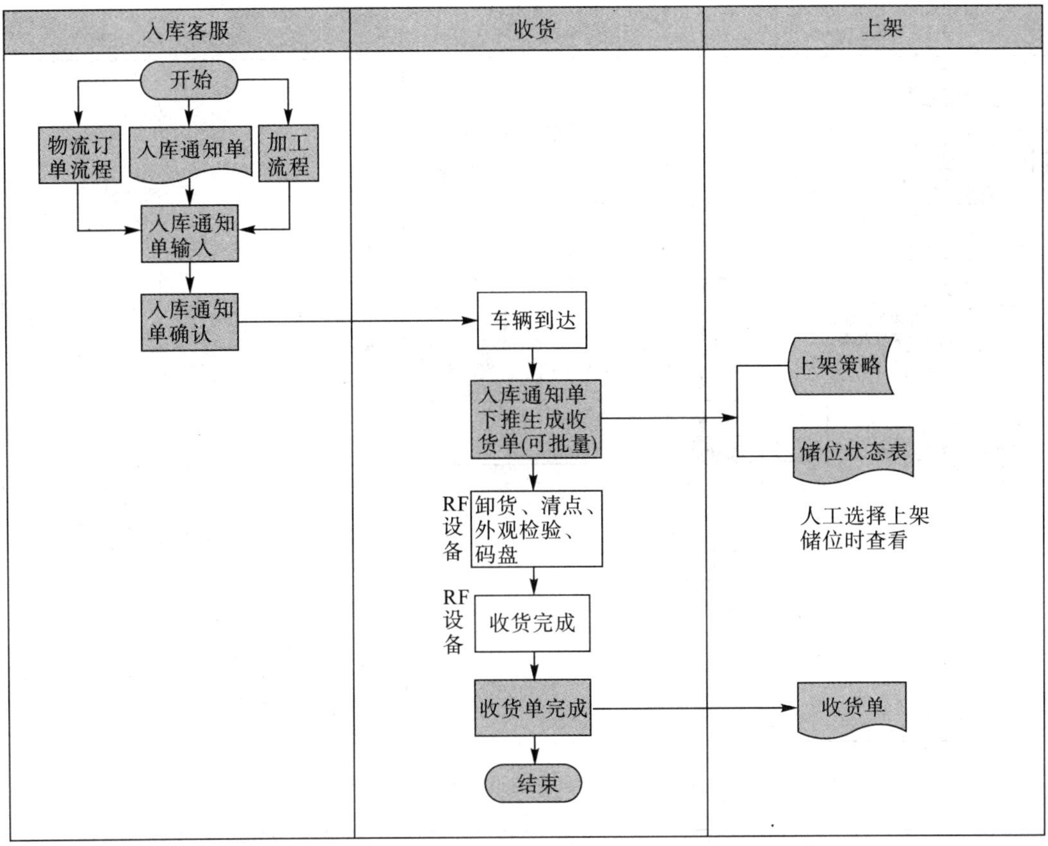

图 5.1.32　流程指令集 003“入库通知—直接上架”流程

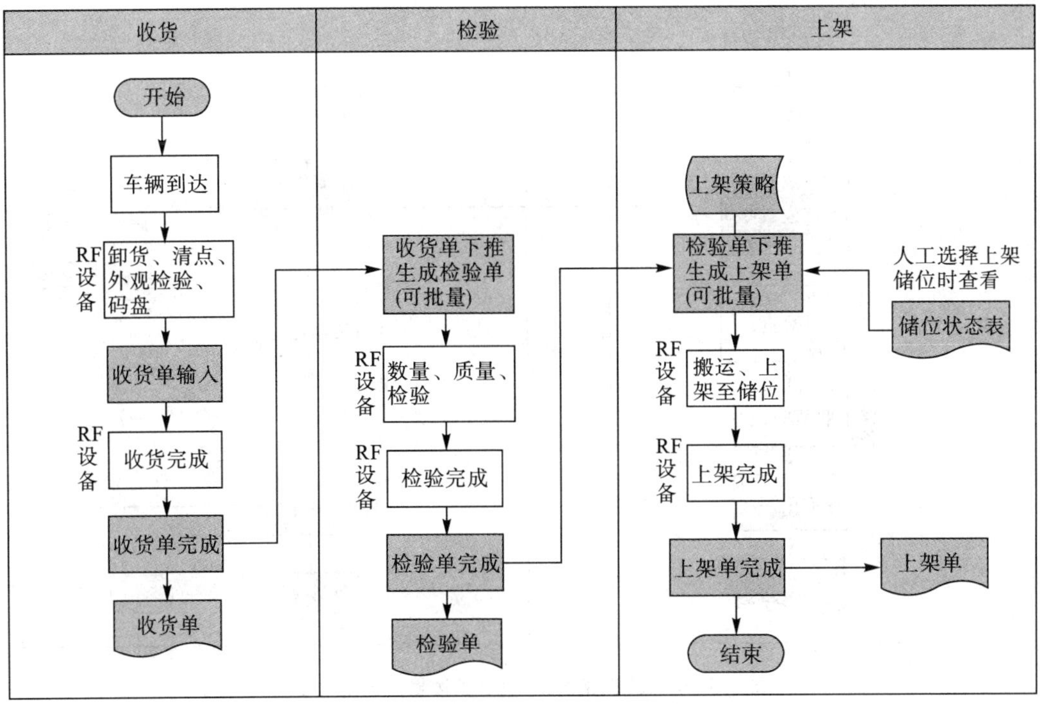

图 5.1.33　流程指令集 004“盲收货—检验—上架”流程

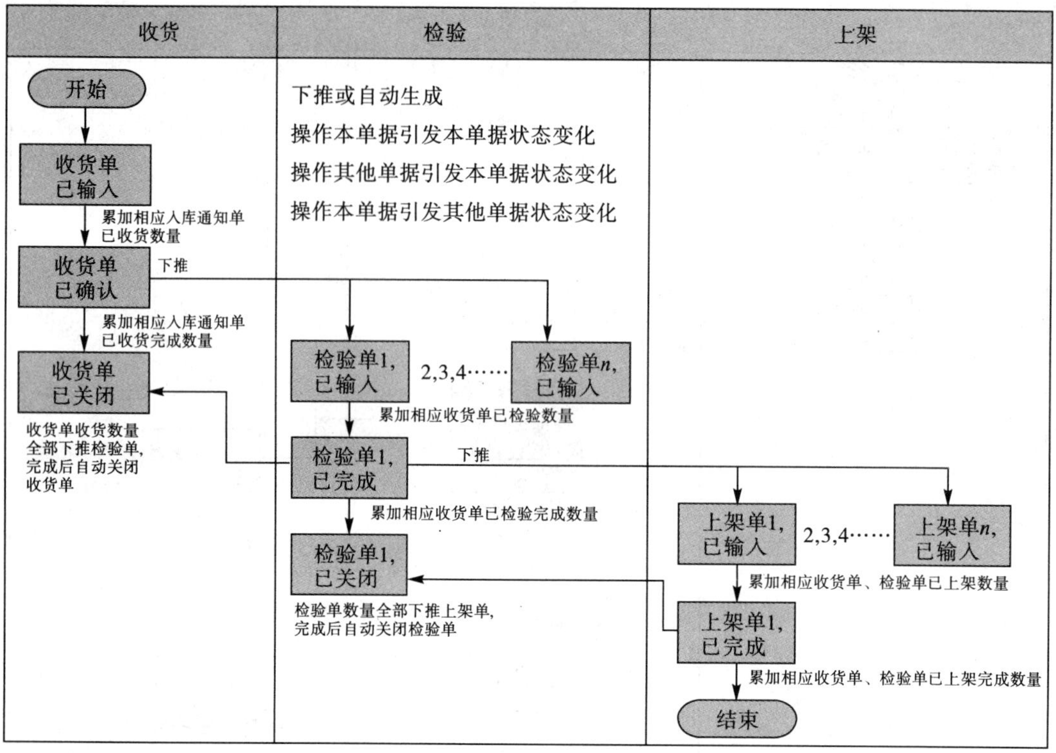

图 5.1.34　流程指令集 004“盲收货—检验—上架”的单据流程

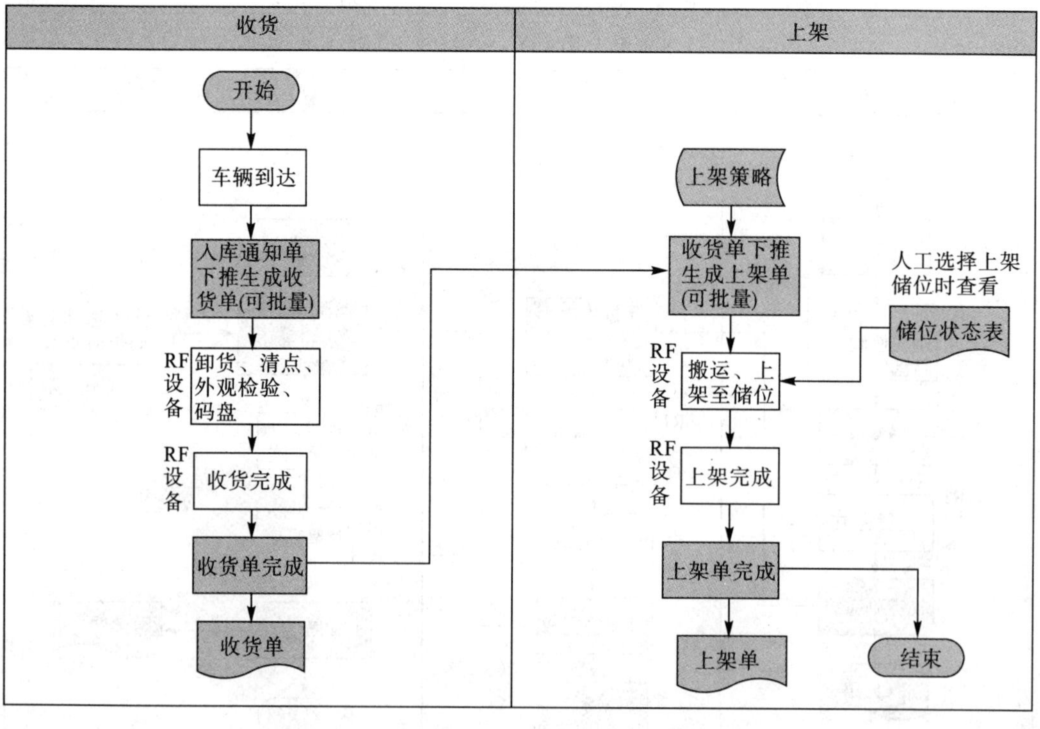

图 5.1.35　流程指令集 005“盲收货—上架”流程

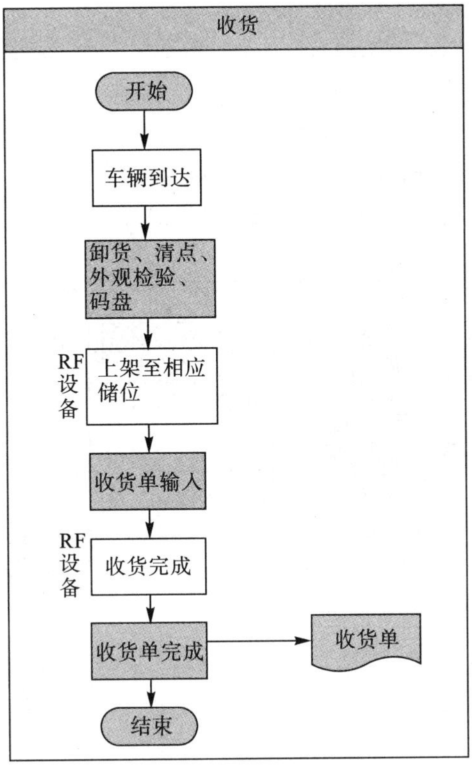

图 5.1.36　流程指令集 006“盲收直接上架”

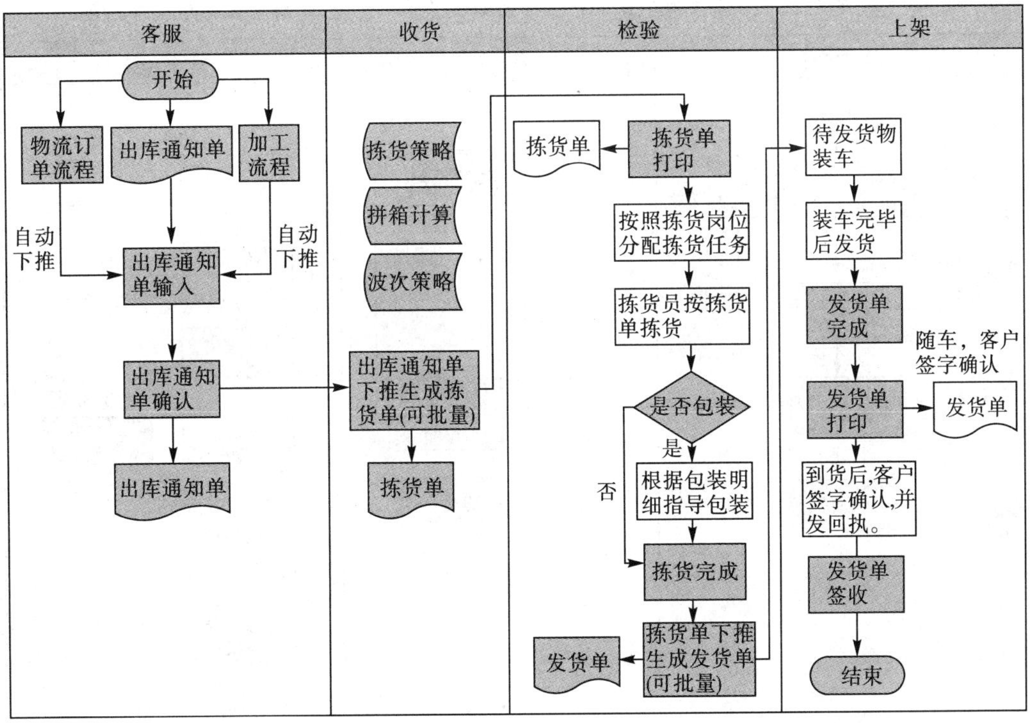

图 5.1.37　流程指令集 007“出库通知—拣货—发货单”流程

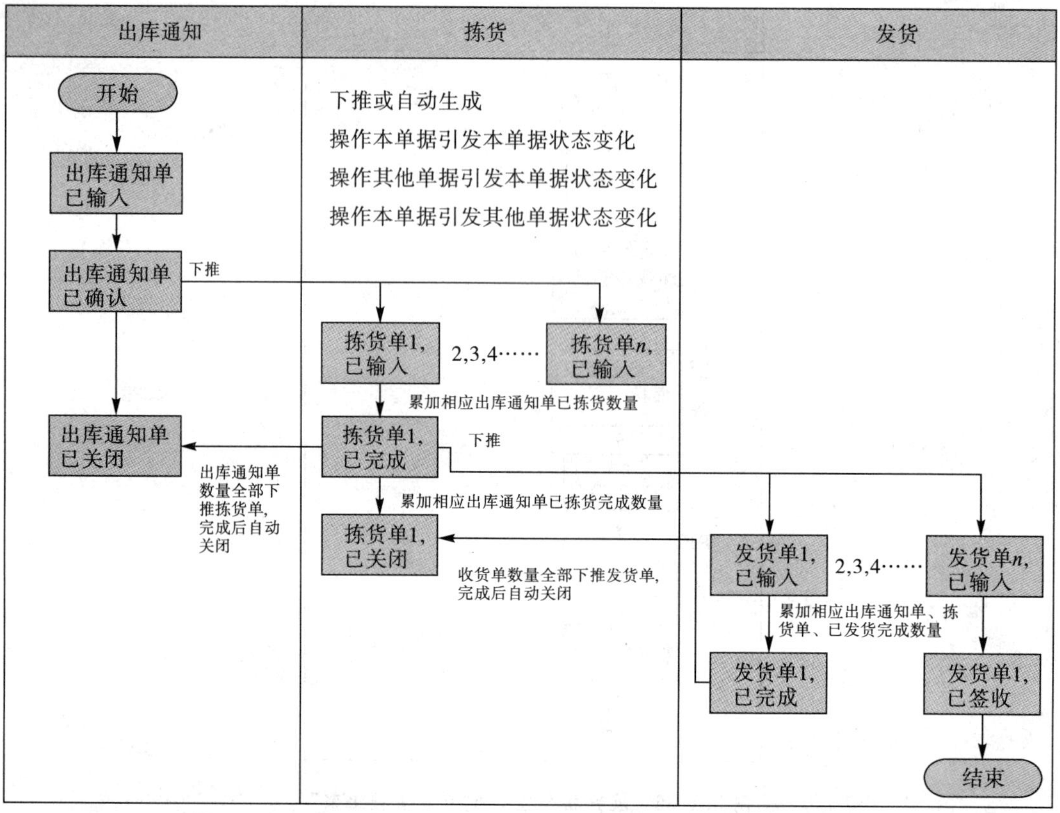

图 5.1.38 流程指令集 007“出库通知—拣货—发货单”的单据流程

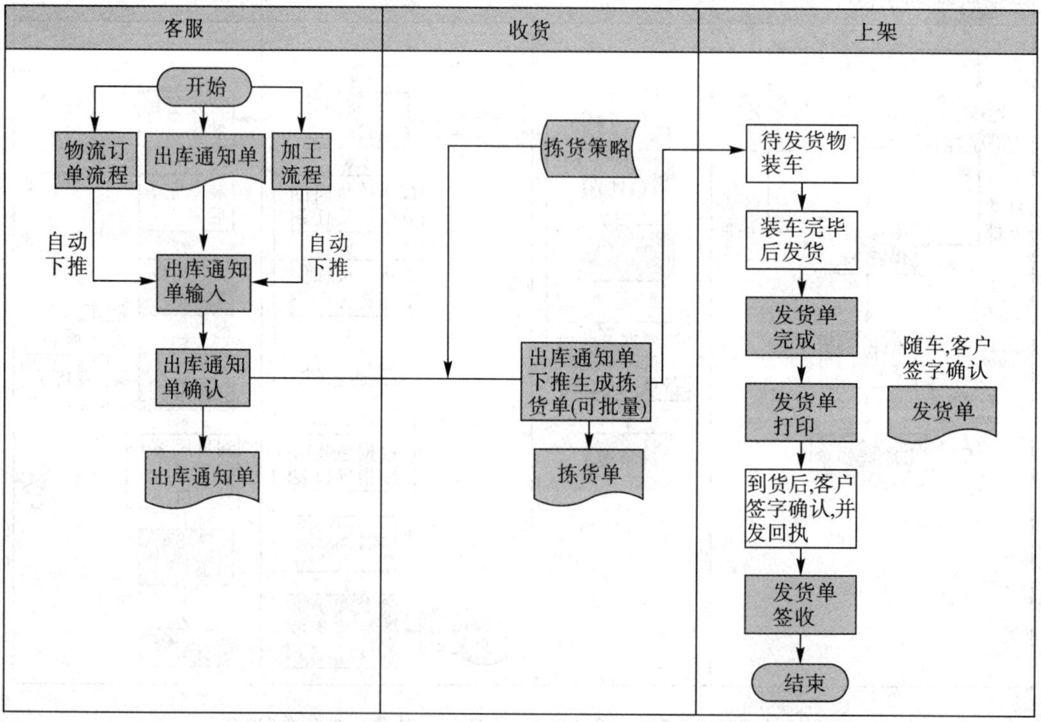

图 5.1.39 流程指令集 008“出库通知—直接发货”流程

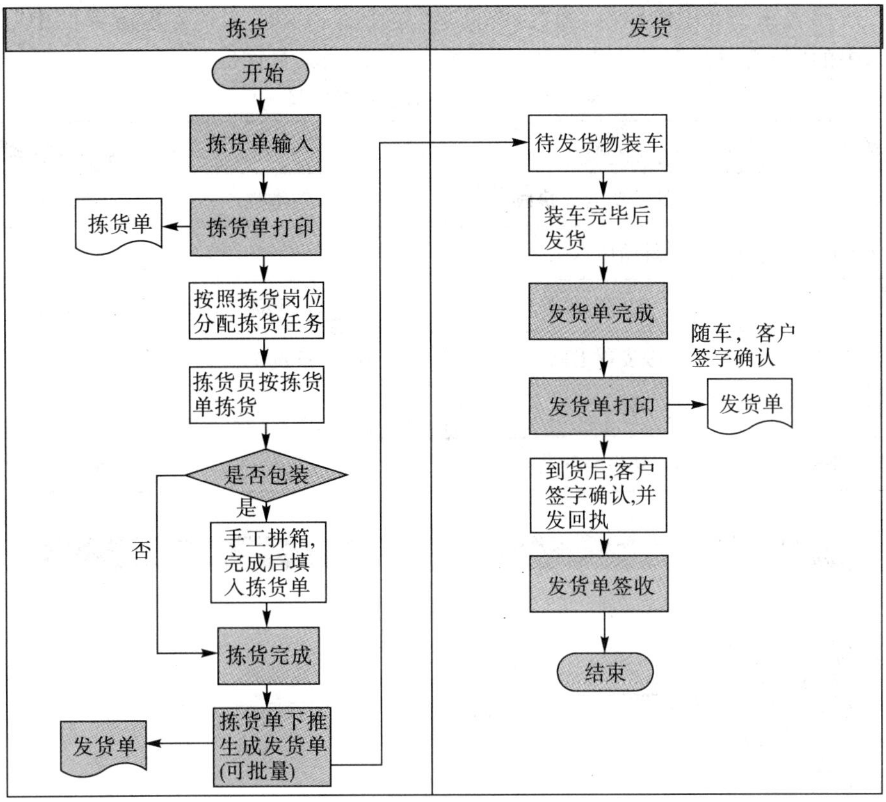

图 5.1.40　流程指令集 009“盲拣货—发货”流程

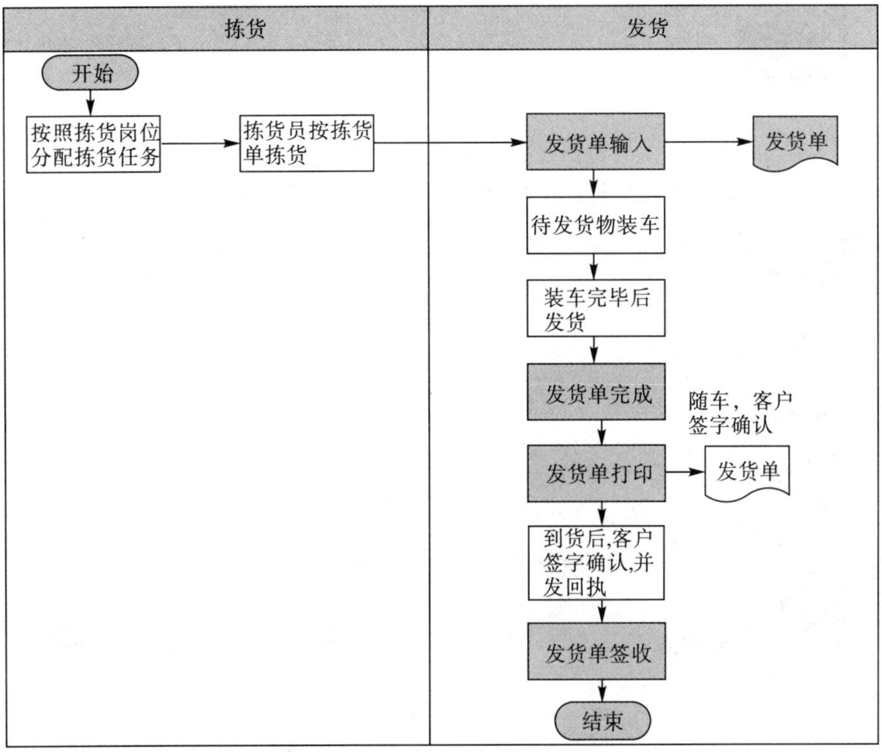

图 5.1.41　流程指令集 010“盲发货”流程

10. 按照表 5.1.8 中的信息，为“巨晖商城”这个货主关联物料。单击界面中“关联物料”菜单中的“新增”按钮，从中选出需要关联的物料，结果如图5.1.42所示。

表 5.1.8　“巨晖商城”关联物料

代码	物料	条码	货主系统物流代码
WHHYYKX	娃哈哈营养快线	6902083891	S25001001
WHHBBZ	娃哈哈八宝粥	6921555503	S25001002
JMLALCM	今麦郎阿郎炒面	6921555500	S25002001
JMLSPM	今麦郎上品面	6921555503379	S25002002
MNTLSCNN	蒙牛特仑苏纯牛奶	6923644266066	S25003001
MNSSR	蒙牛酸酸乳	6923644242923	S25003002

图 5.1.42　“巨晖商城”关联物料

11. 为“巨晖商城”这个货主关联“安徽交通合肥机构”。操作界面如图 5.1.43 所示。

图 5.1.43　“巨晖商城”关联机构

12. 为“巨晖商城”这个货主关联“万家超市”和“心相连超市”两个往来户。操作界面如图 5.1.44 和图 5.1.45 所示。

图 5.1.44　“巨晖商城”关联往来户 1

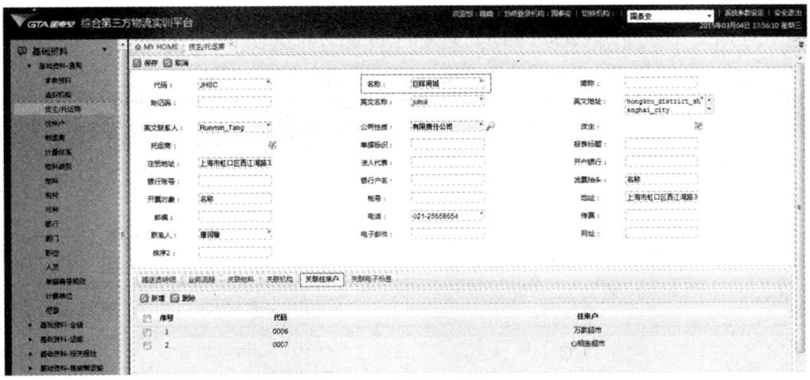

图 5.1.45　“巨晖商城”关联往来户 2

13. 货主/托运商“四海友诚百货超市”的信息填写步骤同步骤 7 至步骤 11。

回到“基础资料一通用”→“货主/托运商”，选中“四海友诚百货超市”这个货主，按照表 5.1.9 中的信息，为它关联客户及供应商信息。

表 5.1.9　提送货明细信息表

地址	用于提货	用于送货	提送货单位	所在区域
北京市朝阳区东三环北路 38 号泰康金融大厦 17 层	√	√	今麦郎日清食品有限公司	北京市
内蒙古自治区呼和浩特市和林格尔盛乐经济园区	√	√	内蒙古蒙牛乳业集团有限公司	呼和浩特市
杭州市清泰街 160 号	√		杭州娃哈哈集团有限公司	杭州市
郑州市金水路 297 号	√	√	心相连超市	郑州市
秦皇岛市海港区迎宾路 121 号	√	√	天虹百货	秦皇岛市

按照表5.1.10中的信息，为“四海友诚百货超市”这个货主关联业务流程。

表5.1.10 “四海友诚百货超市”流程指令集表

序号	流程指令集
001	入库通知一收货一检验一上架
002	入库通知单一收货一上架
003	入库通知一直接上架
004	盲收货一检验一上架
005	盲收货一上架
006	盲收直接上架
007	出库通知一拣货一发货单
008	出库通知一直接发货
009	盲拣货一发货
010	盲发货

按照表5.1.11中的信息，为“四海友诚百货超市”这个货主关联货物。

表5.1.11 “四海友诚百货超市”关联货物

代码	物料	条码	货主系统物流代码
WHHYYKX	娃哈哈营养快线	6902083891	S25001001
WHHBBZ	娃哈哈八宝粥	6921555503	S25001002
JMLALCM	今麦郎阿郎炒面	6921555500	S25002001
JMLSPM	今麦郎上品面	6921555503379	S25002002
MNTLSCNN	蒙牛特仑苏纯牛奶	6923644266066	S25003001
MNSSR	蒙牛酸酸乳	6923644242923	S25003002

14. 为“四海友诚百货超市”这个货主关联“安徽交通合肥机构”。

为“四海友诚百货超市”这个货主关联“心相连超市”和“天虹百货”两个往来户。

单击左侧“基础资料一通用”→“计量体系”，参考表5.1.12至表5.1.16中的信息，增加计量体系信息，操作界面如图5.1.46至5.1.50所示。

安徽交通合肥机构计量体系信息见表5.1.12。

表5.1.12 计量体系信息表

代码	名称	简称	助记码	排序	可新增	可修改	可删除
ZLDW	重量单位	ZLDW	ZLDW	1	是	是	是
CDDW	长度单位	CDDW	CDDW	2	是	是	是
TJDW	体积单位	TJDW	TJDW	3	是	是	是
QTDW	其他单位	QTDW	QTDW	4	是	是	是

表 5.1.13 体积单位信息表

体积单位			
代码	单位	基准单位	相对基准比率(%)
1	升	毫升	100 000
2	公升	升	200
3	毫升	毫升	100
4	立方米	立方米	100
5	立方分米	立方米	0.1
6	立方厘米	立方厘米	100

表 5.1.14 长度单位信息表

长度单位			
代码	单位	基准单位	相对基准比率(%)
1	米	厘米	10 000
2	分米	厘米	1 000
3	厘米	厘米	100

表 5.1.15 重量单位信息表

重量单位			
代码	单位	基准单位	相对基准比率(%)
1	千克	千克	100
2	克	千克	0.1
3	吨	千克	100 000

表 5.1.16 其他单位信息表

其他单位			
代码	单位	基准单位	相对基准比率(%)
1	桶	桶	100
2	盒	盒	100
3	箱	盒	2 400
4	箱	桶	1 200

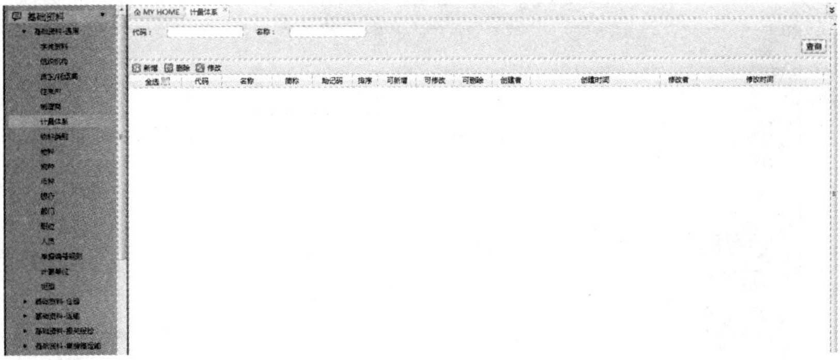

图 5.1.46 计量体系界面 1

在图 5.1.46 界面中，单击“增加”按钮，将表中数据按照要求填入系统中，得出的操作界面如图 5.1.47 至图 5.1.50 所示。所有项目输入完毕后，单击“保存”，得到图 5.1.51 所示界面。

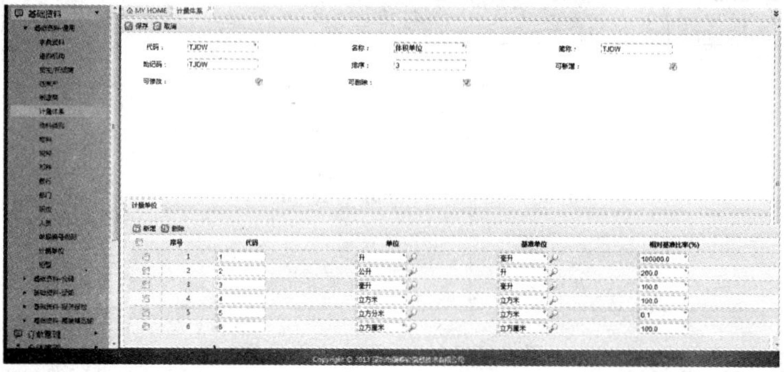

图 5.1.47　体积单位操作界面

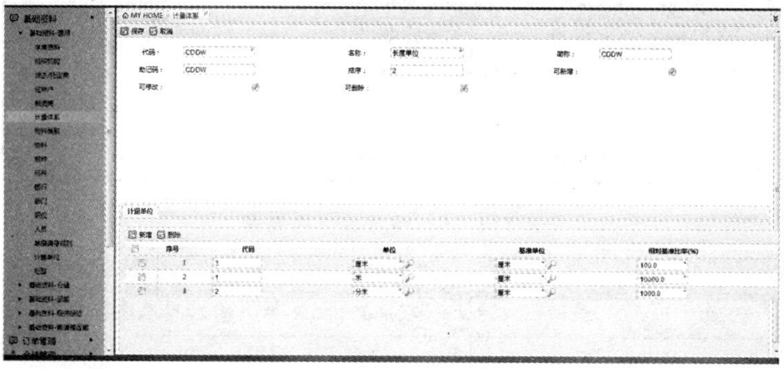

图 5.1.48　长度单位操作界面

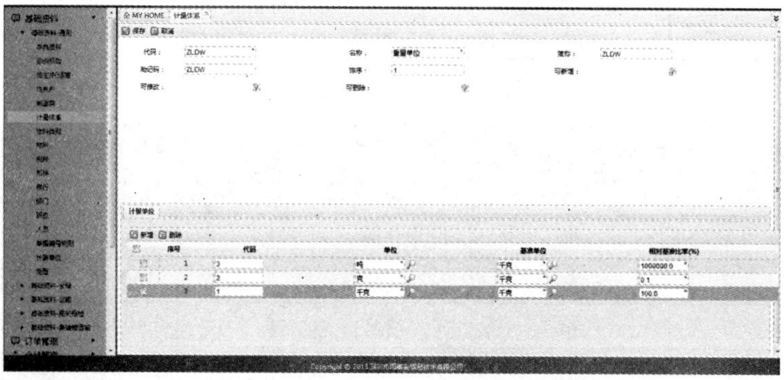

图 5.1.49　重量单位操作界面

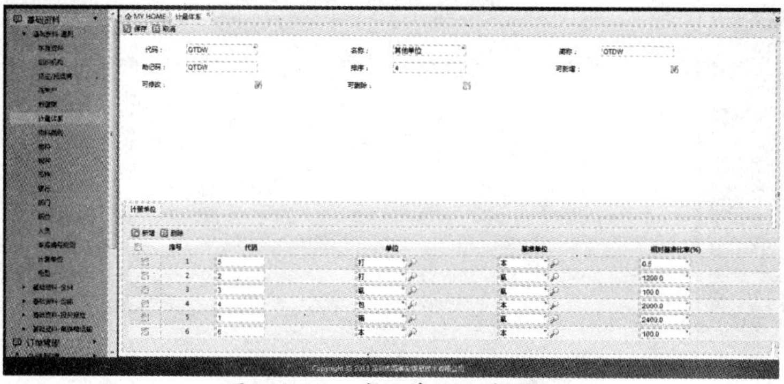

图 5.1.50　其他单位操作界面

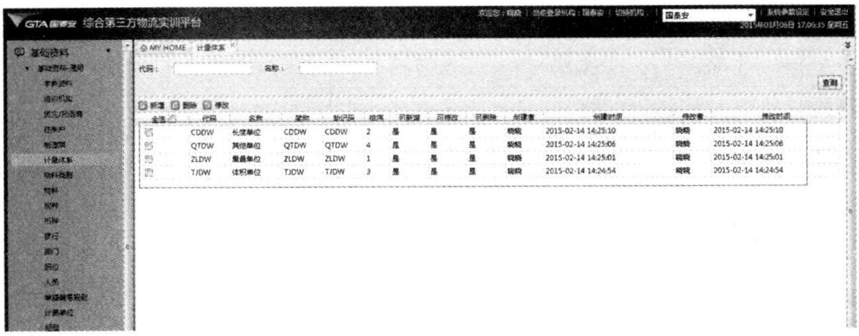

图 5.1.51 计量体系界面 2

15. 单击左侧“基础资料—通用”→“物料类别”，参考表 5.1.17 中的信息，增加物料类别信息，操作界面如图 5.1.52 所示。

表 5.1.17 物料类别信息表

代码	名称	简称
001	日用品	日用品
002	精密仪器	精密仪器
003	服装	服装
004	电器	电器
005	食品	食品

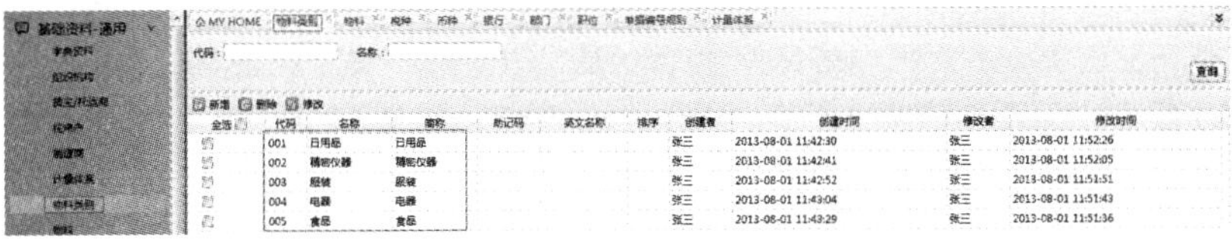

图 5.1.52 物料类别

16. 单击左侧“基础资料—通用”→“物料”，参考表 5.1.18 中的信息，增加物料信息，操作界面如图 5.1.53 至图 5.1.55 所示。储存的物料见表 5.1.18。

表 5.1.18 物料信息表

代码	JMLALCM	JMLSPM	MNSSR	MNTLSCNN	WHHBBZ	WHHYYKX
名称	今麦郎阿郎炒面	今麦郎上品面	蒙牛酸酸乳	蒙牛特仑苏纯牛奶	娃哈哈八宝粥	娃哈哈营养快线
规格	120g	140g	250mL	250mL	360g	500mL
条码	6921555500	6921555503379	6923644242923	6923644266066	6921555503	6902083891
制造商	今麦郎日清食品有限公司	今麦郎日清食品有限公司	内蒙古蒙牛乳业集团有限公司	内蒙古蒙牛乳业集团有限公司	杭州娃哈哈集团有限公司	杭州娃哈哈集团有限公司
近效期天数	5	5	5	5	5	5
保质期(月)	12	12	12	12	6	12

续表

存储条件	干燥	干燥	通风	干燥	通风	通风
默认物料状态	良品	良品	良品	良品	良品	良品
单品单价(￥)	3	3	2	6	4.5	4
采购价(￥)	1	1	0.5	2	4.6	4.2
批发价(￥)	3	3	2	5	4.8	4.3
销售价(￥)	3	3	2	6	5	4.5
重量单位	克	克	克	克	克	克
长度单位	厘米	厘米	厘米	厘米	厘米	厘米
体积单位	立方米	立方米	立方米	立方米	立方厘米	立方厘米
物料类别	食品	食品	食品	食品	食品	食品
包装种类	销售包装	销售包装	销售包装	销售包装	销售包装	销售包装
每标准储位可存放单品数量	144	144	96	48	96	96
每标准托盘可存放单品数量	144	144	96	48	96	96
每标准包装箱可存放单品数量	12	12	24	4	24	24
币种	人民币	人民币	人民币	人民币	人民币	人民币
可使用托盘	是	是	是	是	是	是
零散件需要包装	否	否	否	否	否	否
使用周转箱拣选零散件	是	否	否	否	否	否
单品单位	盒	桶	盒	盒	瓶	瓶
单品长	8	8	5	10	6	5
单品宽	8	8	3	8	6	5
单品高	8	8	10	15	15	20
单品毛重	0.12	0.15	0.25	0.25	0.36	0.36
单品净重	0.11	0.14	0.25	0.25	0.36	0.36
单品体积	512	512	150	1 200	540	500
整件单位	箱	箱	箱	箱	箱	箱
整件长	35	35	20	20	36	30
整件宽	25	25	10	20	12	15
整件高	10	10	20	45	15	20
整件毛重	1.5	2	6.2	3.7	4.5	7.8
整件净重	1.34	1.74	6	3.5	4.32	7.5
整件体积	8 750	8 750	4 000	18 000	6 480	9 000

续表

整件比率	12	12	24	12	12	12
大件单位	箱	箱	箱	箱	箱	箱
大件长	35	35	20	20	36	30
大件宽	25	25	10	20	12	15
大件高	10	10	20	45	15	20
大件毛重	1.5	2	6.2	3.7	4.5	7.8
大件净重	1.34	1.74	6	3.5	4.32	7.5
大件体积	8 750	8 750	4 000	18 000	6 480	9 000
大件比率	12	12	24	12	12	12
关联货主	巨晖商城	巨晖商城	巨晖商城	巨晖商城	巨晖商城	巨晖商城
	上海昆山贸易股份有限公司	四海友诚百货超市	四海友诚百货超市	上海昆山贸易股份有限公司	四海友诚百货超市	四海友诚百货超市
						上海昆山贸易股份有限公司

图 5.1.53 物料 1

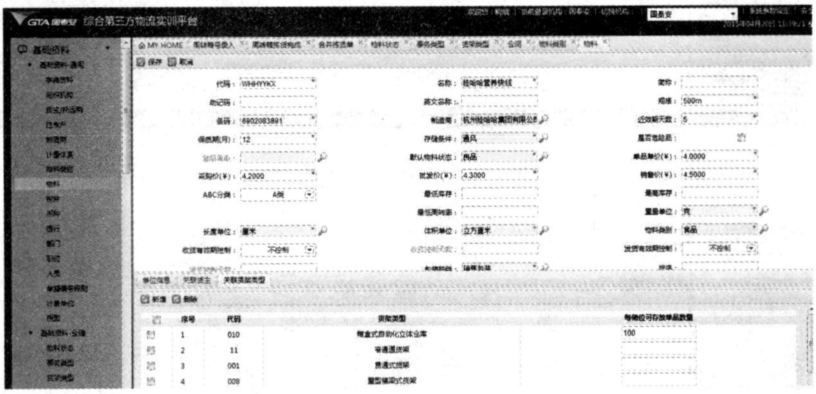

图 5.1.54 物料 2

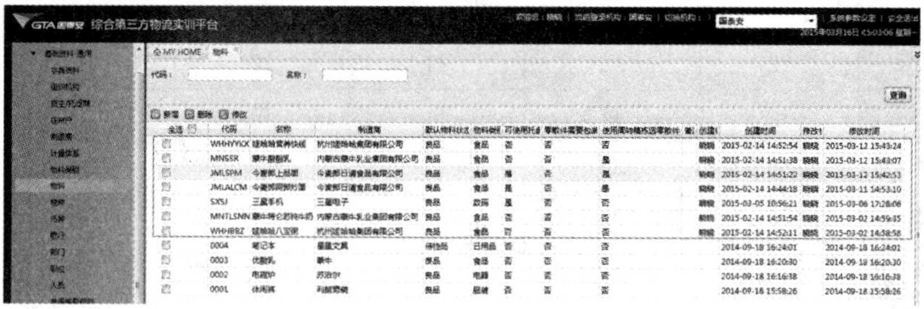

图 5.1.55　物料 3

17. 单击左侧“基础资料一通用”→“税种”，参考表 5.1.19 中的信息，新增税种信息，操作界面如图 5.1.56 和图 5.1.57 所示。

安徽交通合肥机构所涉及的税种信息见表 5.1.19。

表 5.1.19　税种信息表

代码	名称	简称	税率(%)	可修改	可删除
001	增值税	增值税	17	是	是
002	营业税	营业税	3	是	是
003	关税	关税	3.2	是	是
004	企业所得税	企业所得税	6	是	是
005	消费税	消费税	6	是	是
006	资源税	资源税	4	是	是

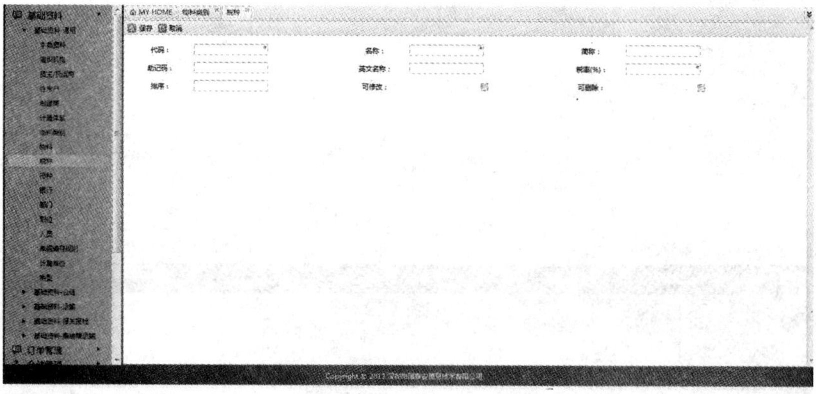

图 5.1.56　税种输入界面

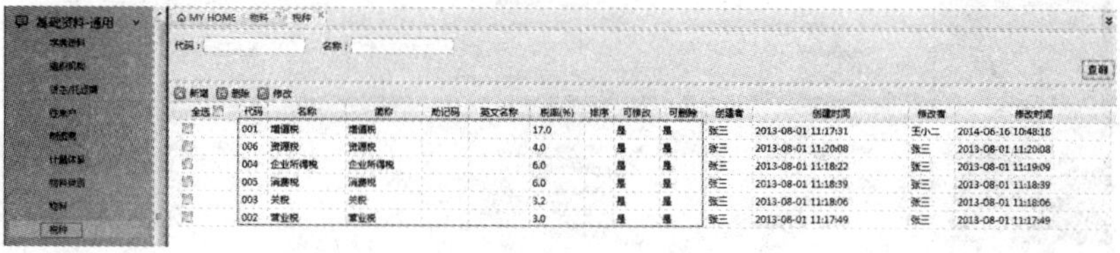

图 5.1.57　税种界面

18. 单击左侧“基础资料一通用”→“币种”，参考表 5.1.20 中的信息，新增币种信息，操作界面如图 5.1.58 和图 5.1.59 所示。安徽交通合肥机构所涉及的币种信息见表5.1.20。

表 5.1.20　币种信息表

代码	名称	简称	可修改	可删除
RMB	人民币	RMB	是	是
USD	美元	USD	是	是
HKD	港币	HKD	是	是
JPY	日元	JPY	是	是
EUR	欧元	EUR	是	是

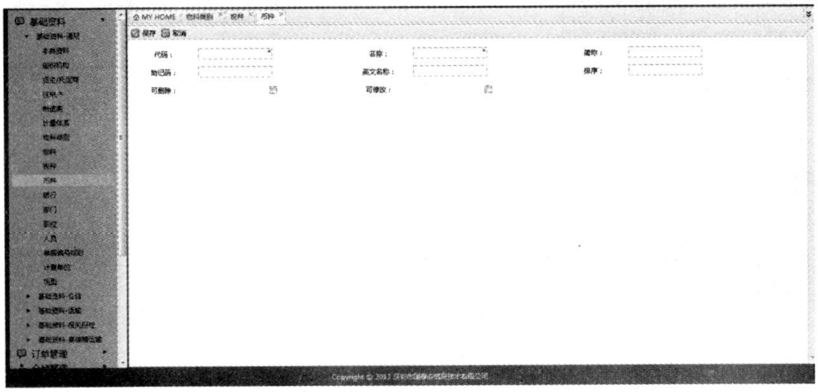

图 5.1.58　币种输入界面

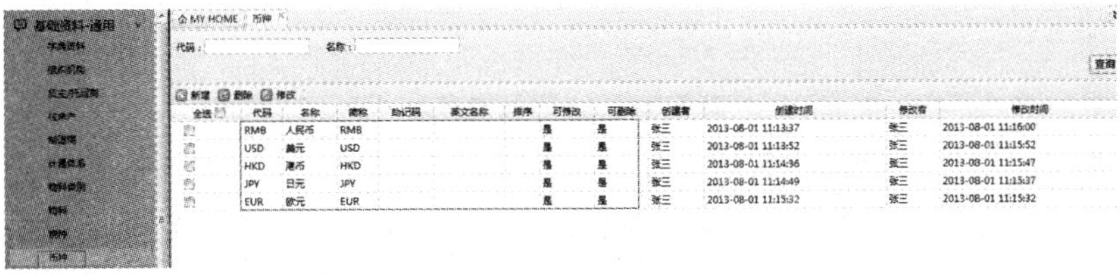

图 5.1.59　币种界面

19. 单击左侧“基础资料一通用”→“银行”，参考表 5.1.21 中的信息，新增银行信息，操作界面如图 5.1.60 和图 5.1.61 所示。安徽交通合肥机构所涉及的币种信息见表 5.1.21。

表 5.1.21　银行信息表

代码	银行名称	银行户名	银行账号	银行简称	公司性质	电话
CCB	中国建设银行	中国建设银行	3622457411	建设银行	股份有限公司	0755－99999999
BC	中国银行	中国银行	2342423423	中国银行	股份有限公司	0755－99999999
ABC	中国农业银行	中国农业银行	23424555	农业银行	股份有限公司	0755－99999999
ICBC	中国工商银行	中国工商银行	343423	工商银行	有限责任公司	0755－99999999
HSBC	汇丰银行	汇丰银行	625541	汇丰银行	有限责任公司	0755－99999999
CMSB	民生银行	民生银行	6756757	民生银行	有限责任公司	0755－99999999

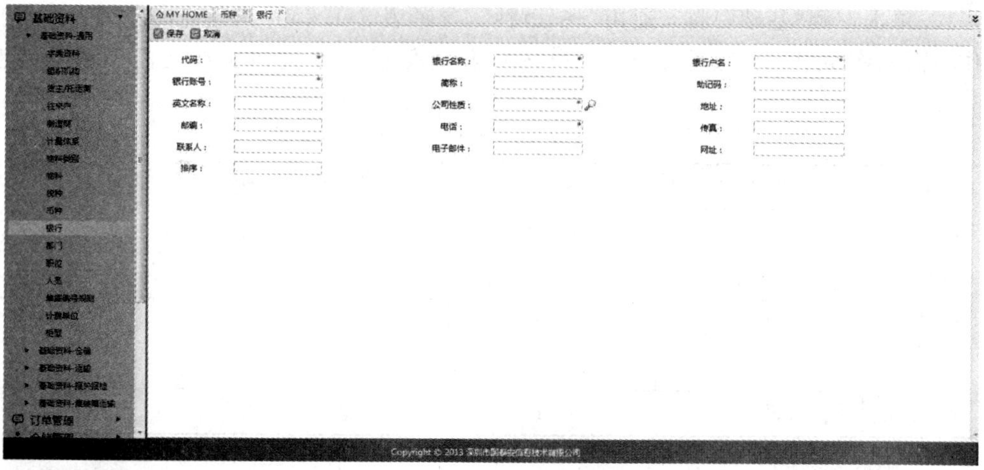

图 5.1.60 银行操作输入界面

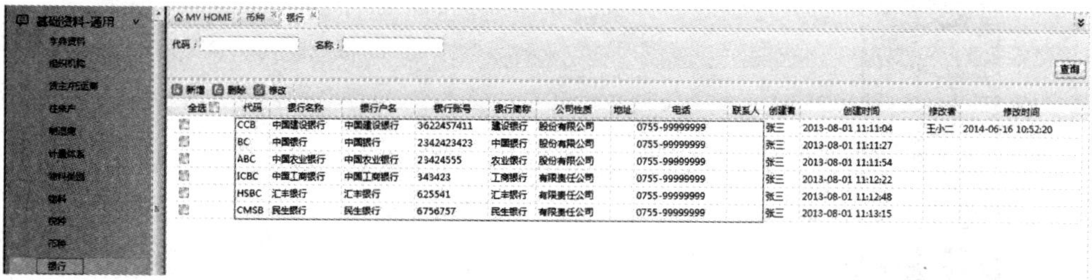

图 5.1.61 银行界面

20. 单击左侧“基础资料—通用”→“部门”，参考表 5.1.22 中的信息，增加部门信息，操作界面如图 5.1.62 和图 5.1.63 所示。安徽交通合肥机构所涉及的部门信息见表5.1.22。

表 5.1.22 部门信息表

代码	名称	所属公司	联系电话
HFCCB	合肥仓储部	安徽交通合肥机构	0551—66666661
HFYSB	合肥运输部	安徽交通合肥机构	0551—44444444
HFCZB	合肥操作部	安徽交通合肥机构	0551—77777777
HFYWB	合肥业务部	安徽交通合肥机构	0551—88888889
HFXXB	合肥信息部	安徽交通合肥机构	0551—88888888
HFCWB	合肥财务部	安徽交通合肥机构	0551—55555555
HFKFB	合肥客服部	安徽交通合肥机构	0551—66666666

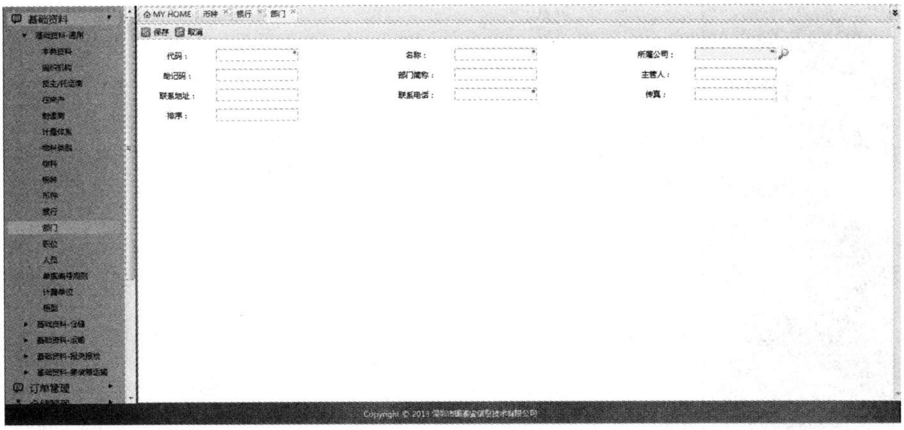

图 5.1.62　部门内容输入界面

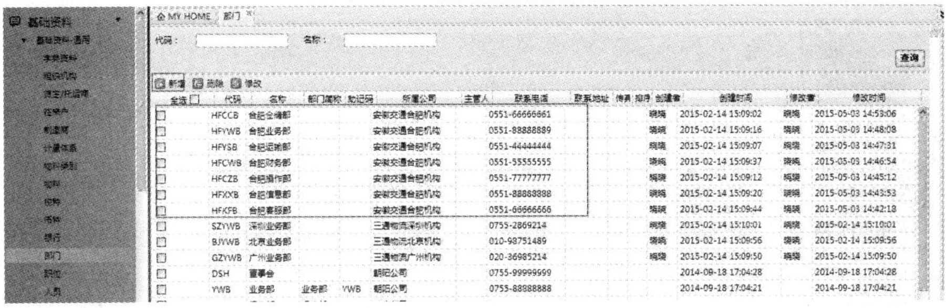

图 5.1.63　部门输入结果

21. 单击左侧“基础资料一通用”→“职位”，参考表 5.1.23 中的信息，增加职位信息，操作界面如图 5.1.64 和图 5.1.65 所示。安徽交通合肥机构所有的职位信息不要勾选，所有职位不可修改与删除，见表 5.1.23。

表 5.1.23　职位信息表

代码	名称
0011	操作员
0012	揽件员
0013	派件员
0014	业务员
0015	仓管员
0016	理货员
0017	司机

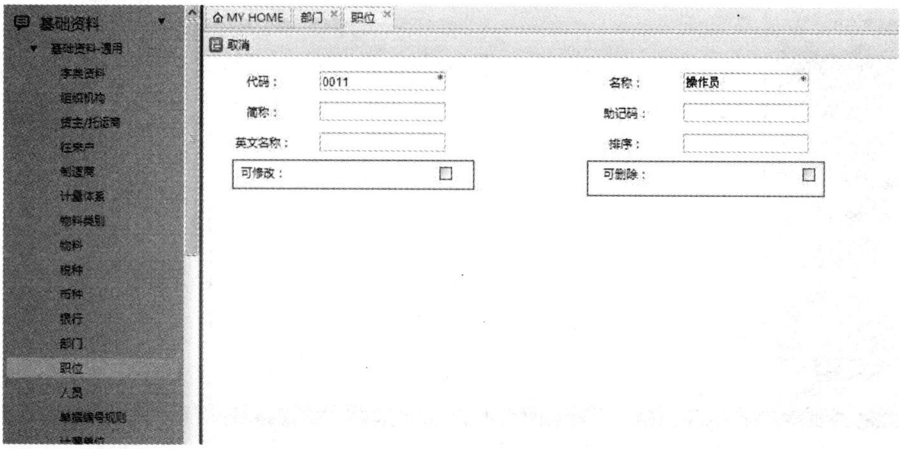

图 5.1.64 职位具体内容

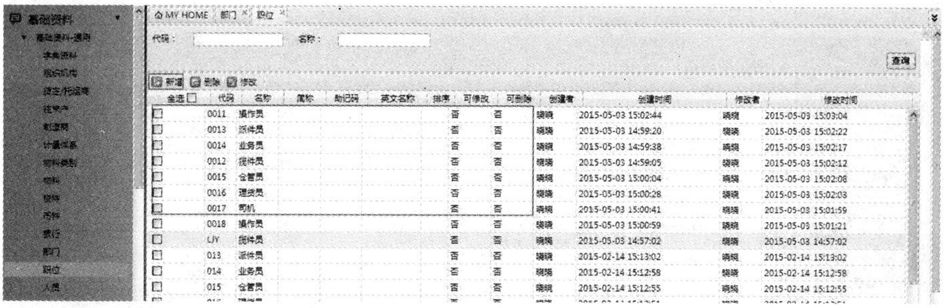

图 5.1.65 职位界面

22.单击左侧“基础资料一通用”→“人员”，参考表 5.1.24 中的信息，增加人员信息，操作界面如图 5.1.66 所示。安徽交通合肥机构所有员工信息见表 5.1.24。

表 5.1.24 员工信息

代码	姓名	部门	职位	工号	身份证号码	性别	联系电话
HF001	刘德宏	合肥仓储部	操作员	0001	652354789521235	男	135 * * * * 4625
HF002	杨强	合肥业务部	揽件员	0002	214563547865456	男	135 * * * * 4585
HF011	黄伟	合肥仓储部	理货员	0015	456879197910290011	男	137 * * * * 4561
HF005	张亮	合肥信息部	操作员	0005	612876198109182987	男	187 * * * * 1342
HF0013	刘军	合肥仓储部	仓管员	0013	420123198612012987	男	186 * * * * 2300
HF003	朱兵	合肥业务部	派件员	0003	421528198208141144	男	138 * * * * 6584

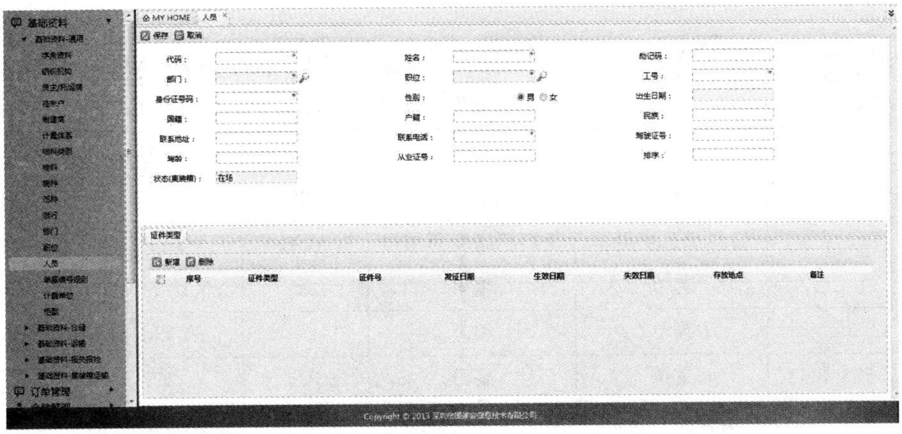

图 5.1.66 人员内容输入界面

23. 单击左侧“基础资料—通用”→“单据编号规则”，参考表 5.1.25 中的信息，增加单据编号规则，操作界面如图 5.1.67 和图 5.1.68 所示。单据编号规则信息见表 5.1.25。

表 5.1.25 单据编号规则信息表

规则名称	表名	字段名	编码前缀	编码规则	流水号位数
CWMC	储位	储位名称	MC	YYDD	4
CWDM	储位	储位代码	CW	YYDD	4
CWTM	储位	储位条码	BC	DD	4
EPC	托盘	托盘 EPC	EPC	YYYYMMDD	4
FDMB	分段模板	模板编号	S	YYYYMMDD	4
FK	付款单	付款单号	FK	YYYYDD	4
YFFP	应付发票	应付发票单号	YFFP	YYYYDD	4
YFJS	应付结算单	应付结算单号	YFJS	YYYYDD	4
SK	收款单	收款单号	SK	YYYYMMDD	4
YSFP	应收发票单	应收发票单号	YSFP	YYYYMMDD	4
YSJS	应收结算单	应收结算单号	YSJS	YYYYMMDD	4
BackCash	回款单	回款单号	BC	YYYYMMDD	4
ST	自提单	自提单号	ST	YYYYMMDD	4
ZTD	出库通知单	自提单号	ST	YYYYMMDD	4
111	菜单	编号	1111	YYYYMMDD	4
putaway	上架单	上架单号	PA	YYYYMMDD	4
ZYD	作业单	作业单号	1	YYYYMMDD	4
DDD	调度单	调度单号	ARR	YYYYMMDD	4
HQZY	货权转移单	货权转移单号	HQZY	YYYYMMDD	4
YWD	移位单	移位单号	YWD	YYYYMMDD	4

续表

规则名称	表名	字段名	编码前缀	编码规则	流水号位数
LTJGD	简单流通加工单	简单流通加工单号	JGD	YYYYMMDD	4
6767	托运单	托运单号	CG	YYYYMMDD	4
PKNO	拣货单	拣货单号	PK	YYYYMMDD	4
7777	物料状态变更单	物料状态变更单号	MSC	YYDD	4
11	菜单	编号	A	YYYYMMDD	4
3223	菜单	编号	23	YYYYMMDD	4
55555	菜单	编号	PN	YY	4
tt	实验任务模板	实验任务模板编号	TT	YYYYMMDD	4
task	实验任务	实验任务编号	TS	YYYYMMDD	4
3333	库存调整增加单	库存调整增加单号	SAA	YYYYMMDD	4
11111	波次单	波次单号	BC	YYMMDD	4
JYD	检验单	检验单号	JYD	YYYYMMDD	4
pdd	盘点单	盘点单号	STO	YYYYMMDD	4
555	物流订单	物流订单号	OD	YYYYMMDD	4
111	收货单	收货单号	S	YYMMDD	4
22	出库通知单	出库通知单号	O	YYMMDD	4
11	入库通知单	入库通知单号	IN	YYMMDD	4
send goods List No	发货单	发货单号	SGL	YYYYMMDD	4
SAS0001	库存调整扣减单	库存调整扣减单号	SAS	YYYYMMDD	4
5555	菜单	编号	5555	YYYYMMDD	4

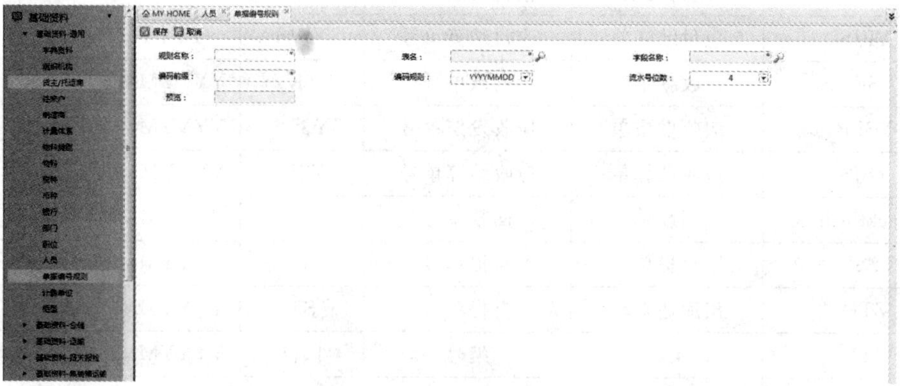

图 5.1.67　单据编号规则输入界面

图 5.1.68 单据编号规则界面

24. 单击左侧“基础资料—仓储”→“物料状态”，参考表 5.1.26 中的信息，建立物料状态信息，操作界面如图 5.1.69 和图 5.1.70 所示。安徽交通合肥机构仓储的物料状态见表 5.1.26。

表 5.1.26 物料状态信息表

代码	名称	简称	可修改	可删除
01	良品	良品	是	是
02	不良品	不良品	是	是
03	待检品	待检品	是	是
04	待返品	待返品	是	是
05	优等品	优等品	是	是

图 5.1.69 物料状态输入界面

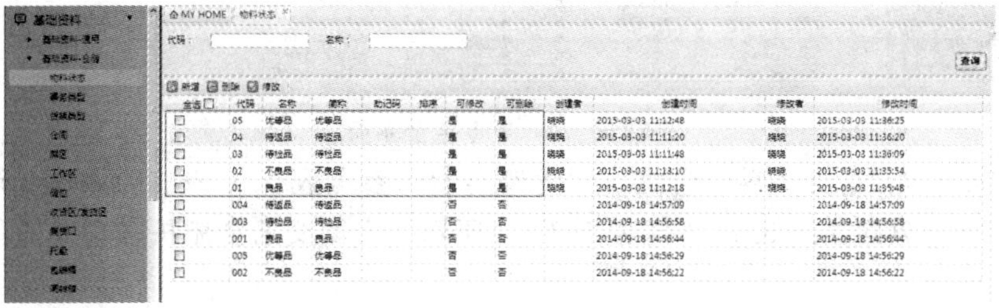

图 5.1.70 物料状态界面

25. 单击左侧"基础资料一仓储"→"事物类型",参考表 5.1.27 中的信息,增加事务类型信息,操作界面如图 5.1.71 和图 5.1.72 所示。安徽交通合肥机构仓储的事务类型见表 5.1.27。

表 5.1.27　事务类型信息表

代码	名称	原始事务类型	可删除	可修改
001	入库作业	入库作业	是	是
002	出库作业	出库作业	是	是
003	移位作业	移位作业	是	是
004	物料状态变更	物料状态变更	是	是
005	库存调整增加	库存调整增加	是	是
006	库存调整扣减	库存调整扣减	是	是
007	简单流程加工	简单流程加工	是	是
008	货权转移	货权转移	是	是
009	加工原料领取	加工原料领取	否	否
010	加工成品完成	加工成品完成	是	是

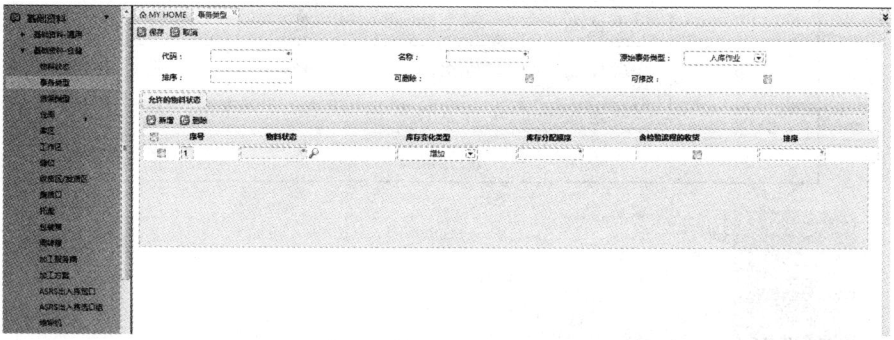

图 5.1.71　事务类型输入界面

所有事物类型输入、保存完毕后,出现如图 5.1.72 所示界面。

图 5.1.72　事务类型界面

26. 单击左侧"基础资料一仓储"→"货架类型",参考表 5.1.28 中的信息,新增货架类型信息,操作界面如图 5.1.73 至图 5.1.75 所示。安徽交通合肥机构仓储的货架类型见表 5.1.28。

表 5.1.28 货架类型信息表

代码	名称	标准货架	相对标准货架比率	托盘货架	每货架储位可存放托盘数
01	横梁式货架	是	1	是	2
02	窄通道货架	是	1	是	2
03	箱盒式自动化立体仓库	是	1	否	
06	驶入式货架	是	1	是	1
08	阁楼式货架	是	1	否	

图 5.1.73 货架类型输入界面

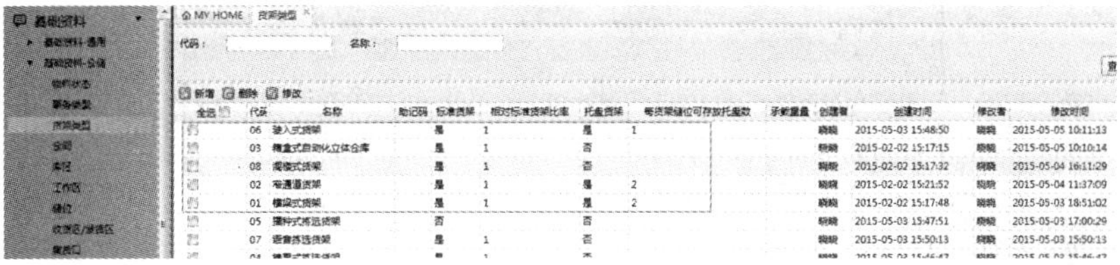

图 5.1.74 货架类型界面 1

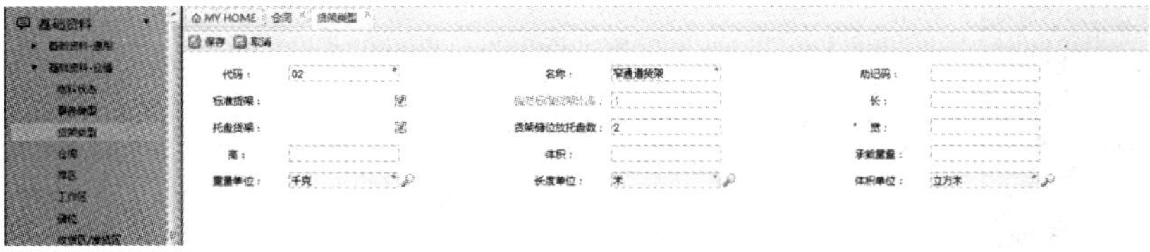

图 5.1.75 货架类型界面 2

27.单击左侧“基础资料一仓储”→“仓间”，参考表 3.1.29 中的信息，增加仓间信息，操作界面如图 5.1.76 和图 5.1.77 所示。安徽交通合肥机构的仓间信息见表 5.1.29。

表 5.1.29 仓间信息表

代码	名称	仓管员	电话	储存条件
31	合肥 1	刘军	0551－66666666	避光
32	合肥 2	刘军	0551－66666666	避光
15	合肥 3	刘军	0551－66666666	通风

图 5.1.76 仓间界面 1

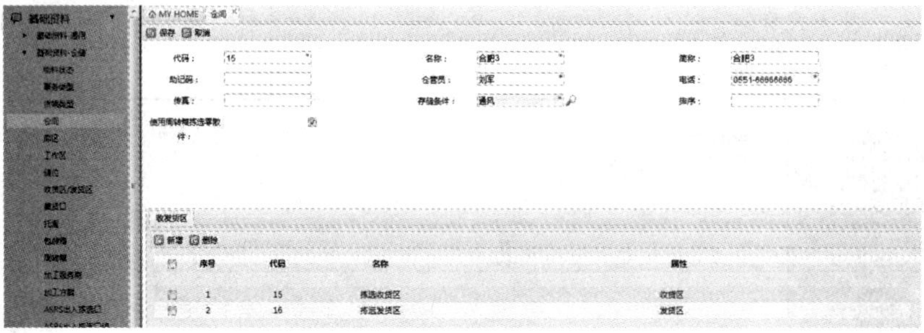

图 5.1.77 仓间界面 2

28. 单击左侧“基础资料－仓储”→“库区”，参考表 5.1.30 中的信息，新增库区信息，操作界面如图 5.1.78 和图 5.1.79 所示。安徽交通合肥机构的库区信息见表 5.1.30。

表 5.1.30 库区信息表

代码	名称	所属仓间
71	合肥一区	合肥 1
72	合肥二区	合肥 2

图 5.1.78 库区输入界面

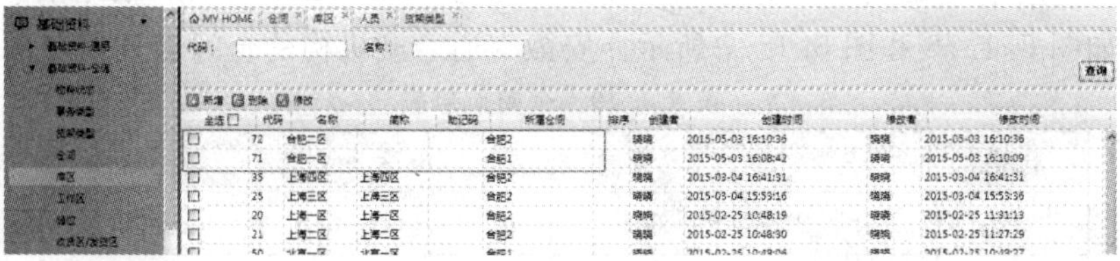

图 5.1.79 库区界面

29. 单击左侧“基础资料－仓储”→“工作区”，参考表 5.1.31 中的信息，增加工作区信息，操作界面如图 5.1.80 和图 5.1.81 所示。安徽交通合肥机构工作区信息见表 5.1.31。

表 5.1.31　工作区信息表

代码	名称	简称
001	收货区	收货区
002	发货区	发货区
003	暂存区	暂存区
004	理货区	理货区
005	加工区	加工区
006	储存区	储存区

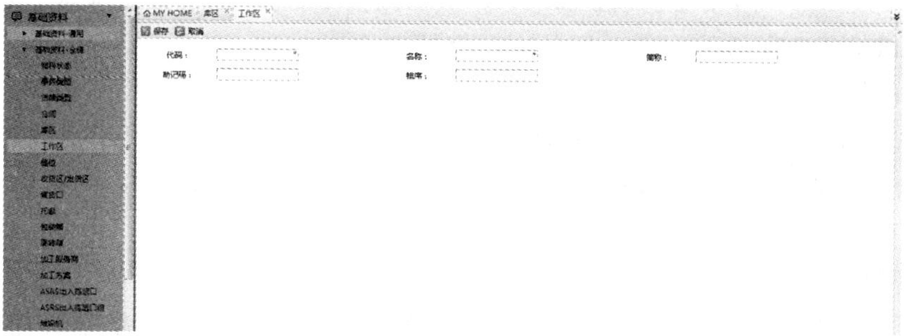

图 5.1.80　工作区输入界面

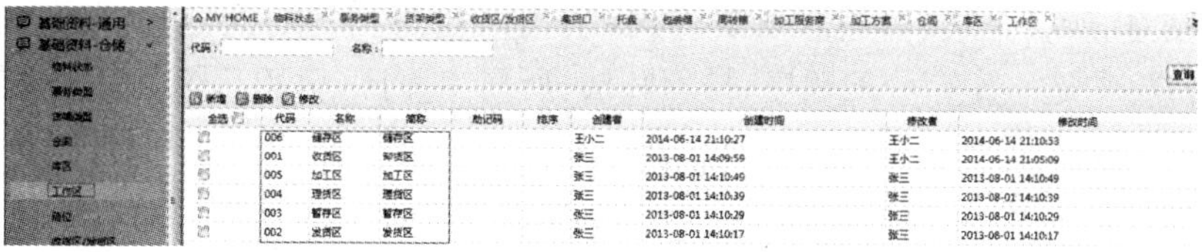

图 5.1.81　工作区界面

30.单击左侧“基础资料一仓储”→“储位”，参考表 5.1.32 中的信息，增加工作区信息，操作界面如图 5.1.82 和图 5.1.83 所示。根据安徽交通职业技术学院物流实训室中的货架，我们将整个物流实训室分为 3 个区。一区属于整板、整箱存储区，二区属于周转箱存储区，三区属于拆零存储拣选区。安徽交通合肥机构储位信息见表 5.1.32。

表 5.1.32　储位信息表

所属仓间	合肥 1	合肥 1	合肥 1	合肥 2	合肥 3	合肥 3	合肥 3
所属库区	合肥一区	合肥一区	合肥一区	合肥二区	合肥三区	合肥三区	合肥三区
货架类型	横梁式货架	窄通道货架	驶入式货架	箱盒式自动化立体仓库	阁楼式货架	阁楼式货架	阁楼式货架（注：上层区域 RFID 标签区域）
排(只能填大写字母)	A	B、C	G	D、E	A、B	C、D	E、F、G、H
列	4	4	2	20	8(9 或者 6)	8	8
层	3	3	3	9	3	3	3
所属工作区	储存区	储存区	储存区	储存区	储存区	储存区	储存区

续表

是否托盘管理	是	是	是	否	否	否	否
拣货模式	只拣整货	只拣整货	只拣整货	优先拣散货	优先拣散货	优先拣散货	优先拣散货
拣货设备	叉车	叉车	叉车	叉车	人工	人工	人工
储位类型	普通储位	普通储位	普通储位	AS/RS储位	电子标签储位	电子标签储位	普通储位
电子标签组号					1、2	3、4	

操作步骤为在储位界面新增一个项目，将上述表格中的一个货架信息录入图 5.1.82 所示储位 1，然后保存，则会出现图 5.1.83 所示储位 2 信息，储位设置完成。注意：拣货模式是可以进行选择的。

储位的拣货模式分 5 种：

(1)优先拣整货——该储位一般用于整货拣选，在特殊情况下也可用于散货拣选。

(2)优先拣散货——该储位一般用于散货拣选，在特殊情况下也可用于整货拣选。

(3)只拣整货——该储位只用于整货拣选，不可用于散货拣选。

(4)只拣散货——该储位只用于散货拣选，不可用于整货拣选。

(5)不允许拣货——该储位不可用于任何形式的拣选。一般来说，这种储位属于纯粹的存储用途，必须向其他储位补货后，才能从其他储位拣选物料。

基本信息：所属仓间(引用)、所属库区(引用)、代码、名称、助记码、条码、货架类型(引用)、冻结(勾选)、库存分配顺序、排、列、层、所属工作区(引用)、拣货模式、拣货设备、序列号、EPC(GS1 编码标准系统自动生成)、读取、写入、标签打印、排序等。

对于电子标签储位拣货，由于系统规定列和层的乘积是 9，如果仓库实际储位小于系统规划储位，则禁用其中多余的虚拟储位。

图 5.1.82 储位界面 1

图 5.1.83 储位界面 2

31. 单击左侧“基础资料一仓储”→“收货区/发货区”，参考表5.1.33中的信息，增加收货区/发货区信息，操作界面如图5.1.84和图5.1.85所示。安徽交通合肥机构的收发货区信息见表5.1.33。

表5.1.33 收货区/发货区信息表

代码	名称	所属机构	属性	货架类型	默认	冻结
020	合肥收货区1	安徽交通合肥机构	收货区	横梁式货架	否	否
021	合肥发货区1	安徽交通合肥机构	发货区	横梁式货架	否	否
030	合肥收货区3	安徽交通合肥机构	收货区	箱盒式自动化立体仓库	否	否
031	合肥发货区3	安徽交通合肥机构	发货区	箱盒式自动化立体仓库	否	否

在系统中，用户可以自行设置里面任何参数，此处仅设两组。

图5.1.84 收货区/发货区输入界面

进入集货口输入界面，将表中数据输入系统，在图5.1.85所示页面下方单击“新增”，即可新增收发货区，勾选“添加”并确认，最后单击页面中“保存”按钮，完成集货口设置。

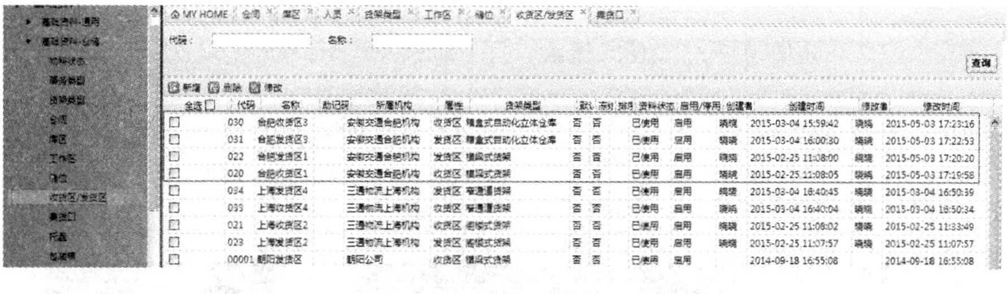

图5.1.85 收货区/发货区界面

32. 单击左侧“基础资料一仓储”→“集货口”，参考表5.1.34中的信息，增加集货口信息，操作界面如图5.1.86和5.1.87所示。安徽交通合肥机构的集货口信息见表5.1.34。

表5.1.34 集货口信息表

代码	名称	所属机构	收发货区
011	集货口1	安徽交通合肥机构	合肥收货区1、3
030	集货口3	安徽交通合肥机构	合肥发货区1、3

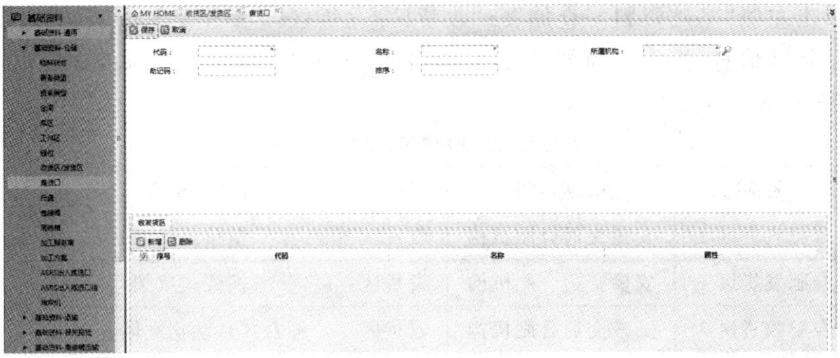

图 5.1.86 集货口输入界面

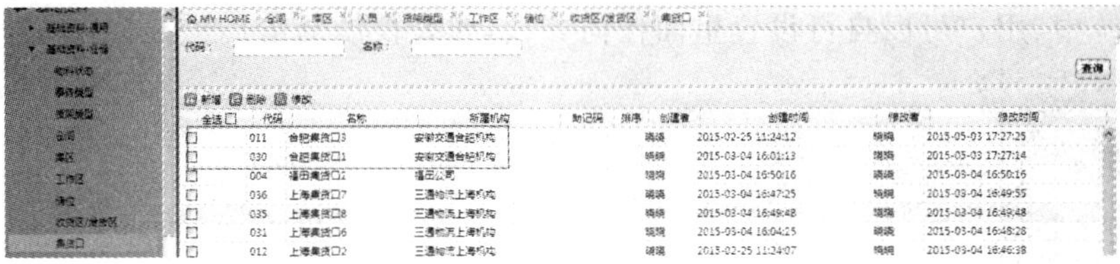

图 5.1.87 集货口界面

33.单击左侧“基础资料—仓储”→“托盘”，参考表 5.1.35 中的信息，增加托盘信息，操作界面如图 5.1.88 和图 5.1.89 所示。安徽交通合肥机构的托盘信息见表 5.1.35。托盘代码与编码方式仅供参考。

表 5.1.35 托盘信息表

代码	名称	条码
001	平托盘	3424324
002	柱式托盘	867867
003	箱式托盘	56464
004	轮式托盘	5765755
005	特种专用托盘	23455434
006	滑板托盘	234556
007	植绒内托	645646

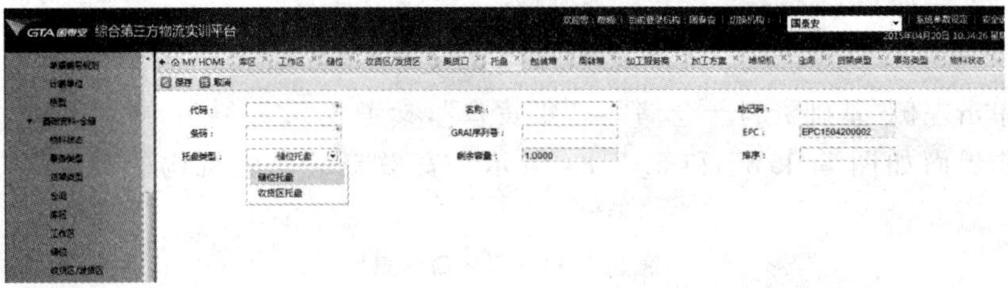

图 5.1.88 托盘界面 1

单击图 5.1.88 中“保存”按钮，将图中所有托盘数据输入并保存，得到图 5.1.89 所示界面。

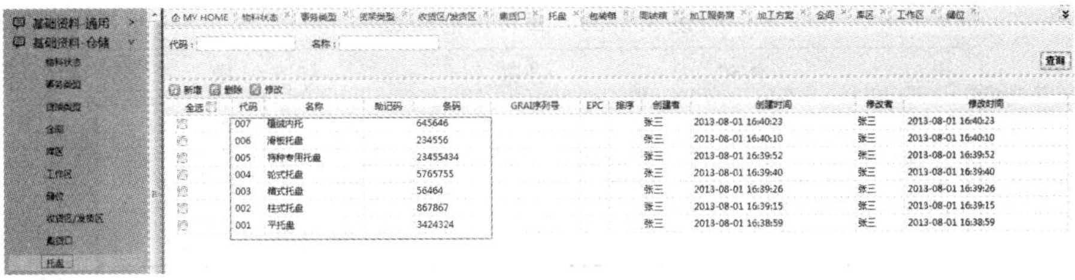

图 5.1.89　托盘界面 2

34.单击左侧“基础资料—仓储”→“包装箱”，参考表 5.1.36 中的信息，增加周转箱信息，操作界面如图 5.1.90 和图 5.1.91 所示。安徽交通合肥机构包装箱信息见表 5.1.36。

表 5.1.36　包装箱信息表

代码	名称	标准箱	相对标准箱容量比率	长	宽	高	体积	体积单位	长度单位
001	折叠包装箱	否		2	1.5	1.6	4.8	立方米	米
002	大型木制包装箱	否		4	3	3	36	立方米	米
003	医疗设备专用箱	否		0.6	0.5	0.4	0.12	立方米	米
004	免熏蒸包装箱	是	1	1.5	1.4	1.1	2.31	立方米	米
005	普通纸箱	否		0.8	0.6	0.5	0.24	立方米	米

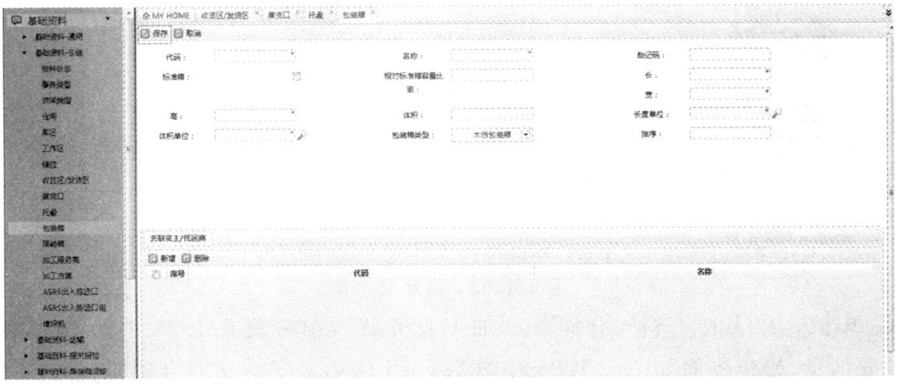

图 5.1.90　包装箱输入界面

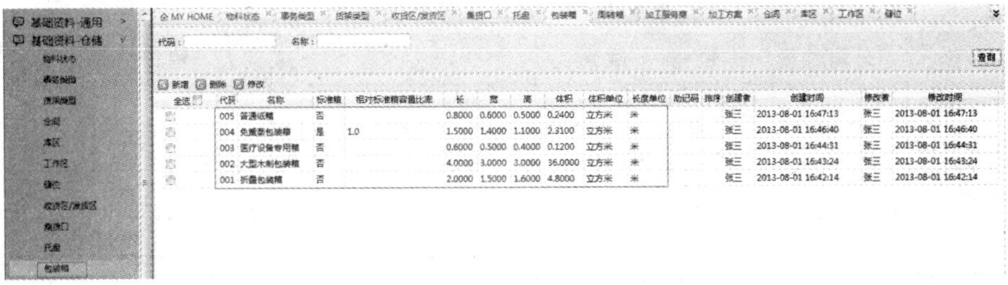

图 5.1.91　包装箱界面

35.单击左侧“基础资料—仓储”→“周转箱”，参考表 5.1.37 中的信息，增加周转箱信息，操作界面如图 5.1.92 和图 5.1.93 所示。安徽交通合肥机构周转箱信息见表 5.1.37。周转箱是可以自行设计的，无特殊要求。

表 5.1.37 周转箱信息表

代码	名称	条码	组织机构
001	塑料周转箱	BC007	安徽交通合肥机构
002	纸质周转箱	BC008	安徽交通合肥机构
003	耐高温周转箱	BC009	安徽交通合肥机构

图 5.1.92 周转箱输入界面

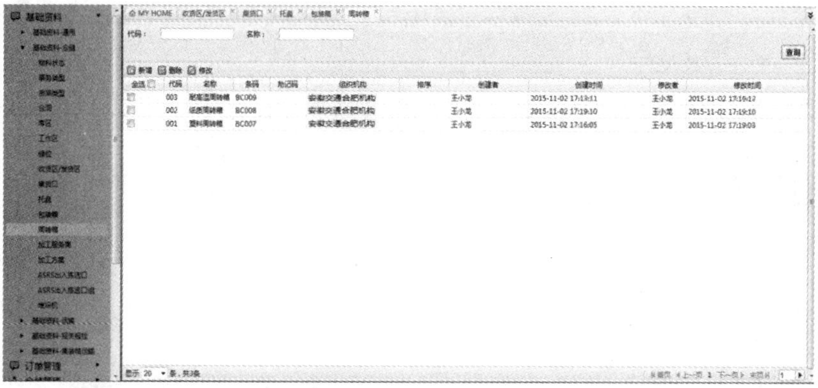

图 5.1.93 周转箱界面

36. 单击左侧“基础资料－仓储”→“加工服务商”，参考表 5.1.38 中的信息，增加加工服务商信息，操作界面如图 5.1.94 和图 5.1.95 所示。安徽交通合肥机构加工服务商信息见表 5.1.38。

表 5.1.38 加工服务商信息表

代码	名称	公司性质	税号	联系人	电话	联系人	银行账号	开户银行
001	广东奥优有限公司	个体户	2352523	广东奥优	135＊＊＊＊8520	广东奥优	322424	中国银行
002	新果儿有限公司	有限责任公司	564	新果儿	136＊＊＊＊4712	新果儿	645646	中国建设银行
003	玉和公司	股份有限公司	23424	玉和公司	134＊＊＊＊1032	玉和公司	23424	民生银行
004	中粤集团	股份有限公司	546464	中粤集团	136＊＊＊＊3210	中粤集团	23556456	民生银行
005	金鼎制造	股份有限公司	5345	金鼎制造	138＊＊＊＊1470	金鼎制造	4535	中国农业银行

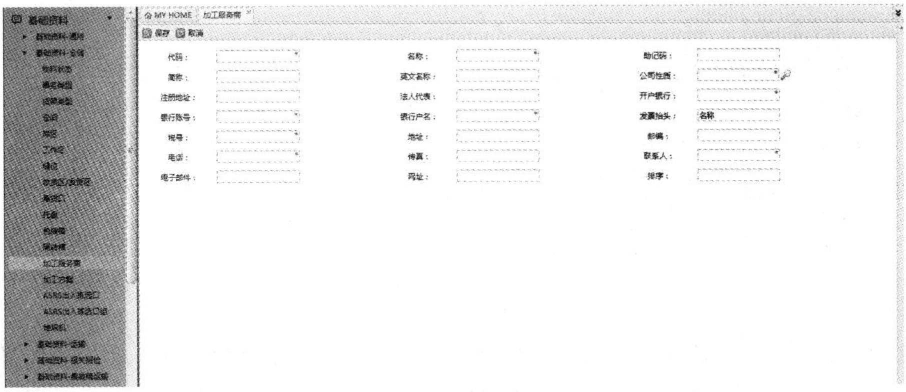

图 5.1.94　加工服务商输入界面

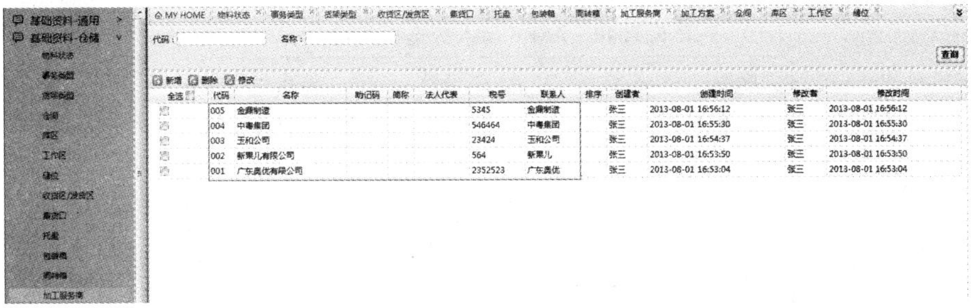

图 5.1.95　加工服务商界面

37.单击左侧“基础资料－仓储”→“加工方案”，参考表 5.1.39 中的信息，增加加工方案信息，操作界面如图 5.1.96 和图 5.1.97 所示。安徽交通合肥机构的加工服务商为货主提供加工方案，见表 5.1.39。

表 5.1.39　加工方案信息表

代码	名称	货主/托运商
001	组装	巨晖商城
002	包装	巨晖商城
003	定制	巨晖商城

图 5.1.96　加工方案输入界面

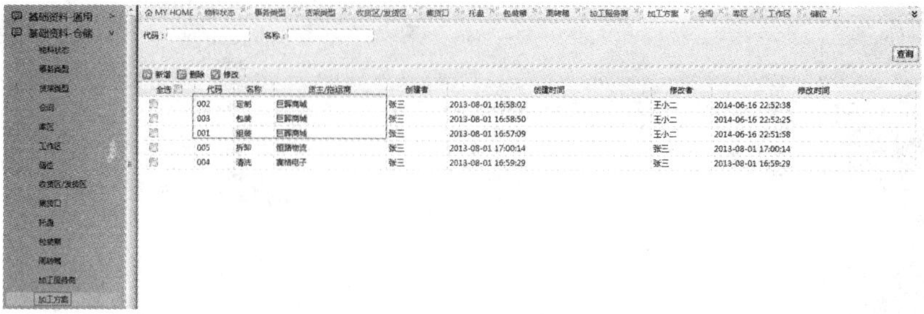

图 5.1.97 加工方案界面

38. 单击左侧“基础资料－仓储”→“ASRS 出入拣选口组”，参考表 5.1.40 中的信息，增加 ASRS 出入拣选口组信息，操作界面如图 5.1.98 和图 5.1.99 所示。安徽交通合肥机构的 ASRS 出入拣选口组信息见表 5.1.40。

表 5.1.40 ASRS 出入拣选口组信息表

代码	名称	类型	是否可用
001	入口 1	入口组 1	是
002	入口 2	入口组 1	是
003	入口 3	入口组 2	是
004	入口 4	入口组 3	是
005	出口 1	出口 1	是
006	出口 2	出口 2	是
007	拣选口 1	拣选口组 1	是
008	拣选口 2	拣选口组 2	是

图 5.1.98 ASRS 出入拣选口组输入界面

图 5.1.99 ASRS 出入拣选口组界面

39.单击左侧“基础资料一仓储”→“ASRS出入拣选口”,参考表5.1.41中的信息,增加ASRS出入拣选口信息,操作界面如图5.1.100和图5.1.101所示。安徽交通合肥机构的ASRS出入拣选口信息见表5.1.41。

表5.1.41　ASRS出入拣选口信息表

代码	名称	类型
008	拣选口2	拣选口组
007	拣选口1	拣选口组
006	出口2	出口组
005	出口1	出口组
004	入口4	入口组
003	入口3	入口组
002	入口2	入口组
001	入口1	入口组

图5.1.100　ASRS出入拣选口输入界面

图5.1.101　ASRS出入拣选口界面

1.4 考核标准

WMS 操作考核标准

小组成员			评委		
序号	考核内容	考核标准	分值	扣分	得分
1	通用基础资料	基础资料一通用基础资料的准确录入	50		
2	仓储基础资料	基础资料一仓储基础数据的准确录入	50		
综合得分					
评委指导意见					

项目二 WMS 横梁式货架入出库实训

2.1 实训项目说明

实训课时

4 课时。

实训目标

学会 WMS 系统中横梁式货架的入出库操作。

实训内容

(1)WMS 系统的入出库流程操作。

(2)横梁式货架的入出库业务操作。

材料准备

安徽交通合肥机构于2015年5月2日接到巨晖商城的一个仓储入库业务,巨晖商城在2015年5月3日以邮件形式发送了入库信息,并要求安徽交通合肥机构对该批入库货物进行检验。

2015年5月3日下午,安徽交通合肥机构仓管员与巨晖商城唐小姐确认入库信息,并将预计入库信息输入国泰安综合第三方物流仓储管理系统。入库货物信息见表5.2.1。货物入库后,将货物存放在横梁式货架。

表 5.2.1 入库货物明细表

代码	名称	制造商	规格	批次	生产日期	大件数量	大件单位	整件数量	整件单位	单品数量	单品单位
WHHBBZ	娃哈哈八宝粥	杭州娃哈哈集团有限公司	360g	001	2015.02.26	10	箱	5	箱	0	瓶
MNTLSCNN	蒙牛特仑苏纯牛奶	内蒙古蒙牛乳业集团有限公司	250mL	002	2015.02.17	10	箱	5	盒	0	盒
MNSSR	蒙牛酸酸乳	内蒙古蒙牛乳业集团有限公司	250mL	003	2015.02.18	10	箱	10	箱	0	盒
JMLALCM	今麦郎阿郎炒面	今麦郎日清食品有限公司	120g	005	2015.02.09	10	箱	10	箱	0	盒
JMLSPM	今麦郎上品面	今麦郎日清食品有限公司	140g	004	2015.02.06	10	箱	10	箱	0	桶
WHHYYKX	娃哈哈营养快线	杭州娃哈哈集团有限公司	500ml	006	2015.02.08	10	箱	10	箱	0	瓶

另外，2015 年 5 月 3 日，安徽交通合肥机构接到巨晖商城的紧急出库通知邮件。请安徽交通合肥机构马上安排一批货物出库，直接发货，货物信息见表 5.2.2。

表 5.2.2 出库货物明细表

代码	名称	制造商	大件数量	大件单位	整件数量	整件单位	单品数量	单品单位
JMLALCM	今麦郎阿郎炒面	今麦郎日清食品有限公司	5	箱	5	箱	0	盒

2.2 知识链接

1.横梁式货架

横梁式货架是以存取托盘货物为目的的专业仓库货架(每个托盘为一个货位，因此又被称为“货位式货架”)。横梁式货架由柱片(立柱)和横梁组成，横梁式货架结构简洁、安全可靠。根据实际使用情况，如托盘载重要求、托盘尺寸、仓库实际空间、叉车实际提升高度等，提供不同规格的横梁式货架。

横梁式货架可任意调整组合，出入库不受货物先后顺序的限制，广泛应用于以托盘存储、叉车存取的仓储模式。

2.实训室的横梁式货架

安徽交通职业技术学院物流实训室中横梁式货架是 1 排、4 层、8 列的结构，每个货位可以存放一个托盘的货物。如图 5.2.1 至图 5.2.3 所示。

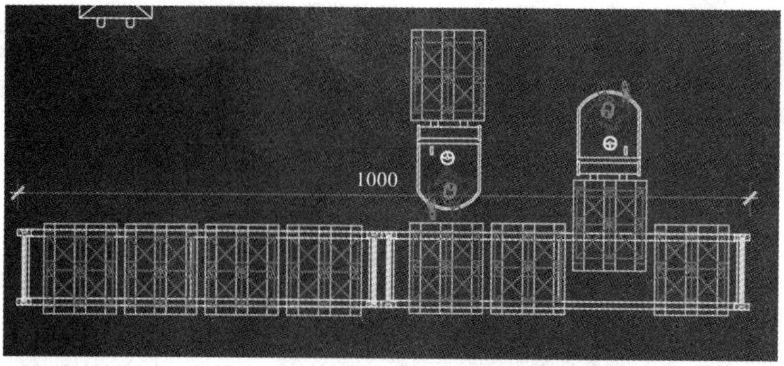

图 5.2.1　安徽交通职业技术学院物流实训室横梁式货架平面示意图

图 5.2.2　安徽交通职业技术学院物流实训室横梁式货架实景

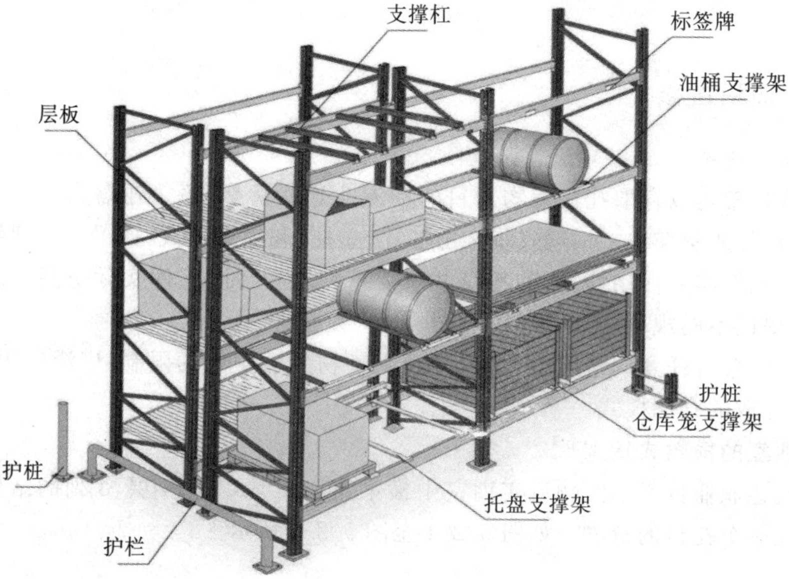

图 5.2.3　横梁式货架基本结构

2.3 WMS横梁式货架入出库实训操作

1.入库作业操作步骤(入库通知→收货→检验→上架)

(1)学生进入系统界面,输入用户名和密码登录。操作界面如图5.2.4所示。

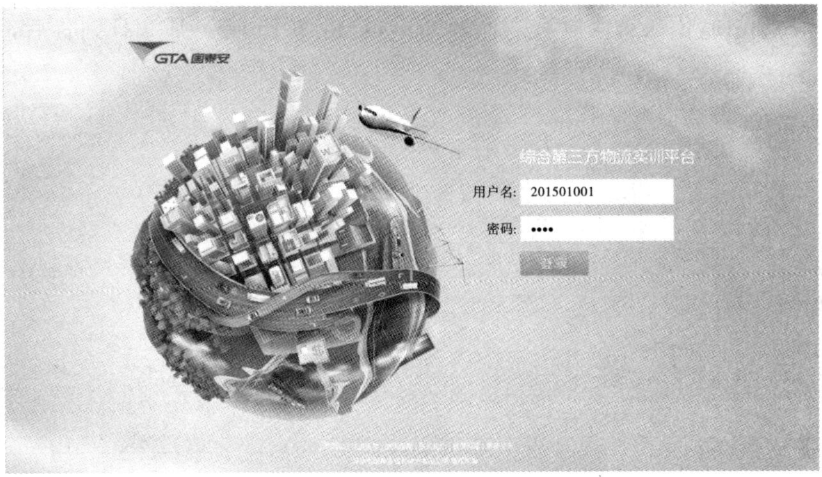

图5.2.4 学生登录界面

(2)在收到入库信息邮件时,系统操作员必须按照邮件要求,先生成入库通知单操作。在系统中单击左侧"入库管理"→"入库通知单",进入入库通知单列表界面,如图5.2.5所示。单击"新增",将邮件收到的预计入库信息录入系统,先生成一个入库通知单,这是收货前的准备工作。进入入库通知单录入界面,如图5.2.6所示。

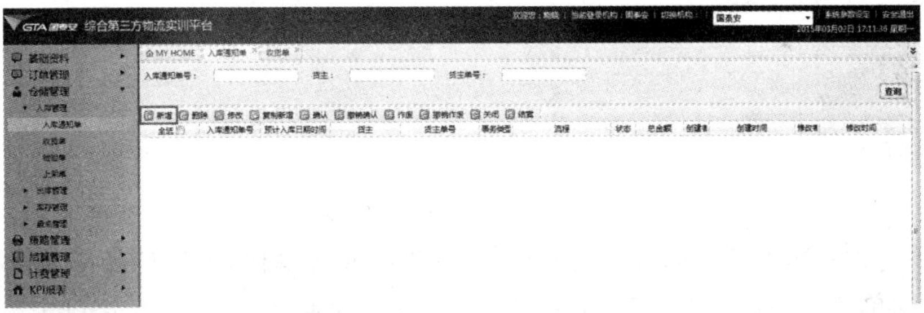

图5.2.5 入库通知单界面

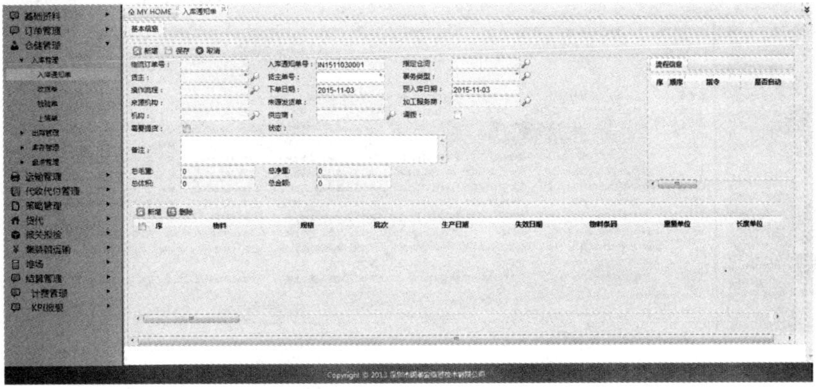

图5.2.6 入库通知单录入界面

(3)在入库通知单录入界面选择货主为“巨晖商城”，货主单号为“JHSC2015050301”，事物类型为“入库作业”，操作流程为“入库通知－收货－检验－上架”，机构为“安徽交通合肥”。单击“新增”，单击  选择物料，并移动水平滚动条，输入批次、生产日期、通知大件数量、通知整件数量、通知单品数量等，如图 5.2.7 和图5.2.8所示。单击“保存”，进入入库通知单列表界面，依次录入所有入库通知单，等待 2015 年 5 月 3 日到货后，正式开始收货。

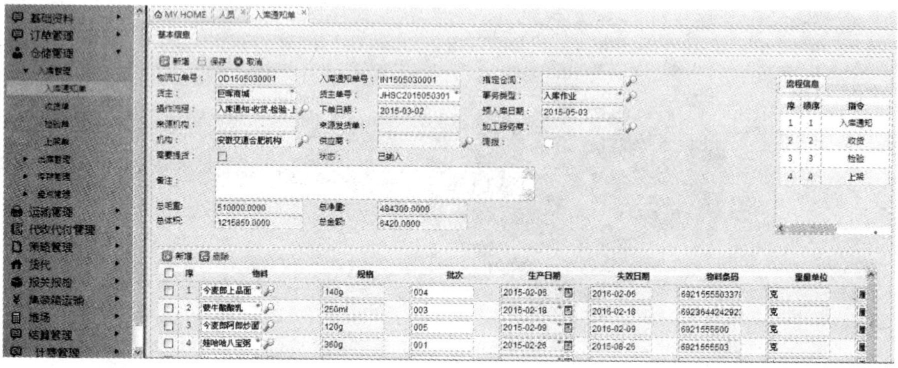

图 5.2.7　入库通知单界面 1

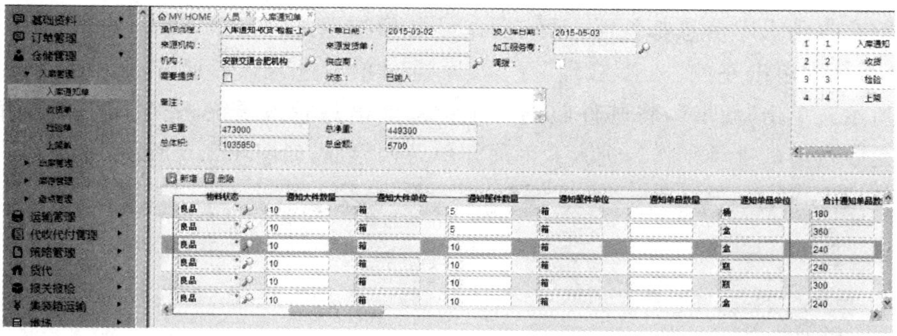

图 5.2.8　入库通知单界面 2

(4)等货物到达安徽交通合肥机构后，仓管进行收货操作，操作员进行平台操作。核对入库通知单信息是否录入正确，如果正确，勾选入库通知单“IN1505030001”，单击“确定”，如图 5.2.9 所示。确认后出现图 5.2.10 所示界面，表示已收完货。

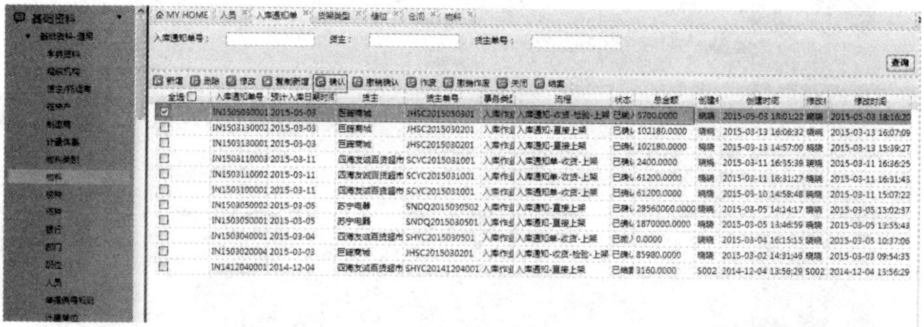

图 5.2.9　入库通知单界面 3

图 5.2.10　入库通知单界面 4

(5)2015 年 3 月 3 日下午，巨晖商城的货物到达安徽交通合肥机构，安徽交通合肥机构仓储管理员核对单据，将入库通知单下推成收货单。系统操作员进入入库通知单列表界面，单击“入库通知单 IN1505030001”，进入入库通知单列表界面，单击“下推”生成收货单，如图 5.2.11 所示。

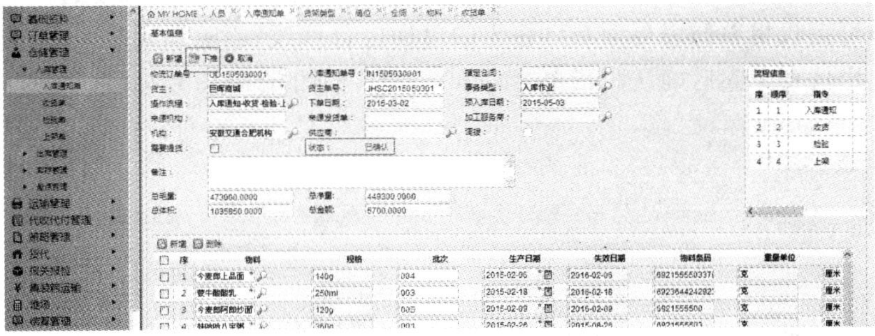

图 5.2.11　入库通知单界面 5

(6)卸货并清点货物，进行外观检验，码盘。使用 RF 设备扫码货物托盘码信息等。单击系统左侧“入库管理”，单击“收货单”，进入收货单列表界面，如图 5.2.12 所示。

图 5.2.12　收货单界面 1

(7)单击“收货单 S1505030001”，进入收货单列表界面；录入收货日期“2015－05－03”，选择指定仓间为“安徽交通合肥机构”，并在物料明细中录入仓间(合肥 1)、收货区(合肥收货区 1)；单击“保存”，如图 5.2.13 和图 5.2.14 所示。

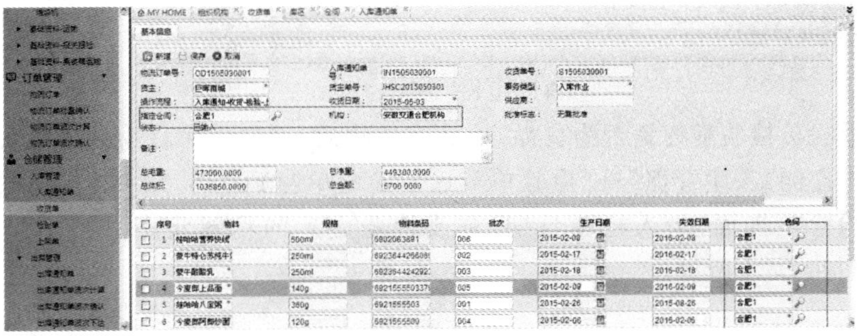

5.2.13　收货单界面 2

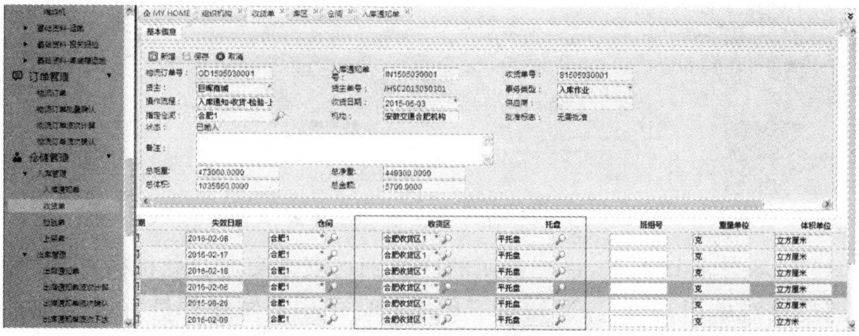

5.2.14　收货单界面 3

(8)在图 5.2.14 所示收货单界面中，单击“保存”之后，系统会自动返回收货单列表界面，用户可在收货单列表界面对已输入的单据进行修改、删除和确认，核对收货单与货物信息，确定信息无误后确认收货单 S1505030001，如图 5.2.15 所示。

图 5.2.15　收货单界面 4

(9)在理货区域收货完成后，进入检验环节，由质检员检验货物，使用 RF 设备进行数量、质量检验，并重新进行包装。

在图 5.2.15 所示收货单列表界面中，勾选收货单“S1505030001”，单击“下推”生成检验单，如图 5.2.16 所示。

图 5.2.16　收货单界面 5

(10)质检员检验货物是否为良品，检验完货物后，确定入库货物的物流状态。系统操作员单击左侧“入库管理”→“检验单”，选中检验单“JYD1505030001”，如图5.2.17所示。进入检验单界面，录入检验日期，更改检验之后的物料状态，单击“保存”，如图 5.2.17至图 5.2.21 所示。

图 5.2.17　检验单列表界面

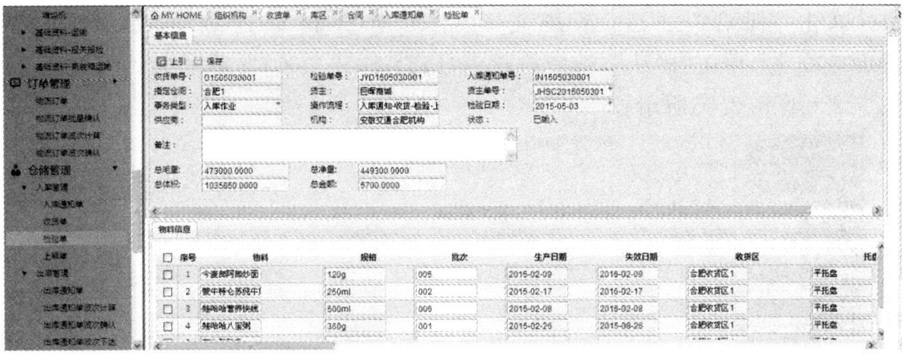

图 5.2.18　检验单录入界面 1

图 5.2.19　检验单录入界面 2

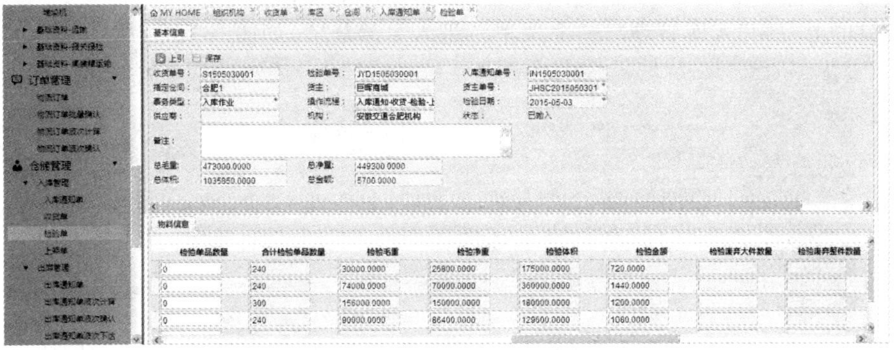

图 5.2.20　检验单录入界面 3

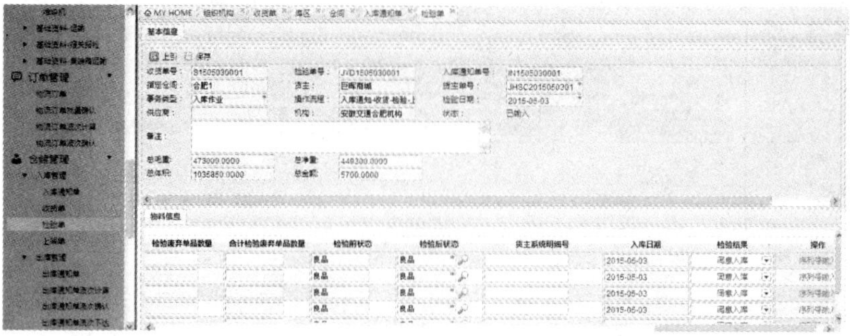

图 5.2.21 检验单录入界面 4

(11) 单击“保存”之后，系统自动跳转至检验单列表界面，勾选检验单“JYD1505030001”，单击“确认”，选中检验单“JYD1505030001”，单击“下推”生成上架单，如图 5.2.22 和图5.2.23所示。

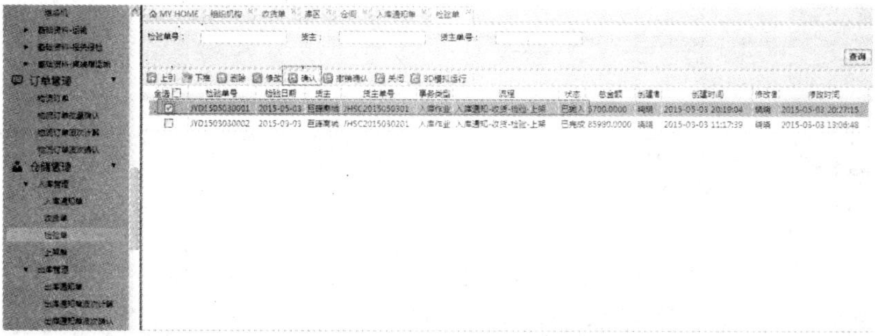

图 5.2.22 检验单确认

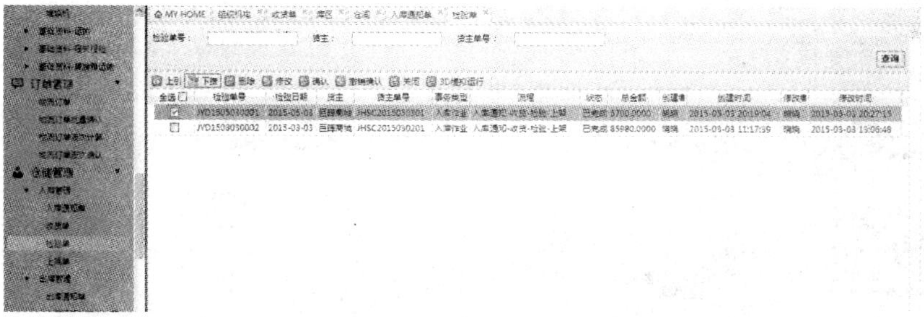

图 5.2.23 检验单下推

(12)单击左侧“入库管理”→“上架单”，进入上架环节，如图 5.2.24 所示。

图 5.2.24 上架单

(13)单击上架单 PA1505030001，录入上架日期“2015－05－03”，单击 选择“仓间”“库区”“上架储位”，单击“保存”，至此上架单录入完成。可以通过基础资料储位来查询货架储位是否属于横梁式货架。如图 5.2.25 至图 5.2.28 所示。

图 5.2.25　储位信息

图 5.2.26　上架单录入 1

图 5.2.27　上架单录入 2

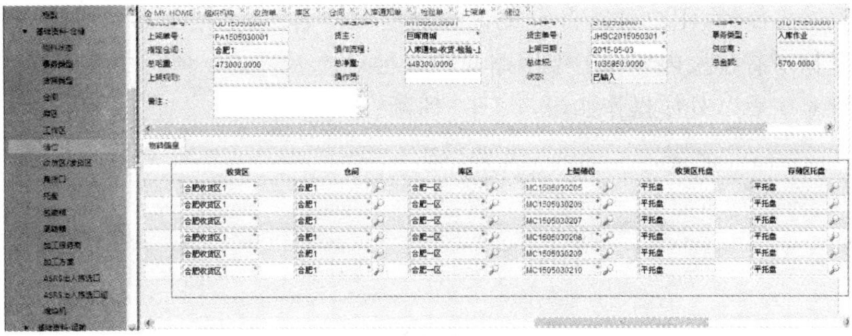

图 5.2.28　上架单录入 3

(14)单击"保存"之后,系统自动跳转至上架单列表界面。待仓管员上架完成后,核对上架储位,选中上架单 PA1505030001,单击"完成",至此入库业务完成。如图 5.2.29 所示。

图 5.2.29 上架单列表

2.上架策略方式入库

对于货物入库,也可以使用上架策略进行上架入库。当客户对上架有特殊要求时,才采取上架策略方式进行上架入库作业。具体上架策略见本项目 2.5 附录二。

在生成上架单之前,需要先进行上架策略的设定工作,我们以本项目案例中今麦郎上品面为例,采取"优先设备"上架策略规则。

(1)建立策略对象。具体步骤如下。

①单击"策略管理"→"上架策略管理",开始新增策略对象,单击如图 5.2.30 和图 5.2.31所示"新增",录入策略对象名称,下拉选择数据源对象(数据源对象分为入库通知单、收货单、检验单和储位)。此案例中的上架策略对象数据源对象选择"收货单"。

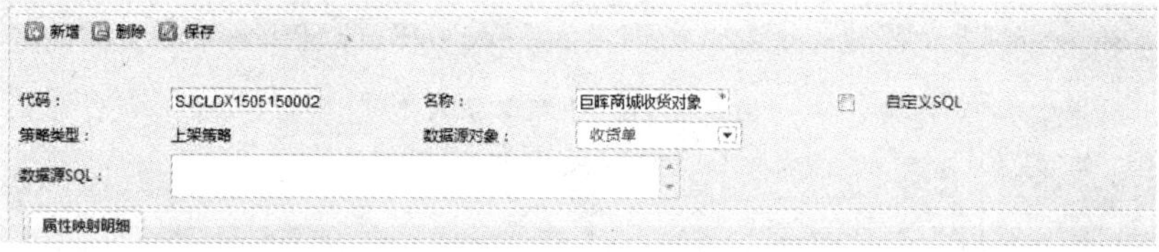

图 5.2.30 上架策略 1

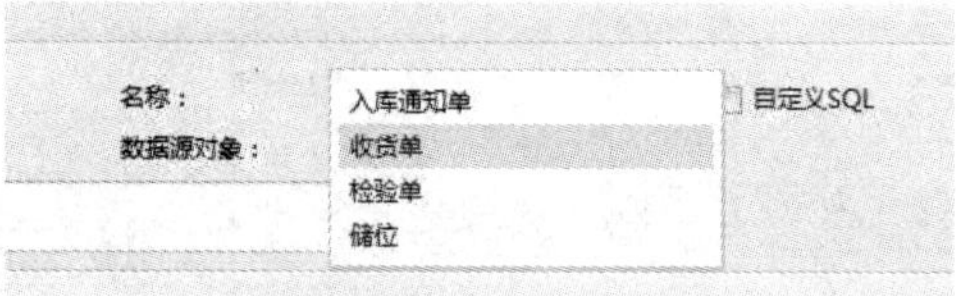

图 5.2.31 上架策略 2

②单击"新增",选择"策略对象属性",选择"映射属性"。此处的策略对象属性名称默认为策略对象属性,用户可以自定义策略对象属性名称,上架策略对象属性为所选数据源对象单据所有字段内容。上架策略对象属性对应表参见本项目 2.5 附录一"上架策略对象属性对应表",具体操作如图 5.2.32 所示。

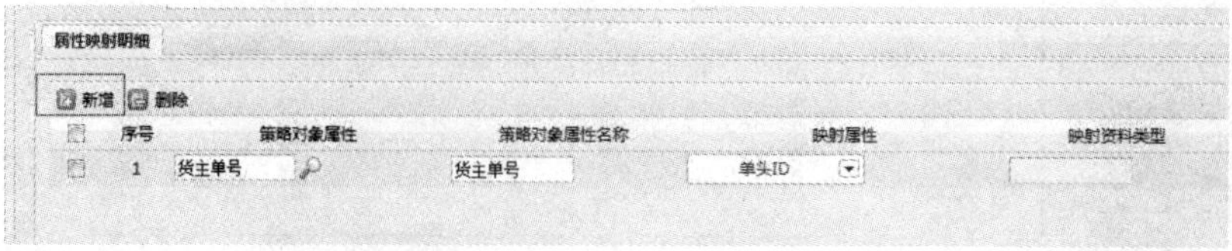

图 5.2.32 上架策略属性

③如图 5.2.30 所示，单击“保存”，以“收货单”为数据源对象的上架策略对象建立完成。

新建策略对象时，必须同时创建两个策略对象，一个是以“入库通知单、收货单、检验单”为数据源对象的策略对象，即上架策略运算时的原始数据从哪个单据来；另一个是以“储位”为数据源对象的策略对象，即上架策略运算时考虑上架储位范围。

(2)建立上架策略组。

①单击“策略管理”→“上架策略组”，如图 5.2.33 所示。

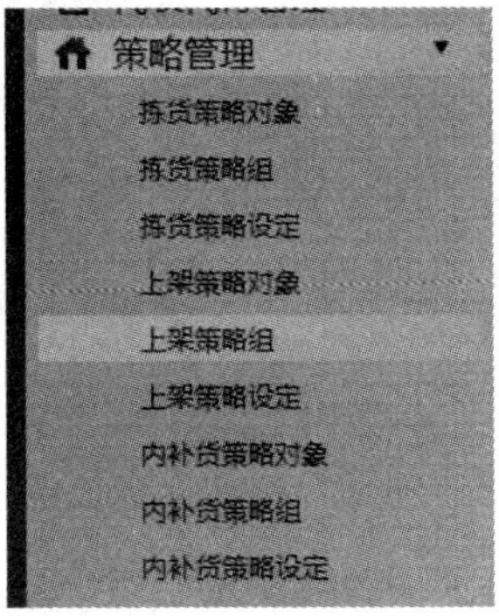

图 5.2.33 上架策略组

②单击“新增”，录入“名称”，选择机构“安徽交通合肥机构”，选择处理对象为“巨晖商城”，选择资源对象为“巨晖储位”，填写顺序；单击 可查询选择，如图 5.2.34 所示。

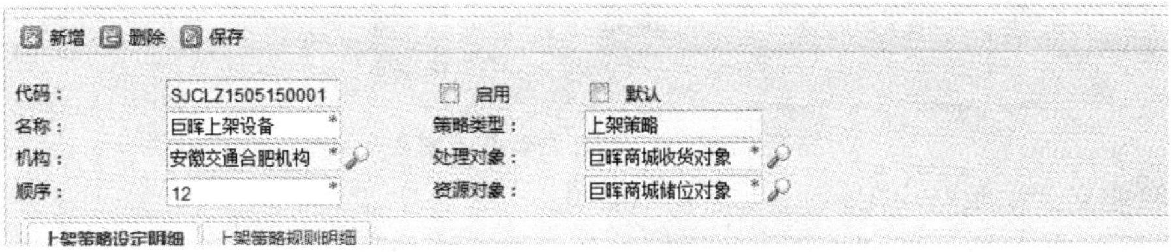

图 5.2.34 上架策略 1

③单击“上架策略规则明细”，单击“新增”，单击 选择上架策略规则，如图5.2.35 所示。上架策略规则明细对应表参见本项目 2.5 附录二“上架规则对应表”。

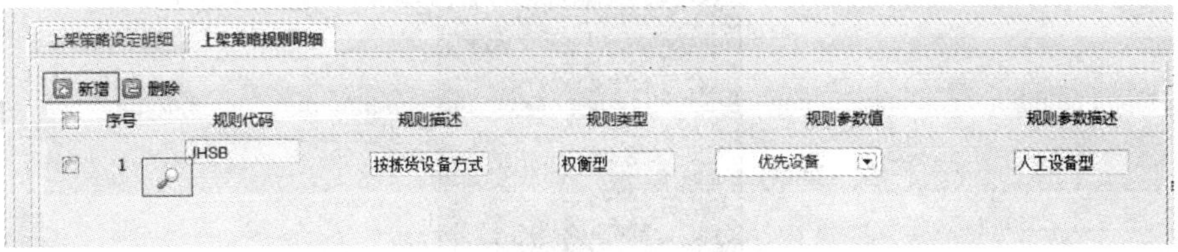

图 5.2.35 上架策略 2

④选择规则“按拣货设备方式”，如图 5.2.36 所示。规则参数值选择“优先设备”，如图 5.2.37 所示。

图 5.2.36 上架规则代码

图 5.2.37 上架策略设定明细

⑤填写完成后单击“保存”,则上架策略组新建完成,如图 5.2.38 所示。

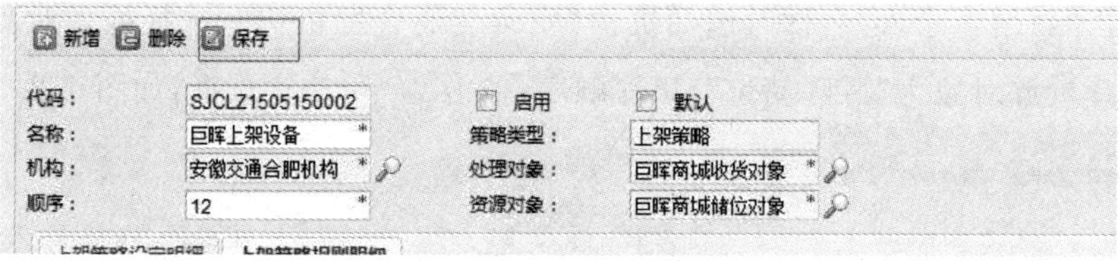

图 5.2.38 上架策略新建完成

(3)建立上架策略设定。

①单击“策略管理”→“上架策略设定”,如图 5.2.39 所示。

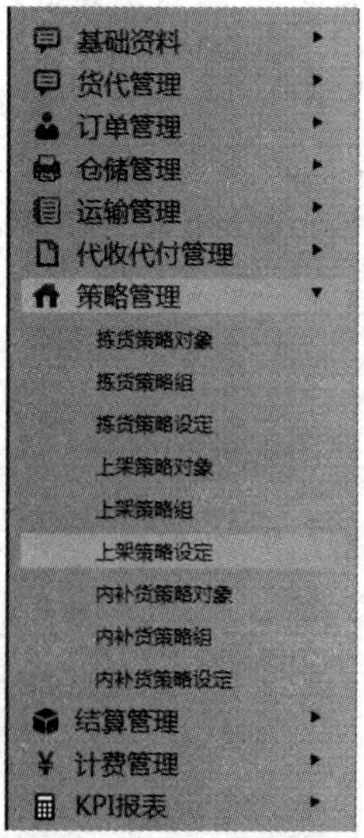

图 5.2.39 上架策略 1

②单击“新增”，如图 5.2.40 所示。

图 5.2.40　上架策略 2

③选择“所属策略组”，选择上一步建立的上架策略组“巨晖上架设备”，录入“名称”→“顺序”，如图 5.2.41 所示。

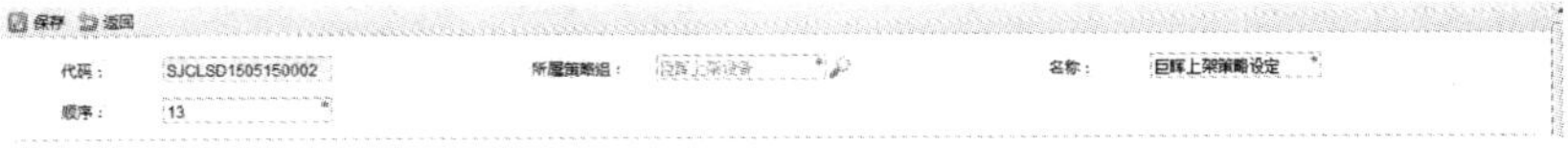

图 5.2.41　上架策略 3

④单击“单据匹配条件明细”→“新增”，如图 5.2.42 所示。

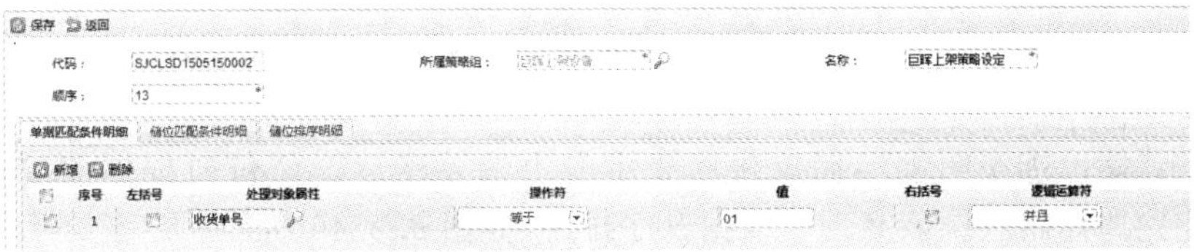

图 5.2.42　上架策略 4

⑤选择“处理对象属性”，此处的处理对象属性为上一步建立的上架策略组中处理对象为“巨晖上架设备”的策略对象属性字段对应内容的具体值。此处的货主单号为 01，用户可自定义货主单号(货主单号只能为整数)。如图 5.2.43 所示。

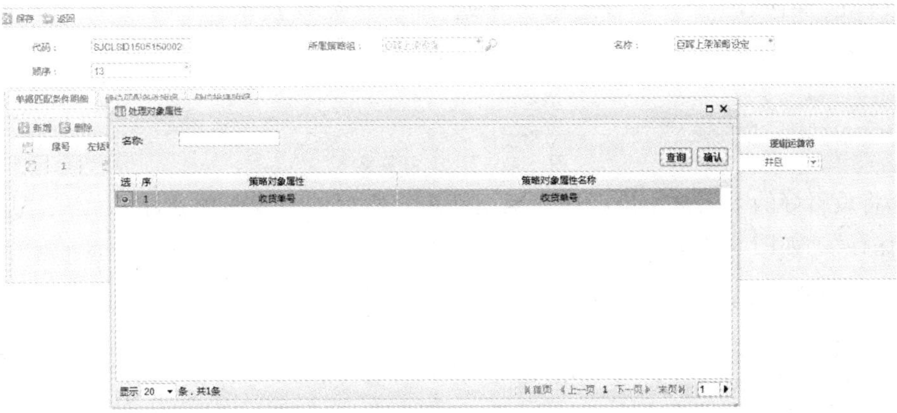

图 5.2.43　上架策略 5

⑥单击“储位匹配条件明细”，此处的资源对象属性为上一步建立的上架策略组中处理对象为“巨晖商城储位”的策略对象属性字段对应内容的具体值。此处选择的具体仓间为“合肥 1”，通过查询货主货物得出仓间。如图 5.2.44 和图 5.2.45 所示。

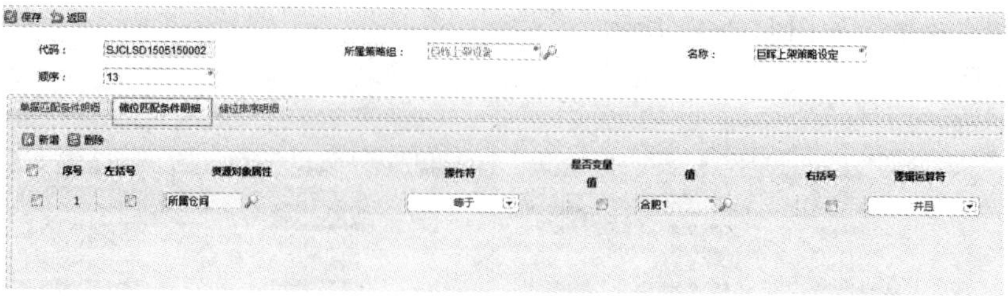

图 5.2.44 上架策略 6(1)

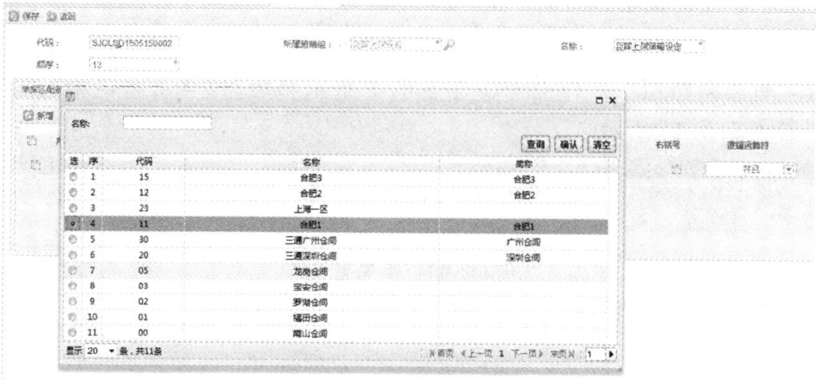

图 5.2.45 上架策略 6(2)

⑦单击“储位排序明细”，储位排序表示在上架策略选择储位时根据储位代码的升序/降序优先选择储位。该案例中根据升序排序，如图 5.2.46 所示。

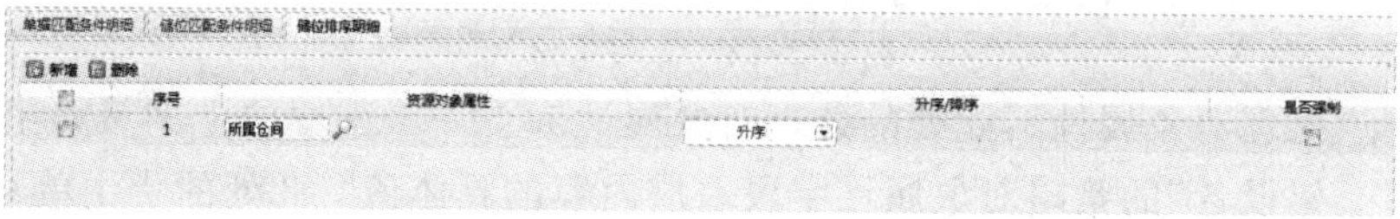

图 5.2.46 上架策略 7

⑧单击“保存”，上架策略设定建立完成。如图 5.2.47 所示。

图 5.2.47 上架策略 8

⑨将编辑好的上架策略设定绑定至上一步建立好的上架策略组中，并勾选“启用”，单击“保存”。如图 5.2.48 所示。

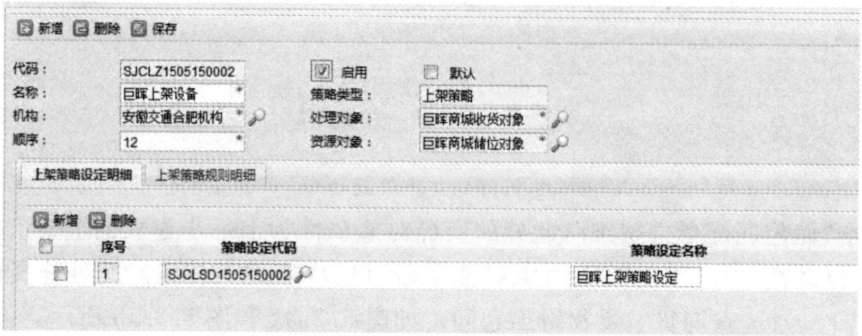

图 5.2.48 上架策略 9

至此，上架策略编辑完成，开始收货入库。

(4)入库管理—上架策略操作。

①单击“仓储管理”→“入库管理”→“入库通知单”，如图 5.2.49 所示。

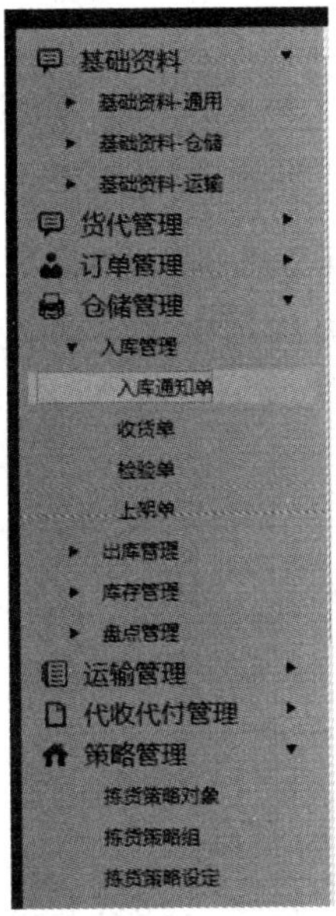

图 5.2.49　入库操作 1

②单击“新增”，开始巨晖商城这批货物的预约收货工作，如图 5.2.50 所示。新增后出现的界面如图 5.2.51 所示。

图 5.2.50　入库操作 2

③选择货主“巨晖商城”，录入货主单号“01”，因为上架策略设定中单据匹配明细条件设置的货主单号为 01，所以能与上架策略匹配进行运算；选择机构“安徽交通合肥机构”，与上架策略组的机构保持一致；操作流程选择“入库通知单—收货—上架”，与上架策略组的处理对象中策略对象数据源对象保持一致，如图 5.2.51 所示。

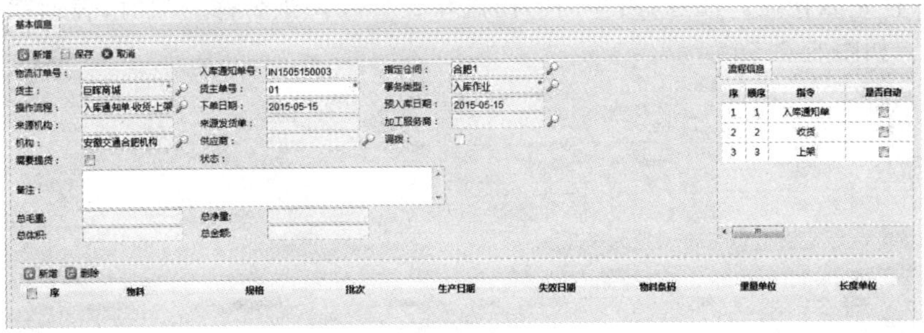

图 5.2.51　入库操作 3

④单击页面下方的“新增”，选择“今麦郎上品面”，在“通知大件数量”和“通知整件数量”中录入 10。如图 5.2.52 和图 5.2.53 所示。

图 5.2.52　入库操作 4(1)

图 5.2.53　入库操作 4(2)

⑤单击“保存”→“确定”→“下推”，生成“收货单”；填写收货单时，需注意添加收货日期，选择仓间“合肥 1”，需与上架策略设定中储位匹配条件明细保持一致，选择“收货区”→“托盘”，单击“保存”。如图 5.2.54 和图 5.2.55 所示。

图 5.2.54　入库操作 5(1)

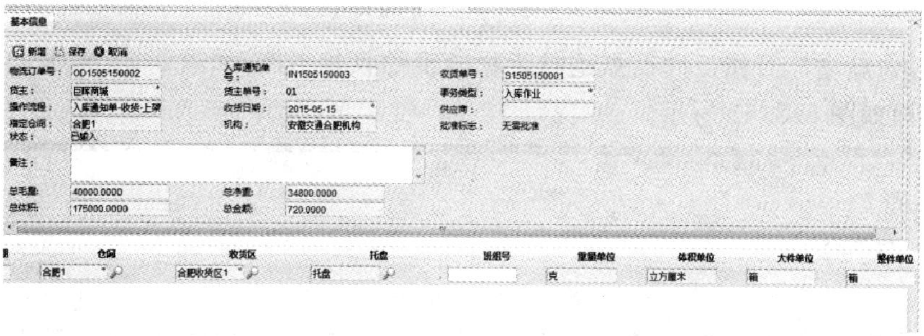

图 5.2.55　入库操作 5(2)

⑥单击“保存”→“确定”→“下推”，生成“上架单”；填写“上架单”，此时生成的上架单是根据上架策略组运算得出的正确上架单，包含上架仓间、库区和上架储位。录入上架日期，录入存储区托盘。注意：当存储区托盘和收货区托盘名称一致时，表示就是用该托盘上架的。如图 5.2.56 所示。

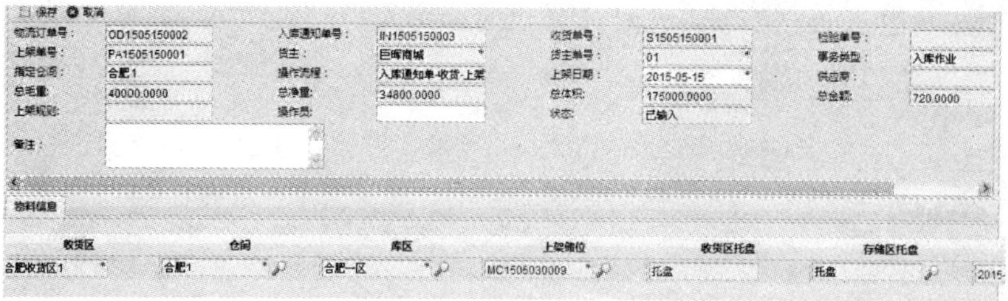

图 5.2.56　入库操作 6

⑦单击“保存”，返回上架单列表界面，勾选该上架单，单击“完成”。保存界面如图

5.2.57所示。完成界面如图 5.2.58 所示，在该界面勾选上架单“PA1505150001”，单击“完成”，至此巨晖商城物料上架完成。

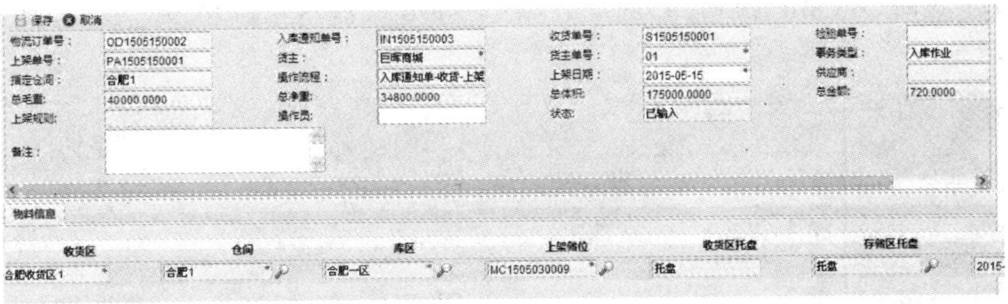

图 5.2.57　入库操作 7(1)

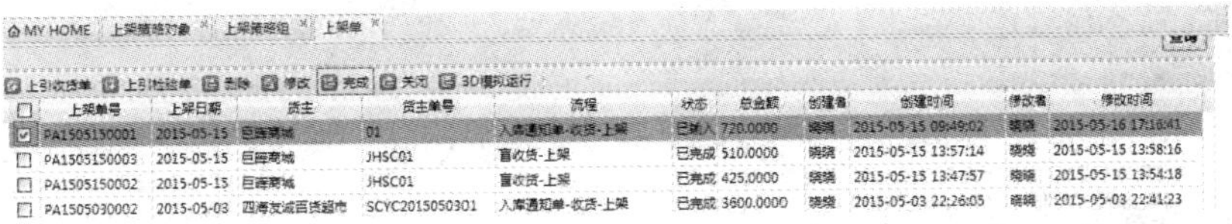

图 5.2.58　入库操作 7(2)

注意：巨晖商城使用的上架策略规则是“按拣选设备方式”优先设备进行上架运算，上架策略设定中储位匹配条件明细“合肥 1”需有拣货设备是叉车的储位。上架单中的储位为 MC1505030009，我们可以在储位中查看该储位的详细情况。上架完成后，储位容量发生变化，剩余容量为“0”。如图 5.2.59 所示。

图 5.2.59　入库操作 8

3. 出库作业操作步骤(出库通知→直接发货)

(1)2015 年 5 月 3 日，安徽交通合肥机构将收到的出库信息录入 WMS；单击系统左侧“出库管理”→“出库通知单”，进入出库通知单列表界面，如图 5.2.60 所示。

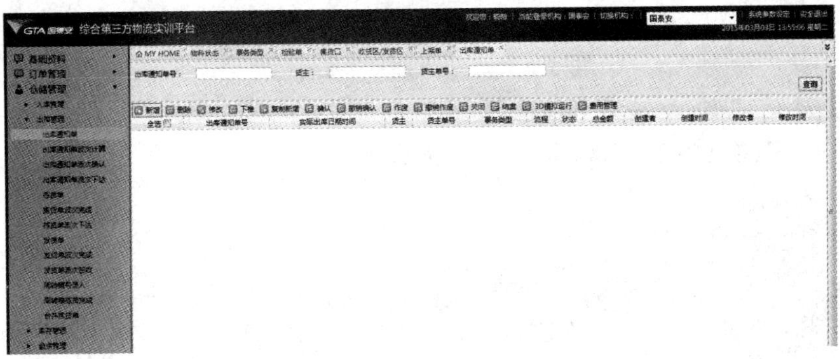

图 5.2.60　出库通知单列表界面

(2)单击“新增”，进入出库通知单界面，录入货主、货主单号、事务类型、操作流程、预出库日期、机构、实际出库日期，如图 5.2.61 所示。单击“查找并添加库存”，选择物料“今麦郎阿郎炒面”，单击“确认”，如图 5.2.62 所示。录入出库数量，单击“保存”，如图 5.2.63所示。

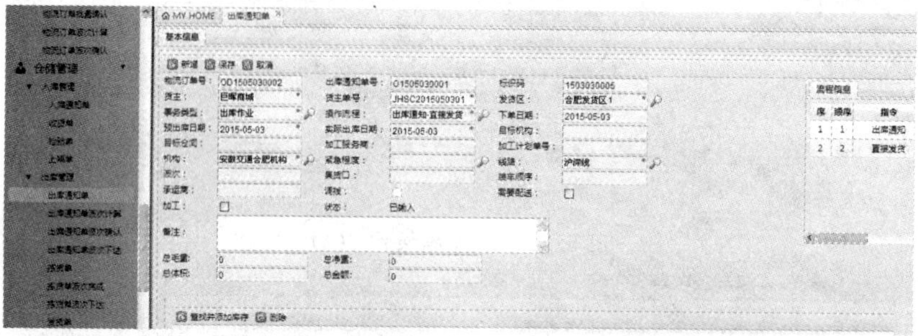

图 5.2.61 出库通知单录入(1)

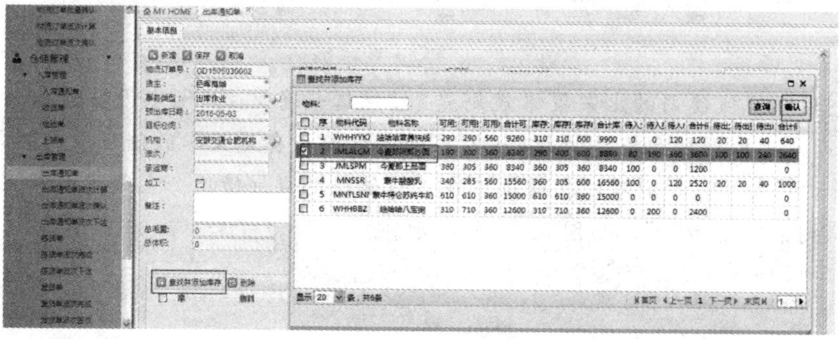

图 5.2.62 出库通知单录入(2)

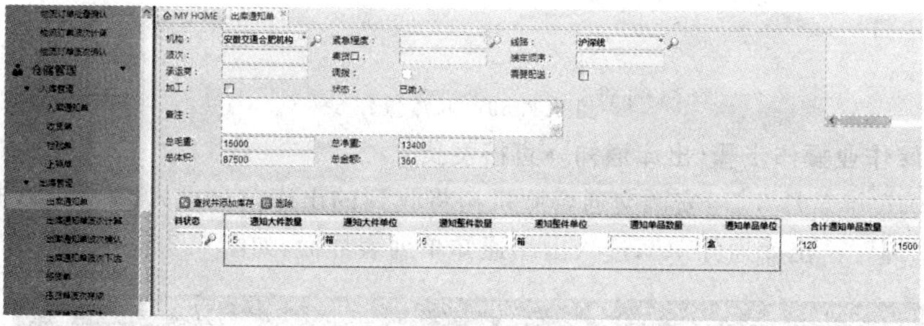

图 5.2.63 出库通知单录入(3)

(3)核对信息输入是否准确，返回出库通知单列表界面，勾选出库通知单“O1505030001”，单击“确认”，如图 5.2.64 所示。

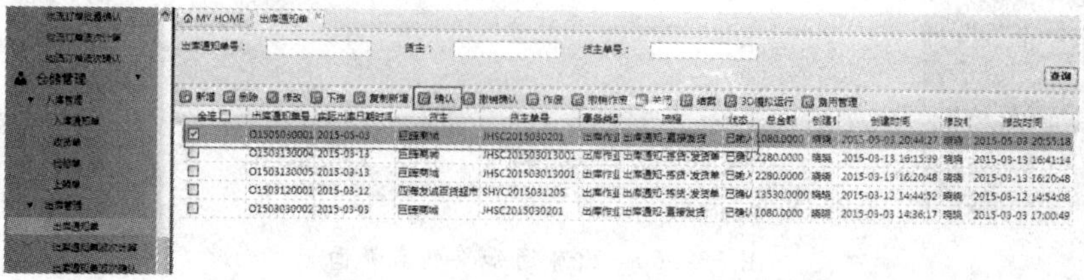

图 5.2.64 出库通知单确认

(4)勾选出库通知单"O1505030001",单击"下推",生成发货单,进入发货环节,如图5.2.65所示。

图 5.2.65　出库通知单下推

(5)单击左侧出库管理"发货单",进入发货单列表界面,可以查看到从出库通知单下推生成的发货单,根据货主单号 JHSC2015030201 查看,如图 5.2.66 和图 5.2.67 所示。根据客户、仓库、仓间等信息,可以确定是哪个储位上的货物进行发货选择。

图 5.2.66　发货单界面

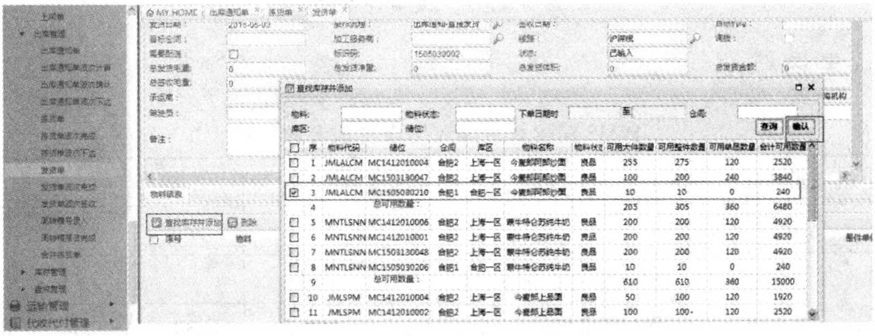

图 5.2.67　发货单列表界面

(6)单击发货单号"SGL1505030002",进入发货单界面,选择"发货区",单击"保存",如图 5.2.68 和图 5.2.69 所示。物料在已完成下架工作时存放于发货区,才能进行发货操作。

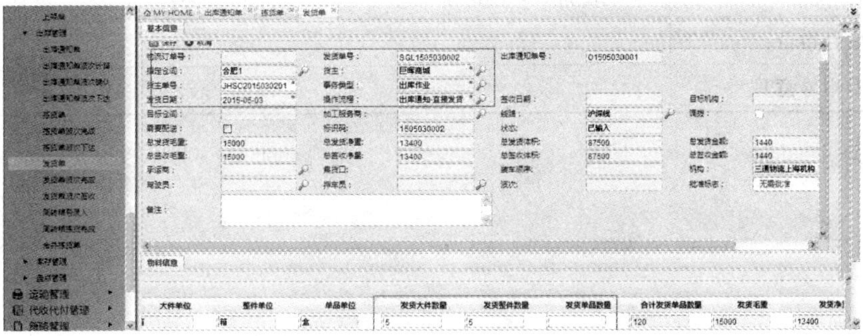

图 5.2.68　发货单录入 1

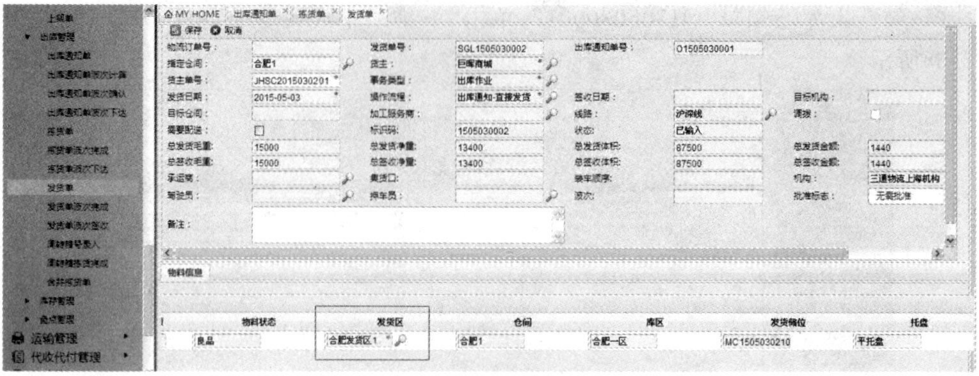

图 5.2.69 发货单录入 2

(7)物料发货之后,在系统中勾选发货单,单击"完成",则此次出库作业完成,如图5.2.70所示。

图 5.2.70 发货单完成

2.4 考核标准

WMS 横梁式货架入出库实训考核标准

小组成员			评委		
序号	考核内容	考核标准	分值	扣分	得分
1	WMS 横梁式货架入出库实训	WMS 入库操作	30		
2		WMS 出库操作	30		
3		入库中操作和 WMS 衔接性	10		
4		出库中操作和 WMS 衔接性	10		
5		叉车上下架操作使用	20		
综合得分					
评委指导意见					

2.5　附录

附录一

上架策略对象属性对应表——入库通知单

资源对象		入库通知单	
策略对象属性	策略对象属性名称	映射属性	映射资料类型
物流订单号	物流订单号	单头 ID	
指定仓间	指定仓间	基础资料	仓间
来源机构	来源机构	基础资料	机构
状态	状态	状态	
供应商	供应商	基础资料	制造商
货主单号	货主单号	单头 ID	
货主	货主	基础资料	货主/托运商
入库通知单号	入库通知单号	单头 ID	

上架策略对象属性对应表——收货单

资源对象		收货单	
策略对象属性	策略对象属性名称	映射属性	映射资料类型
单品数量	单品数量	整数	
入库日期	入库日期	日期	
有效日期	有效日期	日期	
生成日期	生成日期	日期	
批号	批号		
托盘	托盘	基础资料	托盘
收货区域	收货区域	基础资料	收货区/发货区
收货储位	收货储位	基础资料	储位
仓间	仓间	基础资料	仓间
单品单位	单品单位	基础资料	计量体系
整件单位	整件单位	基础资料	计量体系
大件单位	大件单位	基础资料	计量体系
体积单位	体积单位	基础资料	计量体系
重量单位	重量单位	基础资料	计量体系
入库通知单号	入库通知单号	单头 ID	
机构	机构	基础资料	机构
入库通知单 ID	入库通知单 ID	单头 ID	
事务类型	事务类型	基础资料	事务类型
货主单号	货主单号	单头 ID	
收货单号	收货单号	单头 ID	

上架策略对象属性对应表——检验单

资源对象		检验单	
策略对象属性	策略对象属性名称	映射属性	映射资料类型
单品数量	单品数量	整数	
单品单位	单品单位	基础资料	计量体系
整件单位	整件单位	基础资料	计量体系
大件单位	大件单位	基础资料	计量体系
体积单位	体积单位	基础资料	计量体系
重量单位	重量单位	基础资料	计量体系
有效日期	有效日期	日期	
生成日期	生成日期	日期	
入库日期	入库日期	日期	
托盘	托盘	基础资料	托盘
收货区域	收货区域	基础资料	收货区/发货区
供应商	供应商	基础资料	制造商
收货单 ID	收货单 ID	单头 ID	
物流订单编号	物流订单编号	单头 ID	
机构	机构	基础资料	机构
检验日期	检验日期	日期	
货主单号	货主单号	单头 ID	
检验单号	检验单号	单头 ID	

上架策略对象属性对应表——储位

资源对象		储位	
策略对象属性	策略对象属性名称	映射属性	映射资料类型
电子标签号	电子标签号	基础资料	储位
货架类型	货架类型	基础资料	储位
条码	条码	基础资料	储位
名称	名称	基础资料	储位
代码	代码	基础资料	储位
所属库区	所属库区	基础资料	储位/库区
所属仓间	所属仓间	基础资料	储位/仓间

附录二

上架规则对应表

规则代码	规格描述	规则类型	规则参考值	适用范围	相应基础资料设置
BYXHF	不允许同种物料不同批次混放	匹配型		适用于对期效要求较严的物料上架，例如食品、医药等	入库管理：设置批次
YXHF	允许混放	匹配型	名称、规格、条码、批号、危险等级、物料状态	适用于无期效管理的物料	物料：设置名称、条码、危险等级、规格 入库管理：设置批次
JHSB	按拣货设备方式	权衡型	优先人工优先设备	适用于货架类型不同、对拣货要求不同的产品，例如放置于高架库的产品和隔板式货架的产品	储位：设置拣货设备
JHMS	按拣货模式方式	权衡型	散货、整货	适用于根据拣货单位设置了工作区域的配送中心上架作业	储位：设置拣货模式
SJCWJLS	上架总储位尽量少	权衡型		适用于出入库高峰期，为了提高储位利用率	
CWJLS	占用空储位尽量少	权衡型		适用于无期效要求的物料，而对储位利用率要求较高的配送中心	
KCZZL	按库存周转率	匹配型		适用于持续性产品，根据库存周转率分类 ABC，进行上架存储	物料：设置最低周转率 储位：设置 ABC 分类
CWRL	储位容量计算方式	匹配型	按数量、容积	根据储位属性、物料属性选择合适的上架储位，例如超重、超宽的产品	物料：设置每标准储位可存放单品数量、体积和重量 储位：储位容量

上架规则一上架单对应表

上架规则	上架单
不允许同种物料不同批次混放	生成的上架单的上架储位为同一批次已经有库存的储位
允许混放	生成的上架单的上架储位根据允许混放规则设定的匹配参数（名称、规格、条码、批号、危险等级和物料状态）分配储位，即原有库存物料已有储位，只要匹配参数一致，则新上架的物料分配的储位为该物料储位。
按拣货设备方式	生成的上架单的上架储位根据按拣货设备方式设定的规则参数值（优先人工/优先设备）分配对应的拣货设备储位
按拣货模式方式	生成的上架单的上架储位根据按拣货模式方式设定的规则参数值（散货/整货）分配对应的拣货方式储位
上架总储位尽量少	生成的上架单的上架储位允许混放，考虑到储位容量，只要有剩余储位容量，即可上架到该储位，以保证上架总储位尽量少

续表

上架规则	上架单
占用空储位尽量少	生成的上架单的上架储位允许混放，考虑到储位容量，只要有剩余储位容量，即可上架到该储位，以保证上架占用空储位尽量少
按库存周转率	储位的分配原则是依据库存周转率，系统预设库存周转率，最低周转率≤0.5为C类物料，0.5<最低周转率<0.8为B类物料，最低周转率≥0.8为A类物料；C类物料对应上架C类储位，B类物料对应上架B类储位，A类物料对应上架A类储位
储位容量计算方式	生成的上架单是根据储位剩余容量将上架物料放置于储位剩余容量较多的储位
如果同时启用多个上架策略组，则根据匹配条件生成不同的上架单	

项目三　WMS窄通道货架入出库实训

3.1　实训项目说明

实训课时

4课时。

实训目标

（1）熟悉窄通道货架、窄通道仓库及窄通道货架所用工具。

（2）了解窄通道货架的入出库的工具使用。

（3）学会使用国泰安综合第三方物流实训平台仓储部分软件操作。

实训内容

（1）WMS入出库流程操作。

（2）窄通道货架的入出库业务操作。

材料准备

安徽交通合肥机构接到四海友诚百货超市的一个仓储业务，四海友诚百货超市章小姐在2015年5月3日以邮件形式发送了入库信息，并且这批货物已经在工厂验货，无须检验。入库信息见表5.3.1。2015年5月3日下午，安徽交通合肥机构与四海友诚百货超市章小姐确认入库信息，并将预计入库信息输入国泰安综合第三方物流系统。预计到货时间为2015年5月3日下午。

表 5.3.1 入库信息表

代码	名称	制造商	规格	批次	生产日期	大件数量	大件单位	整件数量	整件单位	单品数量	单品单位
JMLSPM	今麦郎上品面	今麦郎日清食品有限公司	140g	005	2015.03.02	10	箱	10	箱	0	盒
WHHYYKX	娃哈哈营养快线	杭州娃哈哈集团有限公司	500mL	006	2015.03.01	10	箱	10	箱	0	瓶
MNSSR	蒙牛酸酸乳	内蒙古蒙牛乳业集团有限公司	250mL	020	2015.03.02	10	箱	10	箱	0	盒
JMLALCM	今麦郎阿郎炒面	今麦郎日清食品有限公司	120g	020	2015.03.02	10	箱	10	箱	0	盒

2015 年 5 月 3 日，安徽交通合肥机构接到四海友诚百货超市的出库通知邮件，出库货物明细表见表 5.3.2。请安徽交通合肥机构安排出库。收货客户：四海友诚百货超市。预计出库日期：2015 年 5 月 3 日。

表 5.3.2 出库货物明细表

代码	名称	制造商	大件数量	大件单位	整件数量	整件单位	单品数量	单品单位
JMLSPM	今麦郎上品面	今麦郎日清食品有限公司	5	箱	5	箱	0	盒
WHHYYKX	娃哈哈营养快线	杭州娃哈哈集团有限公司	3	箱	5	箱	0	瓶
MNSSR	蒙牛酸酸乳	内蒙古蒙牛乳业集团有限公司	5	箱	5	箱	0	盒

3.2 知识链接

1. 窄通道货架

窄通道货架是仓储货架的一种，因其货架系统的叉车搬运通道相比较为狭窄，故而得名，又称“窄巷道货架”。

窄通道货架的货架主体为横梁式货架，其主要特点是货架底部地面上加装了“三向堆垛叉车”的行动导轨，导轨常规采用不等边角钢。物料搬运叉车仅限于专用的“三向堆垛叉车”，“三向堆垛叉车”沿既定导轨滑行。货架系统的堆垛通道宽度稍大于托盘货物的宽度，使得高密度的存储需求得以实现。窄通道货架继承了横梁式货架系统的所有优点，货架系统所收纳的所有物料均具备 100% 的可选性，叉车可随时存储任一托盘货物。快速的存储效率和非常高的存储密度，对于适合采用窄通道货架的仓储与物流中心来说，带来的是显著的生产效率与成本效益。

窄通道货架的最大特点就是其通道比一般的横梁式货架窄得多，一般为 1 600～2 000mm，大大提高了仓库的空间利用率。在地价飞涨的今天，窄巷道货架被很多企业仓库所喜爱。这款货架需要配置专门的叉车——三向堆垛叉车，这也是它的另一个特点。由于通道比较窄，因此，这就对叉车司机的技术有较高要求，叉车司机的驾驶技术要比较娴熟，平时工作要细心谨慎。

其次，窄通道货架安装后有高约 200mm 的导轨(导轨可在土建时做好，也可在安装货架时用做好的护板制作)作为叉车的引导系统，减少叉车司机因人为因素对货架产生的危险，相对于驶入式对司机的要求要低一些。

2.实训室的窄通道货架

安徽交通职业技术学院物流实训室的窄通道货架有 2 排、3 层、4 列，每列中可存放 2 个托盘。如图 5.3.1 所示，左边为实物图，右边为平面示意图。

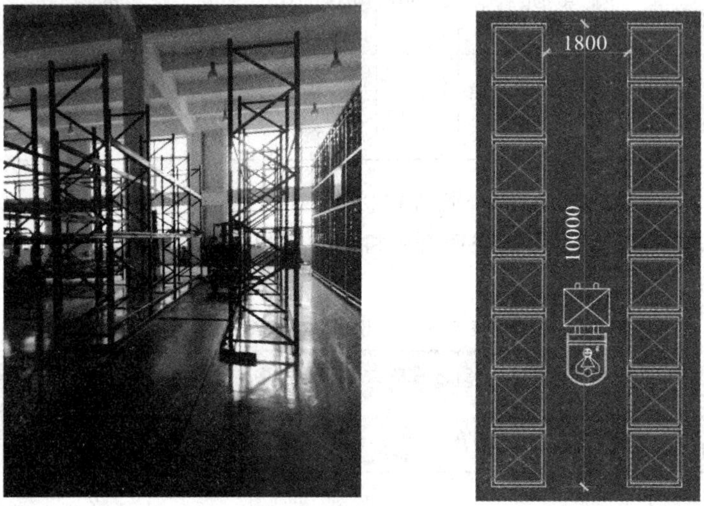

图 5.3.1 实训室窄通道货架与叉车

3.3 WMS 窄通道货架入出库实训操作

1.WMS 窄通道货架入库实训(入库通知→收货→上架)

(1)先将 2015 年 5 月 3 日收到的入库信息生成入库通知单，提前做好入库准备，单击系统左侧“入库管理”→“入库通知单”。如图 5.3.2 所示。

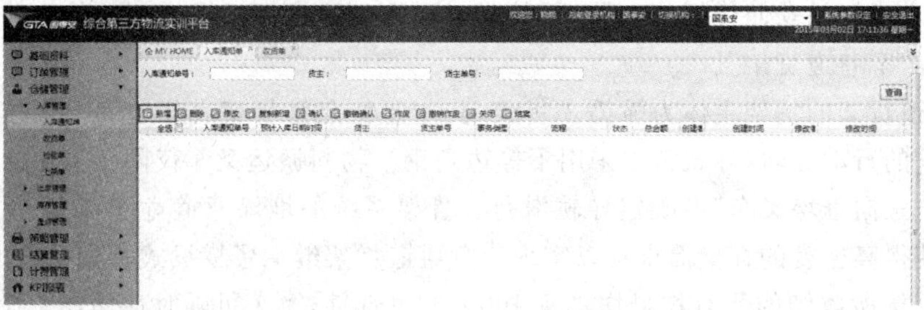

图 5.3.2 入库通知单

(2)单击“新增”，进入入库通知单列表界面，录入货主“四海友诚百货超市”、货主单号、下单日期、预入库日期和事务类型“入库作业”。如图 5.3.3 所示。

(3)单击页面下方“新增”，将四海友诚百货超市章小姐提供的入库信息依次录入入库通知单，单击选择物料，录入批次、生产日期、大件数量、整件数量，单击“保存”。如图 5.3.4 所示。

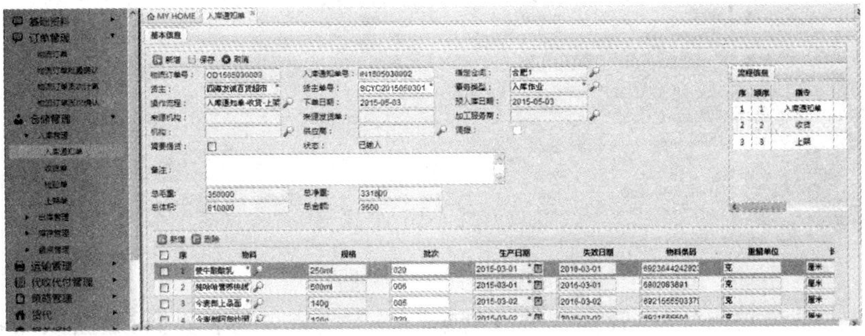

图 5.3.3　入库通知单录入 1

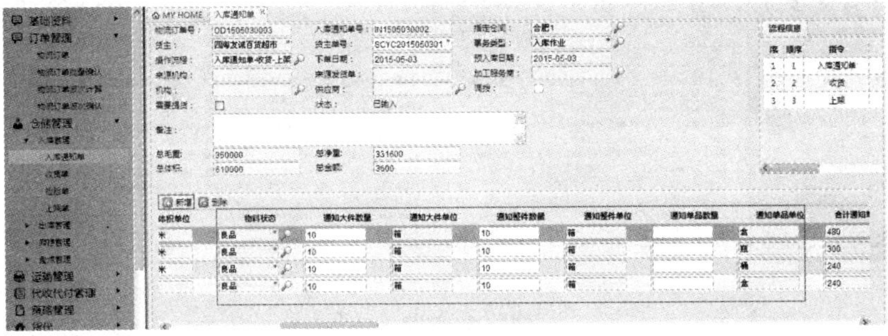

图 5.3.4　入库通知单录入 2

(4)核对入库通知单信息，如果无误，在入库通知单列表界面勾选入库通知单“IN1505030002”，单击“确认”。如图 5.3.5 所示。

图 5.3.5　入库通知单确认

(5)2015 年 5 月 3 日，四海友诚百货超市的物料到达安徽交通合肥机构，进入收货环节，如图5.3.7所示。在图 5.3.6 中的入库通知单列表界面单击入库通知单“IN1505030002”进入入库通知单界面，单击“下推”生成收货单。

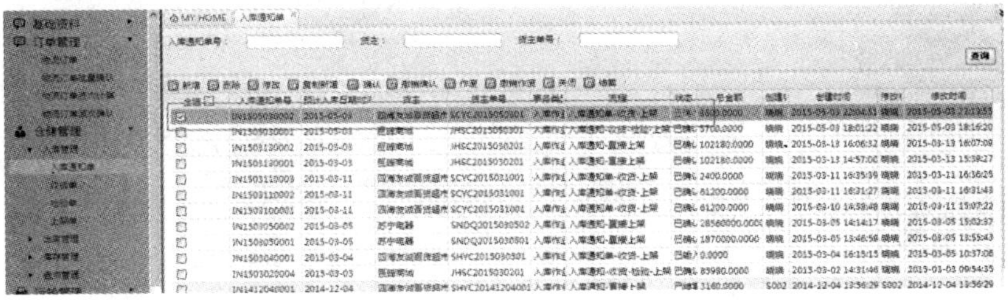

图 5.3.6　入库通知单确认完成界面

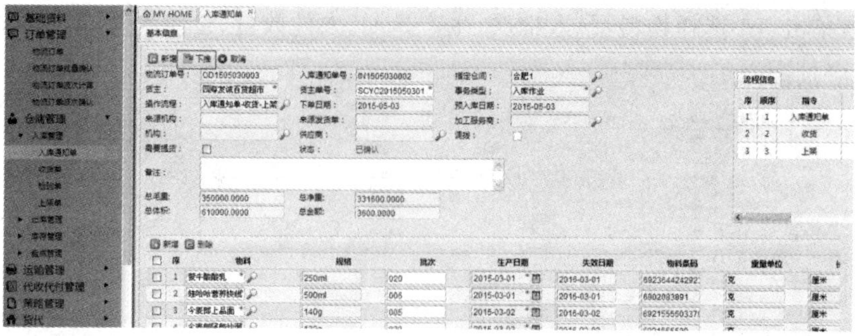

图 5.3.7 收货单生成 1

(6)单击系统左侧“入库管理”→“收货单”，进入收货单列表界面，如图 5.3.8 所示。

图 5.3.8 收货单生成 2

(7)理货员确定入库的仓间及货物数量。单击“收货单”，进入收货单列表界面，录入收货日期，选择仓间、收货区，单击“保存”。如图 5.3.9 和图 5.3.10 所示。

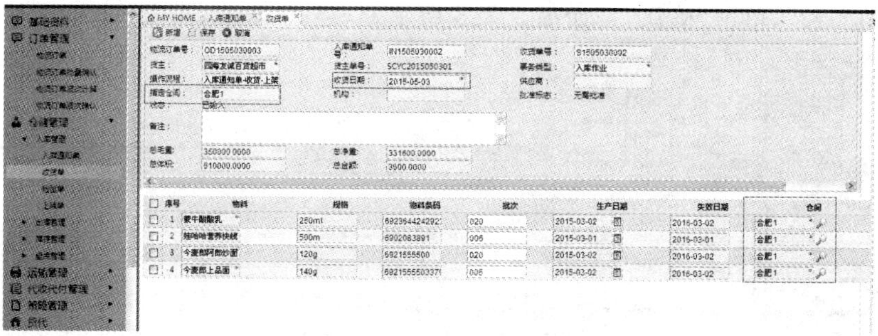

图 5.3.9 收货单生成 3

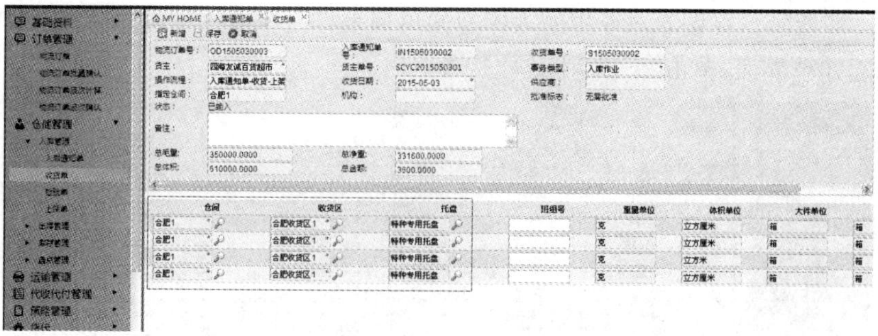

图 5.3.10 收货单生成 4

(8)单击“保存”后，系统自动跳转收货单列表界面，系统操作员待理货人员将所有货物完成收货后，勾选收货单，单击“确认”。如图 5.3.11 所示。

图 5.3.11　收货单确认

(9)勾选收货单，单击“下推”，生成上架单。如图 5.3.12 所示。

图 5.3.12　上架单生成 1

(10)单击系统左侧“入库管理”→“上架单”，进入上架环节。如图 5.3.13 所示。

图 5.3.13　上架单生成 2

(11)单击“上架单”，录入上架日期，选择仓间、库区、上架储位，单击“保存”。如图 5.3.15至图 5.3.17 所示。可以在储位列表中查看储位信息，如图 5.3.14 所示。

图 5.3.14　窄通道货架储位信息

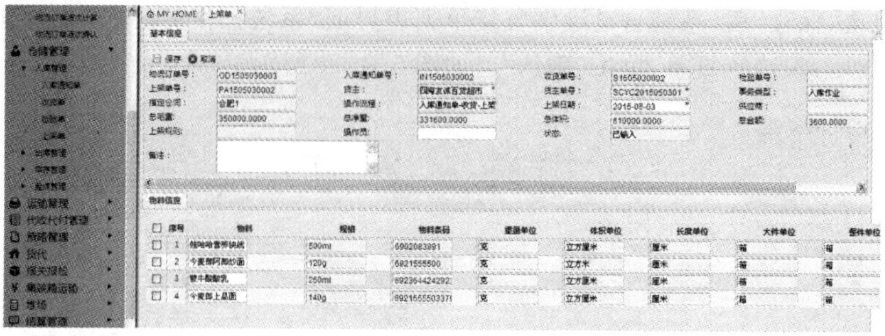

图 5.3.15　上架单生成 3

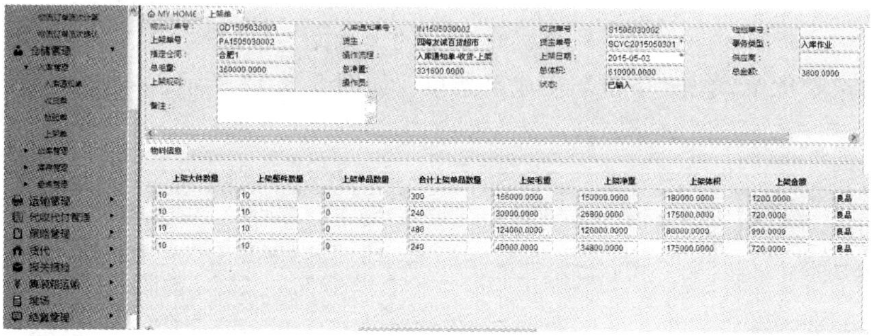

图 5.3.16　上架单生成 4

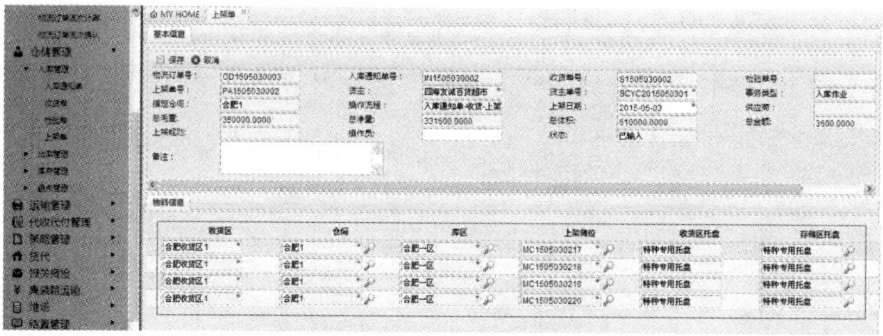

图 5.3.17　上架单生成 5

(12)单击“保存”后,系统自动跳转至上架单列表界面。如图 5.3.18 所示。

叉车司机使用窄通道货架的专用三向堆垛叉车,对货物进行上架工作。待所有货物完成上架后,系统操作员勾选“上架单”,单击“完成”。至此四海友诚百货超市的入库作业完成。

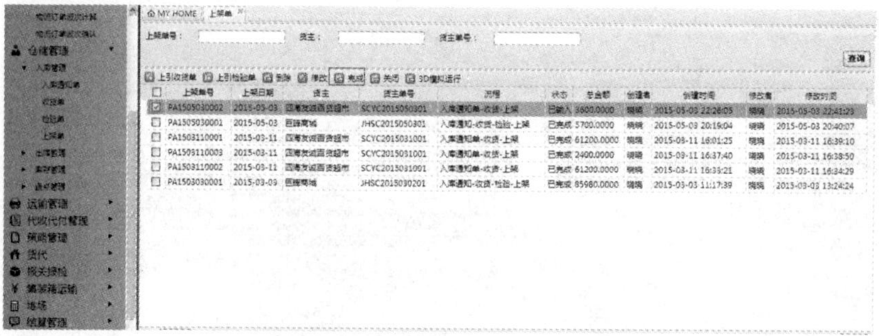

图 5.3.18　上架完成

2.WMS 窄通道货架出库实训(出库通知→拣货→发货单)

(1)2015 年 5 月 3 日,安徽交通合肥机构将收到的出库信息录入系统;单击系统左侧“出库管理”→“出库通知单”,进入出库通知单界面。如图 5.3.19 所示。

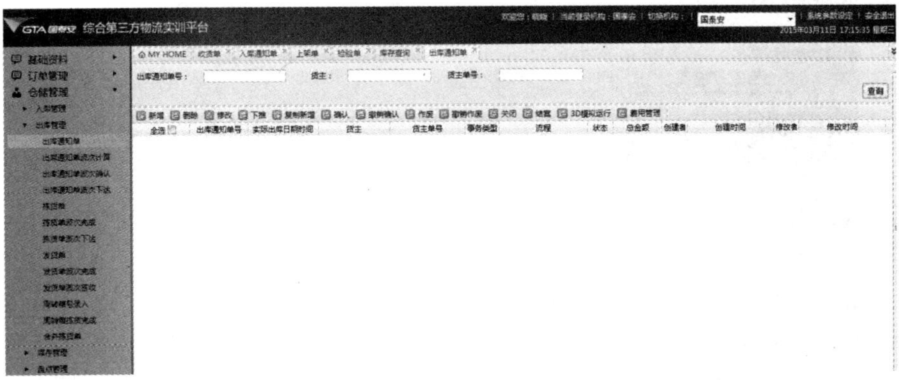

图 5.3.19　出库通知单列表界面

(2)单击“新增”,进入出库通知单录入界面,录入货主、货主单号、事务类型、操作流程、预出库日期、机构和实际出库日期。如图 5.3.20 所示。

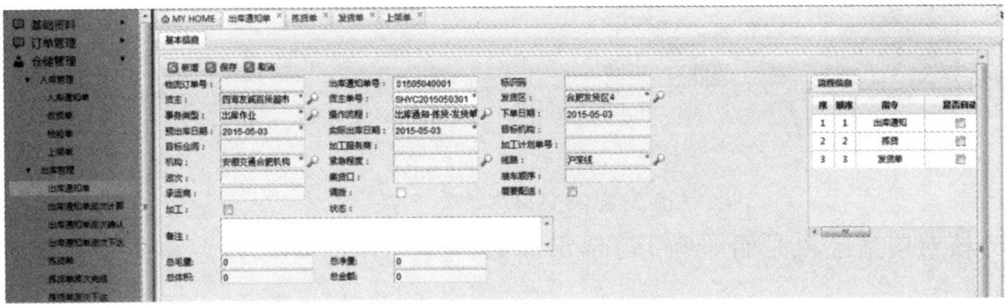

图 5.3.20　出库通知单录入 1

(3)单击“查找并添加库存”,选择物料“今麦郎上品面”“娃哈哈营养快线”“蒙牛酸酸乳”,单击“确认”。如图 5.3.21 所示。

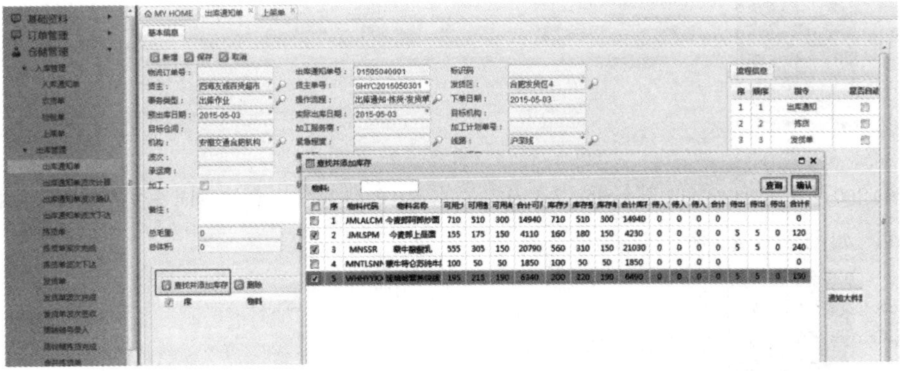

图 5.3.21　出库通知单录入 2

(4)录入出库数量,单击“保存”。如图 5.3.22 和图 5.3.23 所示。

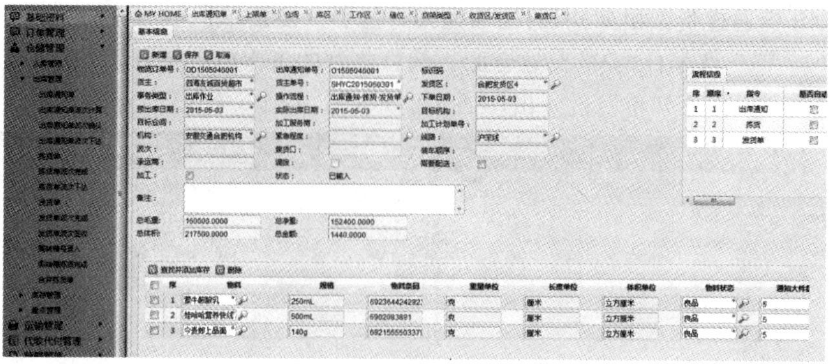

图 5.3.22 出库通知单录入 3

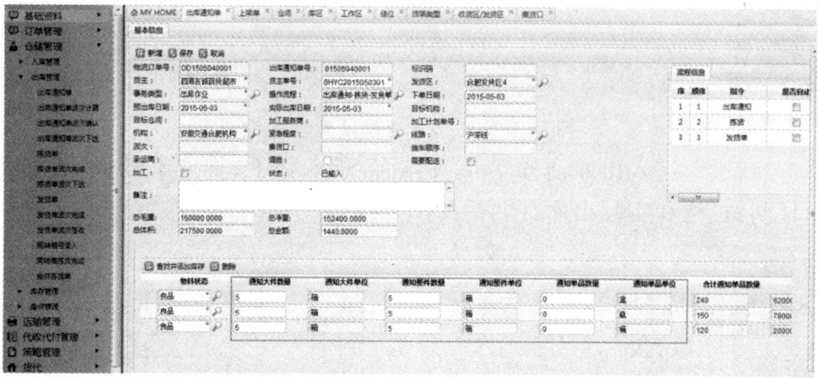

图 5.3.23 出库通知单录入 4

(5)核对信息录入是否准确,勾选出库通知单“O1505040001”,单击“确认”。如图5.3.24所示。

图 5.3.24 出库通知单确认

(6)2015 年 5 月 3 日,开始拣货工作,单击系统左侧“出库管理”→“拣货单”,进入拣货环节。如图 5.3.25 所示。

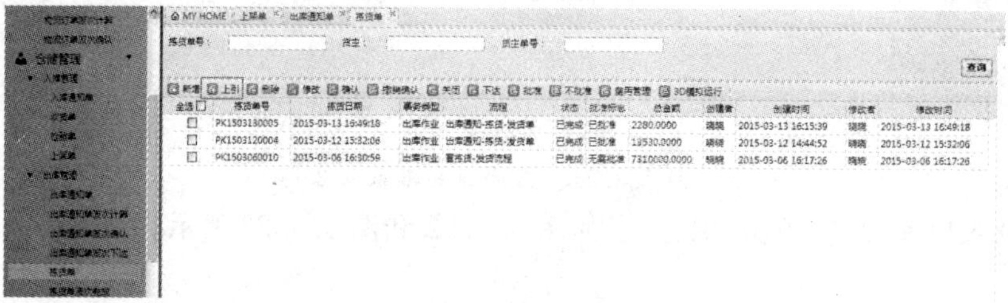

图 5.3.25 拣货单

(7)单击“上引”,选中出库通知单,单击“确认”生成拣货单,也可以通过出库通知单列表界面单击“下推”生成拣货单。注意:一定是已确认状态的出库通知单才能下推/上引生成拣货单,如图 5.3.26 所示。

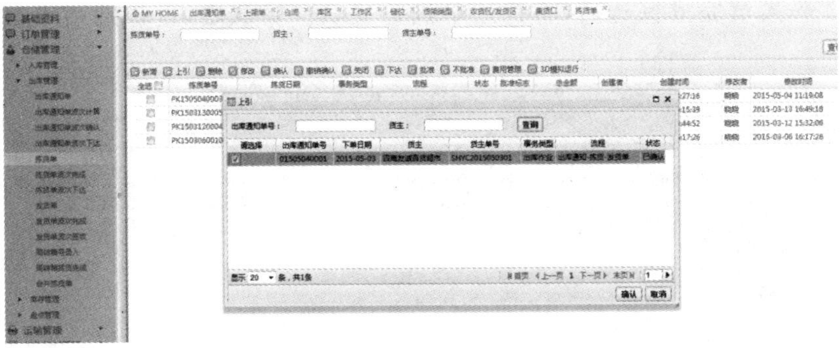

图 5.3.26 生成拣货单

(8)单击拣货单号“PK1505040004”,进入拣货单界面,选择“发货区”,单击“保存”。如图 5.3.27 至图 5.3.29 所示。

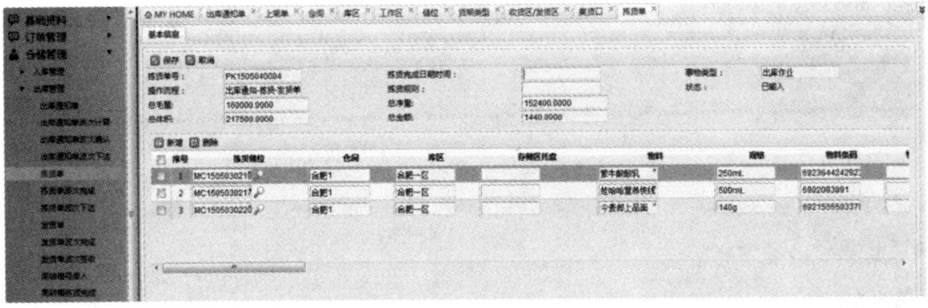

图 5.3.27 拣货单录入 1

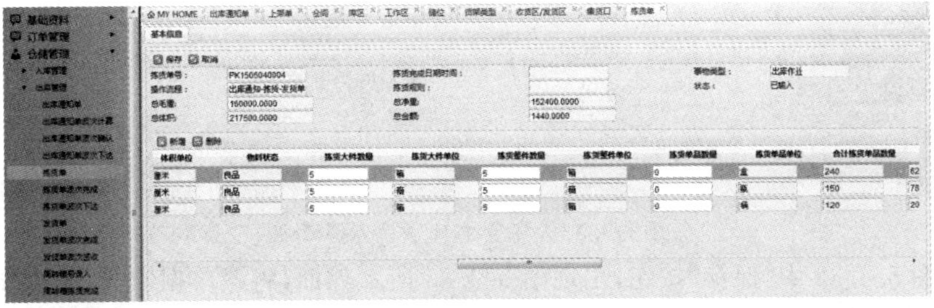

图 5.3.28 拣货单录入 2

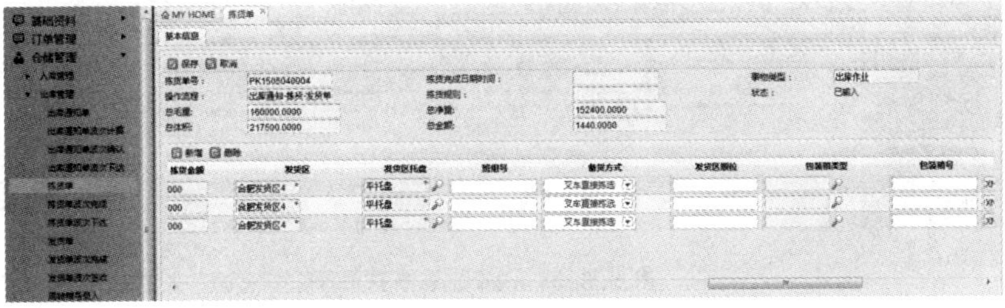

图 5.3.29 拣货单录入 3

(9)勾选拣货单,单击“批准”,单击“确认”。如图 5.3.30 至图 5.3.32 所示。

系统批准之后，拣选工作人员就开始进行窄巷道叉车拣选操作，将处于窄通道货架上的货物使用叉车搬运至窄巷道的货架外，放在地面区域，选择需要拣选的货物，并将余下货物使用叉车再次上架。

拣货工作人员完成拣选后，将拣选单进行确认。确认之后，拣选结束，进入发货环节。

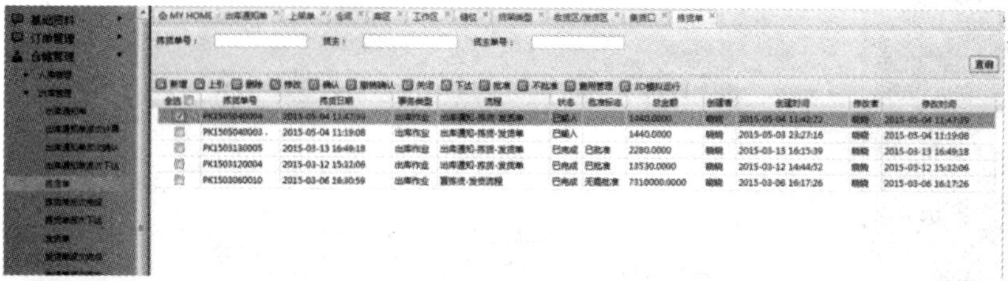

图 5.3.30　拣货单批准

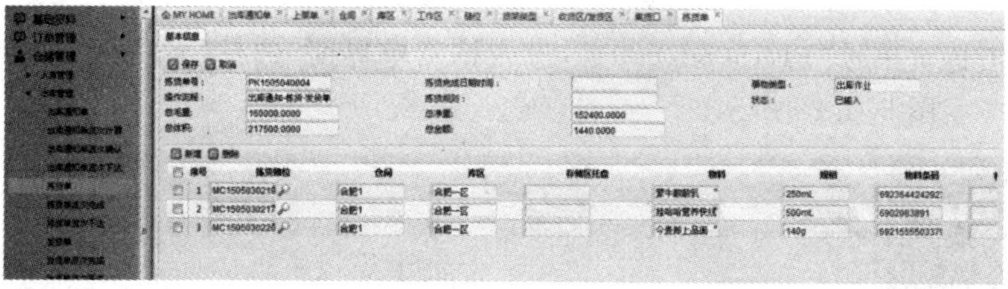

图 5.3.31　拣货单批准录入界面 1

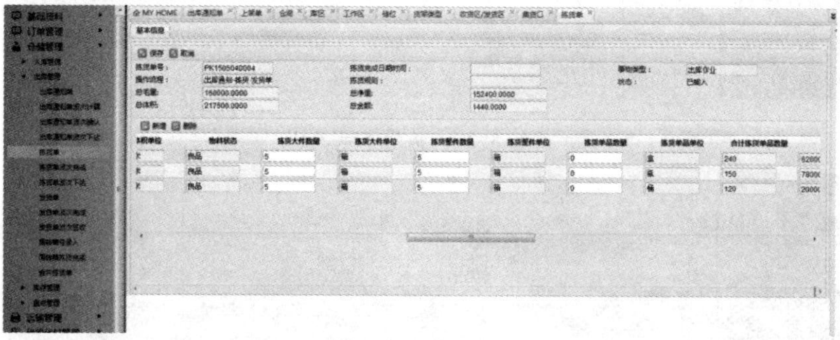

图 5.3.32　拣货单批准录入界面 2

单击图 5.3.32 中“保存”按钮，出现图 5.3.33 所示界面，将该单据勾选，单击“确认”。

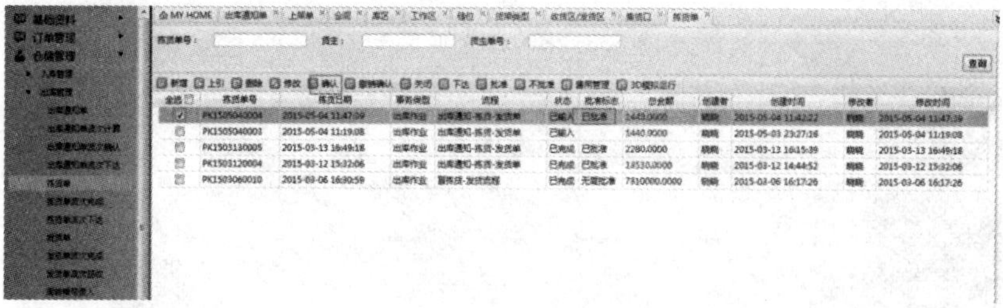

图 5.3.33　拣货单确认

(10)单击系统左侧“出库管理”→“发货单”，单击“上引拣货单”，勾选拣货单“PK1505040004”，单击“确认”。如图 5.3.34 至图 5.3.38 所示。

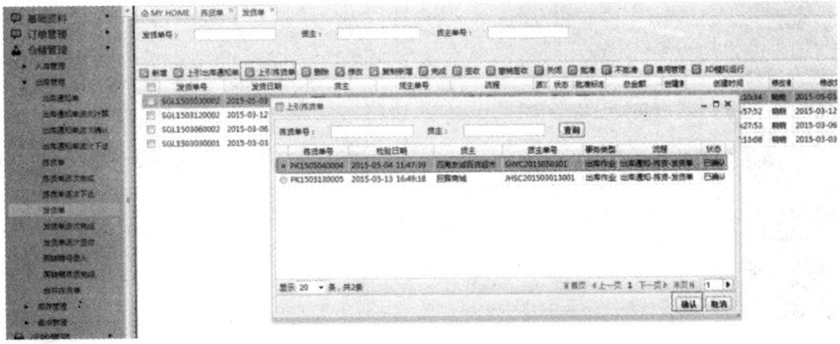

图 5.3.34　生成发货单

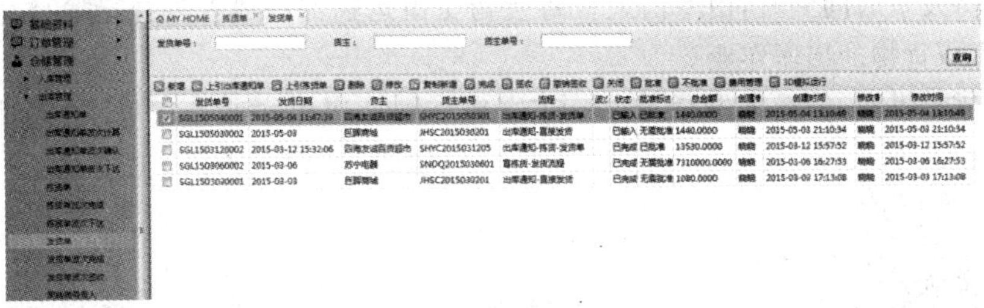

图 5.3.35　修改发货单

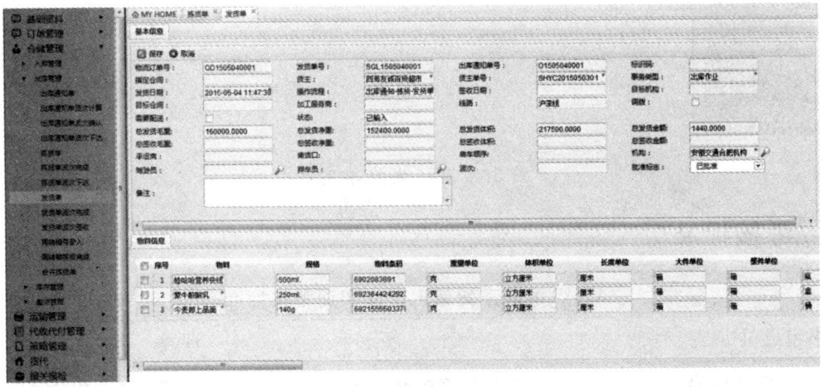

图 5.3.36　发货单信息录入 1

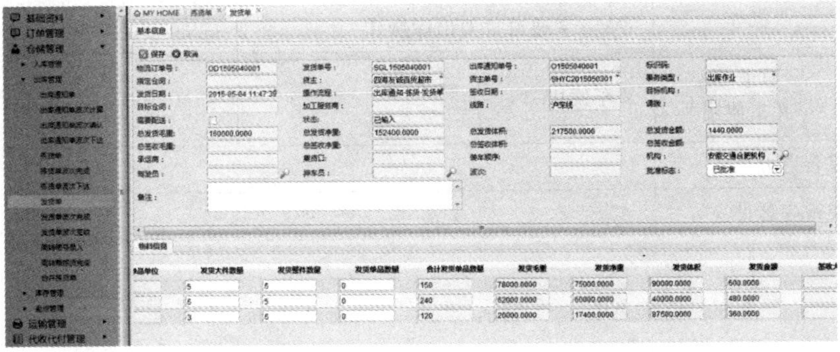

图 5.3.37　发货单信息录入 2

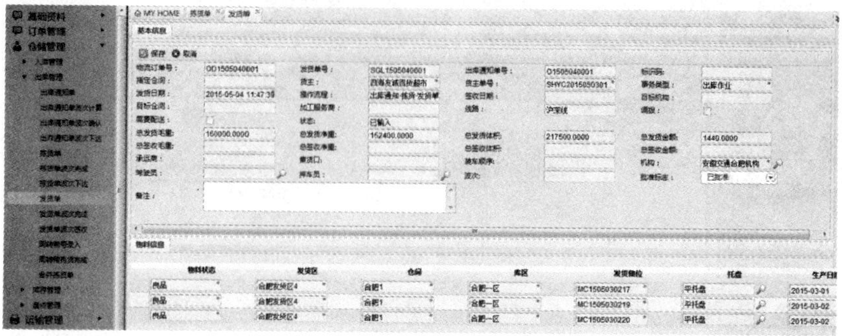

图 5.3.38 发货单信息录入 3

(11)待发货时间到时,由专门人员将货物交由运输部门或者外包运输公司,货物发出后,即完成货物的出库作业。

在发货单界面,勾选该发货单,单击“完成”,则这次出库业务完成,发货成功,如图5.3.39所示。

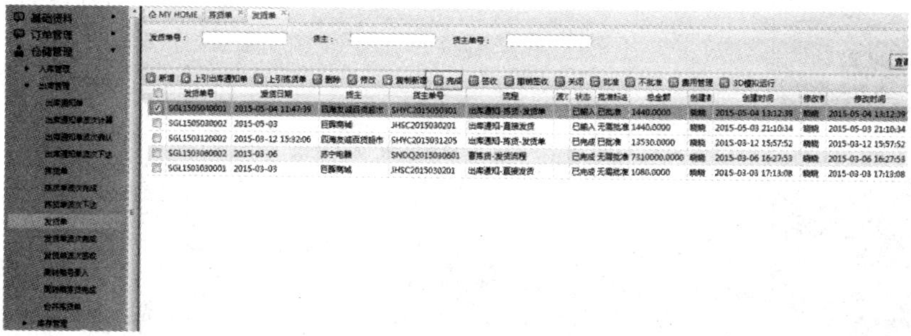

图 5.3.39 发货单完成

3.4 考核标准

WMS 窄通道货架入出库实训考核标准

小组成员			评委		
序号	考核内容	考核标准	分值	扣分	得分
1	WMS 入出库操作	WMS 窄通道货架入库操作	30		
2		WMS 窄通道货架出库操作	30		
3	窄通道货架叉车使用	叉车使用	40		
综合得分					
评委指导意见					

项目四 WMS箱盒式自动化立体仓库入出库实训

4.1 实训项目说明

实训课时

2 学时。

实训目标

(1)熟悉 WMS 箱盒式自动化立体仓库入出库的操作。

(2)掌握箱盒式自动化立体仓库的入出库作业。

实训内容

(1)WMS 软件入出库流程操作。

(2)堆垛机控制系统操作。

(3)箱盒式自动化立体仓库入出库业务操作。

材料准备

苏宁电器与三星电子合作,共同举办一个促销活动,需要全国铺货。2015 年 5 月 4 日,苏宁电器袁小姐与安徽交通合肥机构刘先生联系,通知将有一批三星手机到货,要求安徽交通合肥机构在箱盒式自动化立体仓库划拨一个储位直接上架,并将入库信息以邮件形式发送给安徽交通合肥机构刘先生。入库货物信息见表 5.4.1。预计到货时间为 2015 年 5 月 4 日,入库单号为 SNDQ2015050401。

表 5.4.1 入库货物明细表

代码	名称	供应商	规格	批次	生产日期	大件数量	大件单位	整件数量	整件单位	单品数量	单品单位
SXSJ	三星手机	三星电子	NOTE2	001	2015.03.03	0	箱	50	打	20	盒

2015 年 3 月 6 日,安徽交通合肥机构接到苏宁电器的紧急出库通知邮件。出库货物信息见表 5.4.2。出库日期为 2015 年 3 月 6 日。

表 5.4.2 出库货物明细表

代码	名称	大件数量	大件单位	整件数量	整件单位	单品数量	单品单位
SXSJ	三星手机	0	箱	10	箱	10	盒

4.2 知识链接

1.箱盒式自动化立体仓库

箱盒式自动化立体仓库是一种高速度、高密度仓储设备,可以代替传统的固定货架,在保持紧凑的占地面积的同时，将垂直存储空间最大化。箱盒式自动化立体仓库可以移动和存储放置堆栈包袋、可折叠式包袋、套装式集装箱和盒子/硬纸板箱中的不规则外形的货物或部件。通过输送机、货叉、侧带、侧夹、有轨无人分拣搬运车（STV）或自动导引小车（AGV）向箱盒式自动化立体仓库运输货物。

从货物或部件入出库到搬运，箱盒式自动化立体仓库实现了仓储作业的完全自动化，既安全，又有效率。一按电钮，即可准确、迅速地对货物或部件进行处理。

箱盒式自动化立体仓库可以移动和存储放置各种不规则外形的货物或部件。通过堆垛机、输送机、叉车、有轨穿梭车（RGV）或自动导引小车（AGV）使各箱盒式货物在各物流环节上流通。

自动化立体仓库（AS/RS）是由立体货架、有轨巷道堆垛机、入出库托盘输送机系统、尺寸检测条码阅读系统、通信系统、自动控制系统、计算机监控系统、计算机管理系统以及其他如电线电缆桥架配电柜、托盘、调节平台、钢结构平台等辅助设备组成的复杂的自动化系统。该仓库运用一流的集成化物流理念，采用先进的控制、总线、通信和信息技术，通过以上设备的协调动作进行入出库作业。如图 5.4.1 所示。

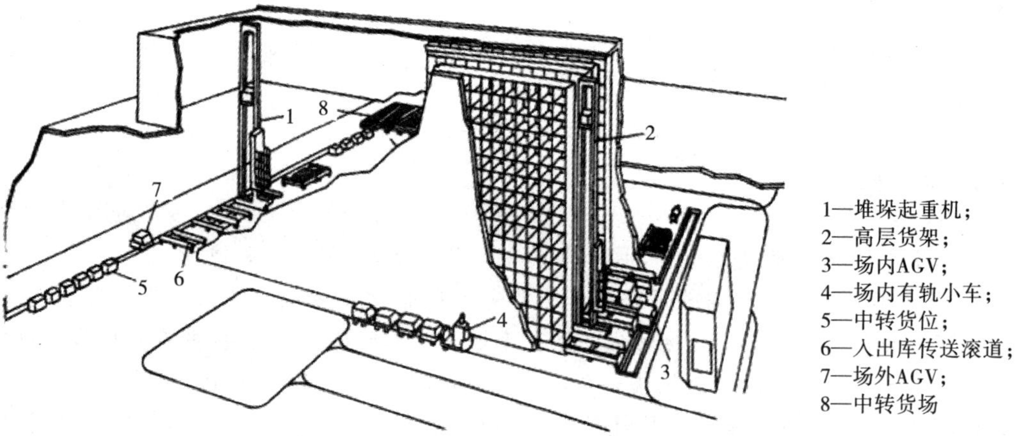

图 5.4.1 自动化立体仓库

2. 自动化立体仓库的高度尺寸

就实际应用而言，自动化立体仓库参数选择中最重要的就是高度尺寸选择。高度尺寸直接影响配送中心内部布局的占地面积、长度、宽度、起重运输机械的装卸效率以及技术经济指标的选择。

影响货架高度选择的因素包括货物吞吐量、货物周转率、订货发送时的配套方式等。

许多国家的研究成果表明，自动化立体仓库的最佳高度取决于库容量。当容量为 1000 托至 4000 托时，高度为 12.6m 的自动化立体仓库效费比最佳；当容量为 6000 托时，高度为 16.2m 的自动化立体仓库效费比最佳。自动化立体仓库的最佳高度一般是 15～20m。

3. 自动化立体仓库应用注意事项

自动化立体仓库的堆垛设备在存取货过程中需要反复来回运动（意味着自动化立体仓库的最高利用率理论上只有 50%），而自动化立体仓库的长度通常较长（120～150m），为了提高其使用效率，通常只允许使用自动化立体仓库进行整托盘货品进出。如果因业务需要进行自动化立体仓库货物拆板，那么出于经济效费比考虑，至少需要拆掉整板货物的40%才比较合适。

4.安徽交通职业技术学院物流实训室箱盒式自动化立体仓库

自动化立体仓库轻型箱盒系统是专门为轻型小载荷货物设计制造的，特别适合各种电子元件、小型机械零部件、五金、药品等货物。自动化立体仓库轻型箱盒系统将使工厂的零备件仓储管理和工厂的生产管理有机结合起来，使现代物流管理更加快捷、准确。

货架系统：2×20×9=360；

有轨堆垛机：结构形式为双立柱；

仓库高度：5m；

运行速度：120m/min。

如图5.4.2至图5.4.4所示。

图5.4.2　安徽交通职业技术学院物流实训室的自动化立体仓库1

图5.4.3　安徽交通职业技术学院物流实训室的自动化立体仓库2

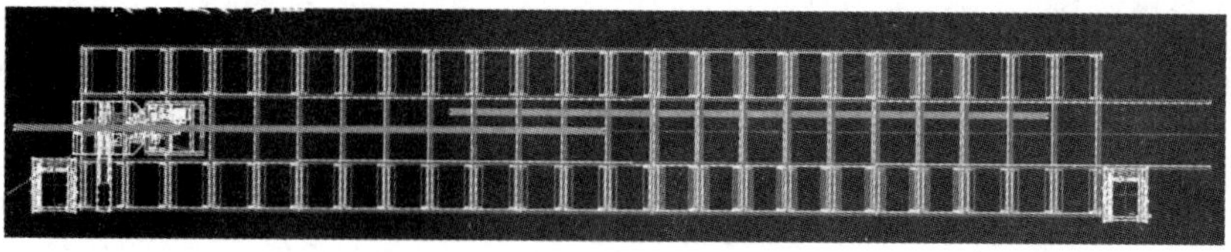

图 5.4.4 安徽交通职业技术学院物流实训室的自动化立体仓库示意图

4.3 WMS 箱盒式自动化立体仓库入出库实训操作

1.WMS 箱盒式自动化立体仓库入库实训步骤(入库→直接上架)

(1)2015 年 3 月 5 日，安徽交通合肥机构先将接收的信息录入系统，单击系统左侧“入库管理”→“入库通知单”，如图 5.4.5 所示。

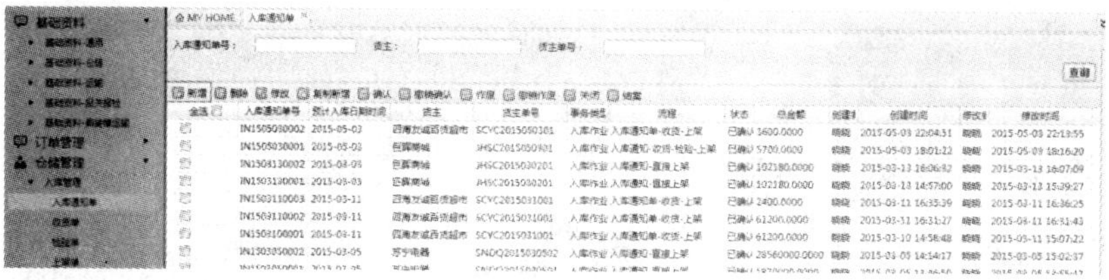

图 5.4.5 入库通知单列表界面 1

(2)单击“新增”，进入入库通知单表单界面，录入货主“苏宁电器”、货主单号“SNDQ2015050401”、下单日期“2015－05－04”、预入库日期“2015－05－04”，选择事务类型“入库作业”、操作流程“入库通知单一直接上架”，然后单击“保存”，如图 5.4.6所示。

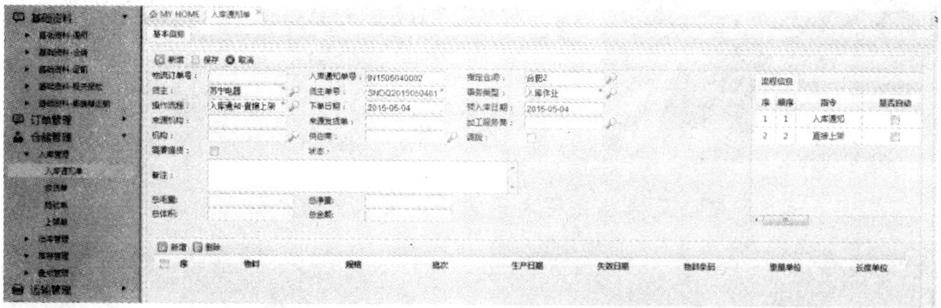

图 5.4.6 入库通知单信息录入 1

(3)再次打开该入库通知单，如图 5.4.7 所示。

图 5.4.7 入库通知单列表界面 2

单击系统下方“新增”，将苏宁电器提供的入库信息输入入库通知单，单击 选择物料，录入批次、生产日期、大件数量、整件数量，单击“保存”，如图 5.4.8 和图 5.4.9所示。

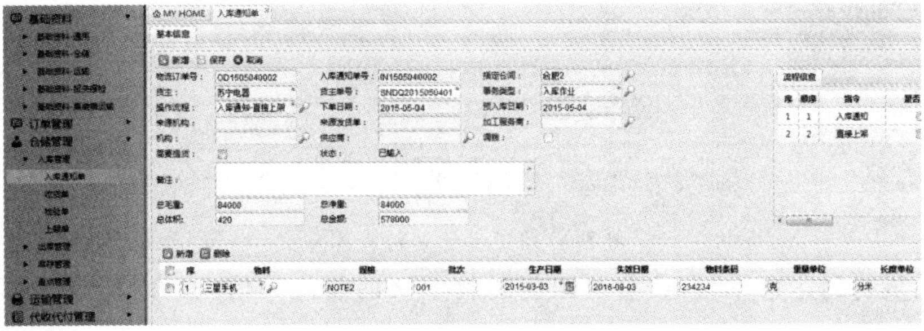

图 5.4.8　入库通知单信息录入 2

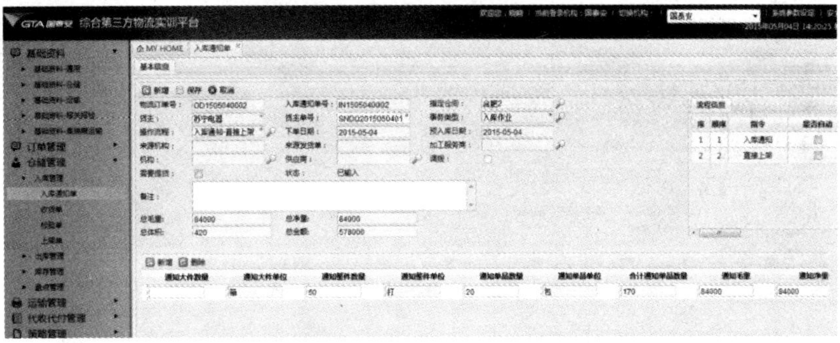

图 5.4.9　入库通知单信息录入 3

(4)核对入库通知单信息,如果信息无误,在入库通知单列表界面勾选入库通知单“IN1505040002”,单击“确认”,如图 5.4.10 所示。

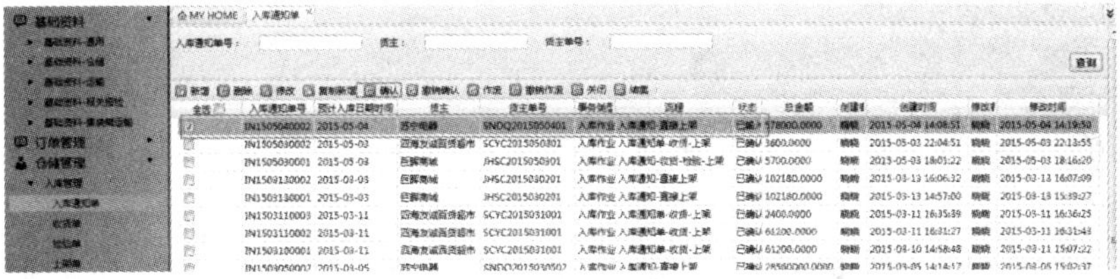

图 5.4.10　入库通知单确认

(5)2015 年 5 月 4 日,苏宁电器的货物到达安徽交通合肥机构,进入收货环节,在入库通知单列表界面单击入库通知单“IN1505040002”,进入入库通知单界面,单击“下推”生成收货单,如图 5.4.11 所示。

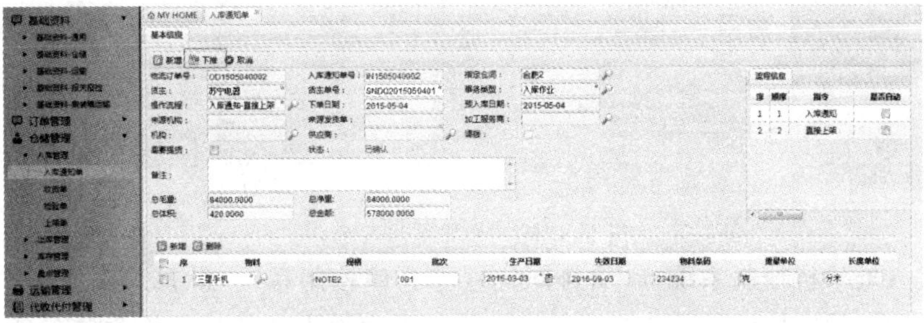

图 5.4.11　入库通知单下推

(6)单击系统左侧“入库管理”→“收货单”,进入收货单列表界面,如图 5.4.12 所示。

图 5.4.12　收货单列表界面

(7)当货物到达仓库时,收货员根据货物上架的储位等信息,做好货物的入库收货准备。

系统操作员单击收货单“S1505040002”,进入收货单界面,录入收货日期,选择仓间、收货区、收货储位,单击“保存”,如图 5.4.13 和图 5.4.14 所示。

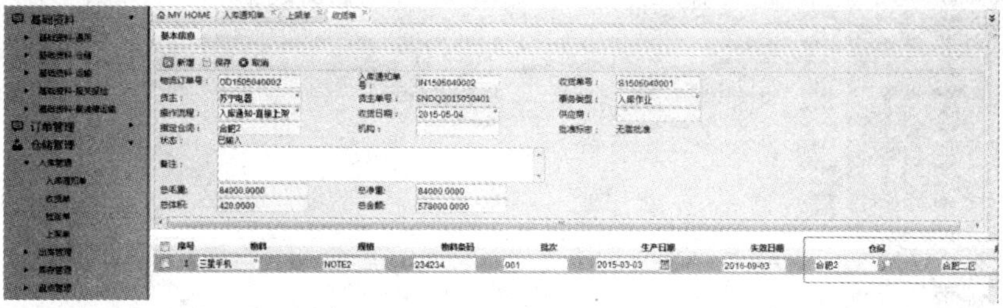

图 5.4.13　收货单信息录入 1

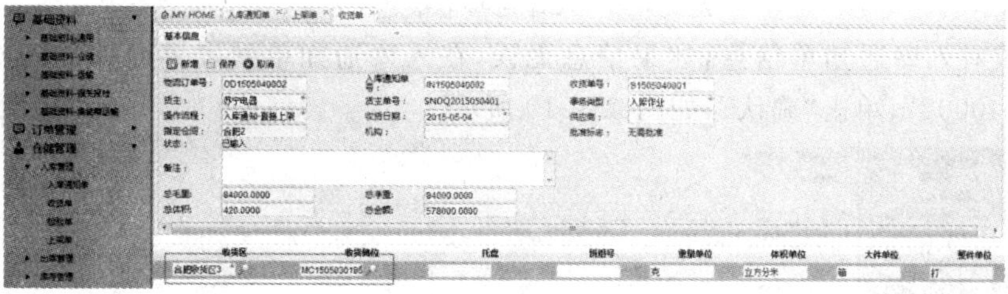

图 5.4.14　收货单信息录入 2

(8)单击“保存”后,系统自动跳转收货单界面,勾选收货单“S1505040002”,单击“确认”,则这次入库业务完成,无须进入上架环节,如图 5.4.15 所示。

图 5.4.15　收货单信息确认

(9)进入堆垛机控制系统,启动自动化立体仓库控制系统,设置入库作业信息,输入货物入库条码,设定储位号并执行。操作员将需要存放上架货物的箱盒放在自动化立体仓库进货口处,自动化设备对箱盒侧面的条码进行扫描,自动化立体仓库会根据条码以及堆垛机控制系统的信息储位要求将货物存入自动化立体仓库规定的储位中(该步骤由实训室中堆垛机控制系统完成)。完成入库后,再对步骤(8)中的货物收货单进行确认,即完成箱盒式自动化立体仓库的入库操作。

2. WMS 箱盒式自动化立体仓库出库实训步骤(盲拣货→发货流程)

(1)因为是盲拣货→发货流程,故从拣货开始,单击系统左侧"出库管理"→"拣货单",如图 5.4.16 所示。

图 5.4.16 拣货单列表界面

(2)单击"新增",创建一个新的拣货单,录入事务类型、货主、操作流程、线路、货主单号、拣货日期时间,如图 5.4.17 所示。

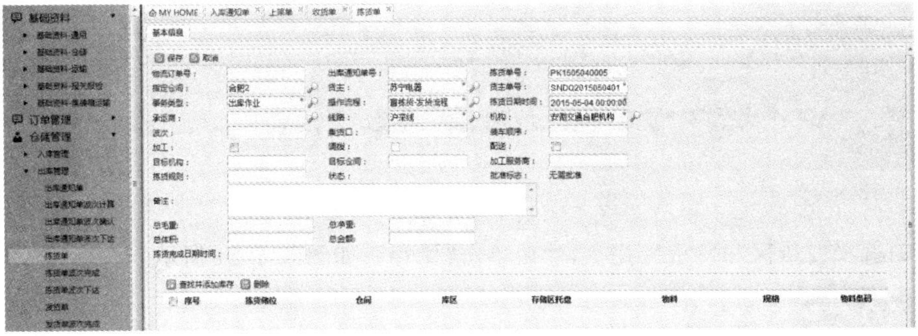

图 5.4.17 拣货单信息录入 1

(3)单击"查找并添加库存",勾选物料,单击"确认"。如图 5.4.18 所示。

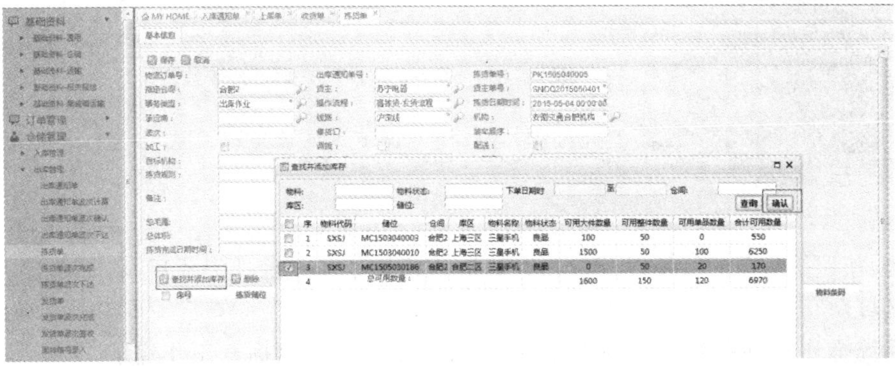

图 5.4.18 拣货单信息录入 2

(4)录入数量,如图 5.4.19 和图 5.4.20 所示。

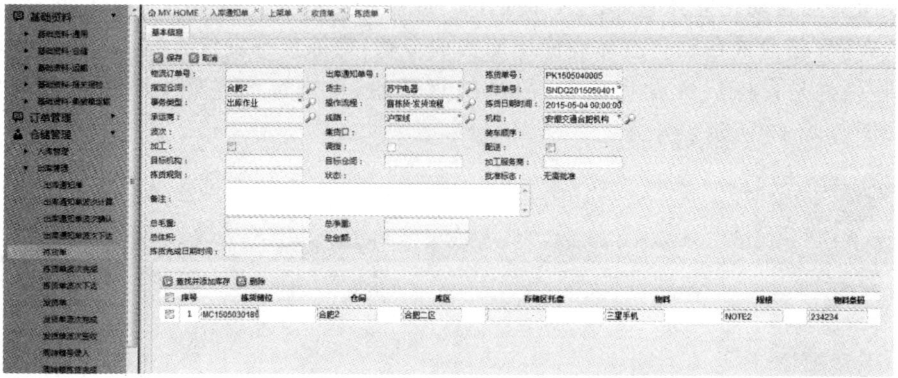

图 5.4.19 拣货单信息录入 3

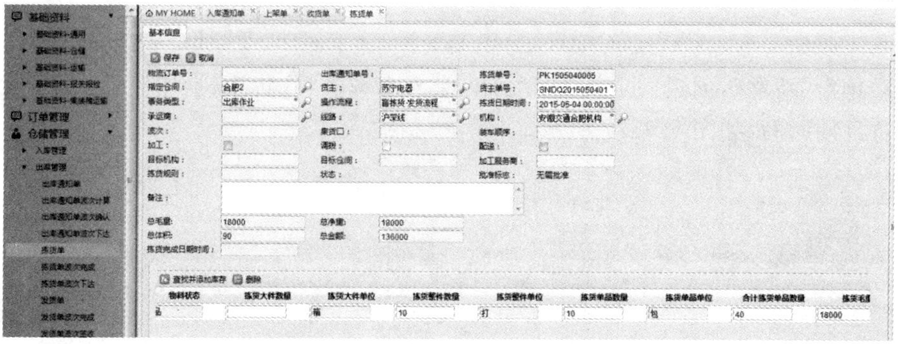

图 5.4.20 拣货单信息录入 4

(5)选择发货区和发货区托盘,然后单击“保存”,如图 5.4.21 所示。

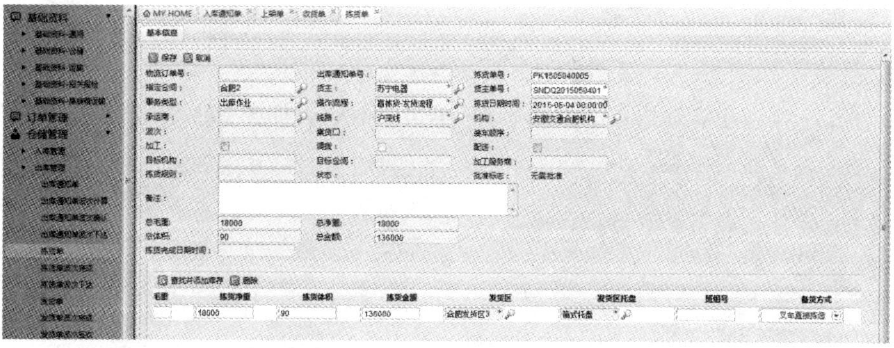

图 5.4.21 拣货单信息录入 5

(6)按照拣货单的货位以及货物数量进行拣选工作。拣选完成后,将货物统一放入理货区域。

系统操作员在系统中勾选拣货单,单击“确认”,至此拣选工作完成,如图 5.4.22 所示。

图 5.4.22　拣货单确认

(7)勾选拣货单,单击“下达”,生成发货单,如图 5.4.23 所示。

图 5.4.23　拣货单下达

(8)单击系统左侧“出库管理”→“发货单”,查到货主单号为 SNDQ2015050401 的那列,单击其发货单号“SGL15005040002”,如图 5.4.24 所示。进入发货单界面,录入发货日期,单击“保存”,发货单录入完成,如图 5.4.25 所示。

图 5.4.24　发货单界面

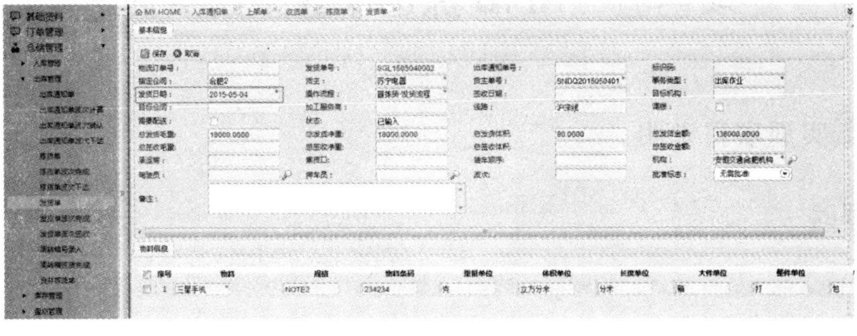

图 5.4.25　发货单录入

(9)单击“保存”后,系统自动跳转至发货单列表界面,勾选拣货单,单击“完成”,此次盲拣货→发货流程完成,如图 5.4.26 所示。

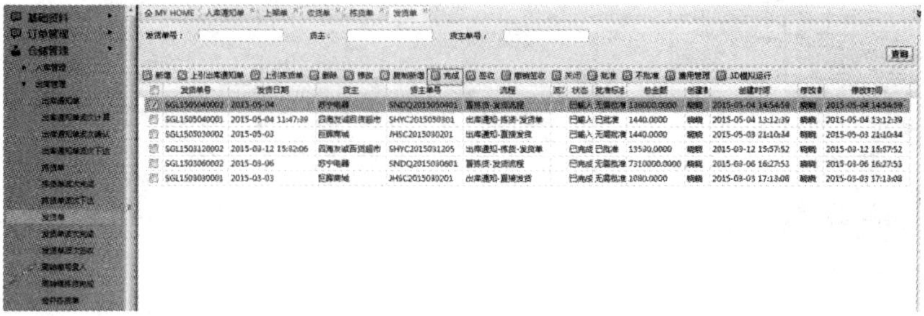

图 5.4.26 发货单完成

(10)进入堆垛机控制系统,启动自动化立体仓库控制系统,设置出库作业信息,输入货物储位条码并执行。堆垛机控制系统将从自动化立体仓库中将该储位上的货物取出,并移动至出库台。这时候,仓库操作员将出库台的货物搬到理货区,将所需要的数量拣选出来,并将余下的货物存入自动化立体仓库中,即完成箱盒式自动化立体仓库的出库操作。

4.4 考核标准

WMS 箱盒式自动化立体仓库入出库实训的操作考核标准

小组成员			评委		
序号	考核内容	考核标准	分值	扣分	得分
1	WMS 箱盒式自动化立体仓库入出库操作	WMS 入库操作	40		
2		WMS 出库操作	40		
3		堆垛机控制系统入库操作	10		
4		堆垛机控制系统出库操作	10		
综合得分					
评委指导意见					

项目五 RFID 拣选作业系统实训

5.1 实训项目说明

实训课时

4 课时。

实训目标

(1)学会使用 RFID 拣选设备操作。

(2)掌握 WMS 拣选策略设置及拣选操作。

实训内容

(1)WMS 系统的拣选流程操作。

(2)实训室 RFID 拣选操作。

材料准备

2015 年 3 月 13 日,上海三通物流机构工作人员开始对货主发来的出库单进行拣货,其中一份出库单是巨晖商城的出库拣货单,需要拣货的货物种类和数量见表 5.5.1。上海三通物流公司工作人员进行货物拣选工作。

表 5.5.1　出库货物明细表

代码	名称	供应商	规格	大件数量	大件单位	整件数量	整件单位	单品数量	单品单位
WHHYYKX	娃哈哈营养快线	杭州娃哈哈集团有限公司	500mL	0	箱	0	箱	2	瓶
WHHBBZ	娃哈哈八宝粥	杭州娃哈哈集团有限公司	360mL	0	箱	0	箱	2	瓶

5.2　知识链接

RFID 是 Radio Frequency Identification 的缩写,即射频识别。RFID 常被称为"感应式电子晶片""近接卡""感应卡""非接触卡""电子标签"或"电子条码"等。一套完整的 RFID 系统由 Reader 与 Transponder 两部分组成,其动作原理是:由 Reader 发射一特定频率的无限电波给 Transponder,以驱动 Transponder 电路将其内部的 ID Code 送出,此时 Reader 便接收此 ID Code。Transponder 的特殊之处在于免用电池、免接触、免刷卡,故不怕脏污,且晶片密码唯一,无法复制,安全性高,寿命长。RFID 标签分为有源标签和无源标签 2 种。

安徽交通职业技术学院物流实训室采用的是不干胶材质超高频电子标签。如图 5.5.1所示。

图 5.5.1　不干胶材质超高频电子标签

5.3　RFID 拣选作业系统实训操作

1.建立拣货策略对象

(1)单击"策略管理"→"拣货策略对象",如图 5.5.2 所示。

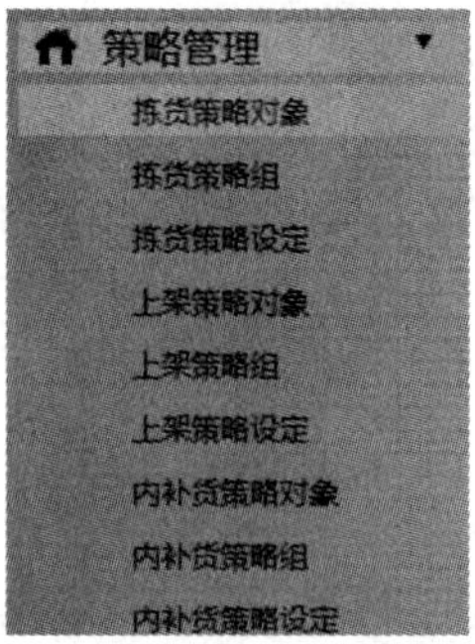

图 5.5.2 拣货策略对象

(2)单击“新增”,录入名称,选择数据源对象,新建拣货策略对象,一定要分别新建以“出库通知单”和“库存”为数据源对象的策略对象,否则策略无法运算。如图5.5.3所示。

图 5.5.3 新增拣货策略对象 1

(3)单击“新增”,选择策略对象属性、映射属性、映射资料类型,如图 5.5.4 所示。具体的策略对象属性对应参见拣货策略对象表(本项目 5.5 附录)。

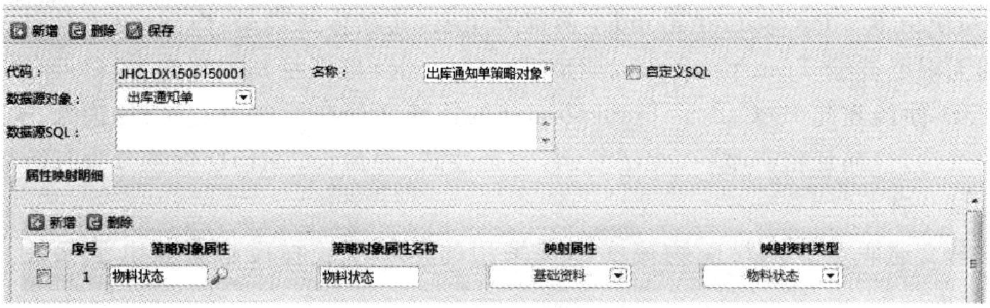

图 5.5.4 新增拣货策略对象 2

(4)根据以上步骤,新建以“库存”为数据源对象的拣货策略对象,如图 5.5.5 所示。

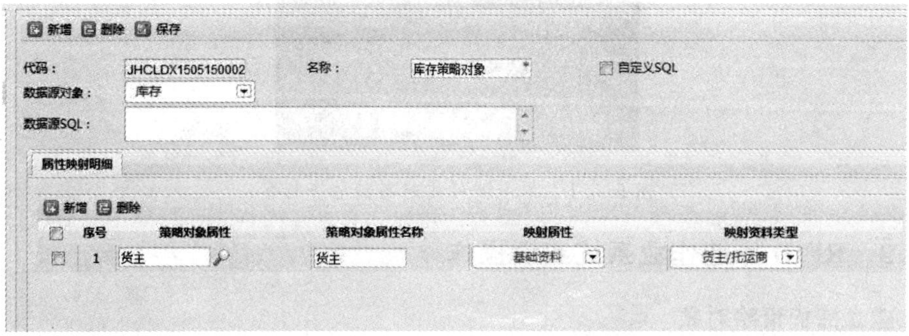

图 5.5.5 新增拣货策略对象 3

2.建立拣货策略组

(1)单击"策略管理"→"拣货策略组",如图 5.5.6 所示。

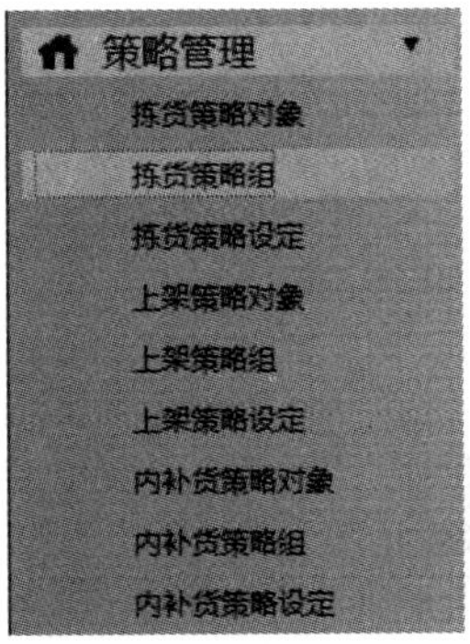

图 5.5.6　拣货策略组

(2)单击"新增",录入名称,选择机构、处理对象、资源对象、处理对象,选择策略对象建好的"出库通知单策略对象","资源对象"选择策略对象建好的"库存策略对象";录入顺序,该顺序为此策略对象组在所有拣货策略对象组中运算的顺序。如图 5.5.7 所示。

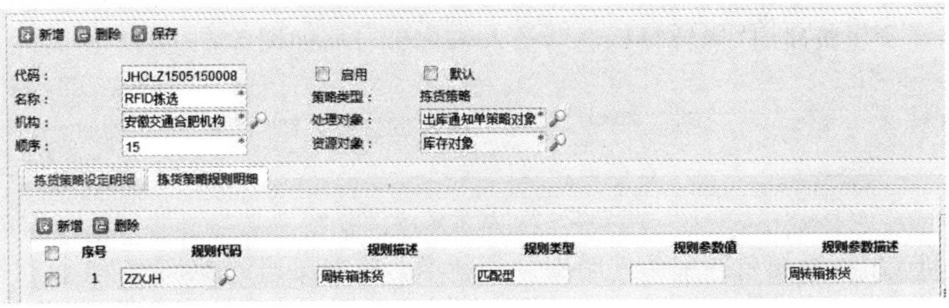

图 5.5.7　拣货策略

(3)单击"拣货策略规则明细"。因为这个案例是用周转箱拣选的,所以该策略组规则选择"周转箱拣货",如图 5.5.8 所示。

图 5.5.8　拣货策略规则明细 1

(4)单击"保存",如图 5.5.9 所示。

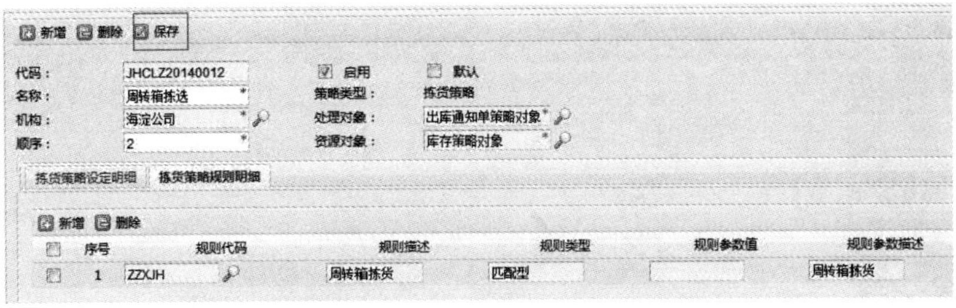

图 5.5.9　拣货策略规则明细 2

3.建立拣货策略设定

(1)单击“策略管理”→“拣货策略设定”→“新增”,如图 5.5.10 和图 5.5.11 所示。

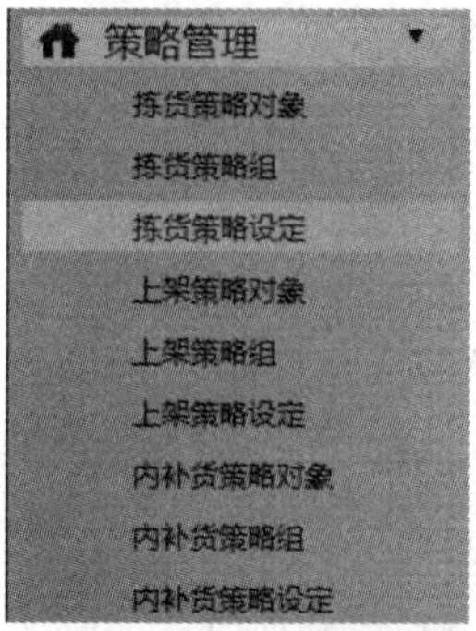

图 5.5.10 策略管理

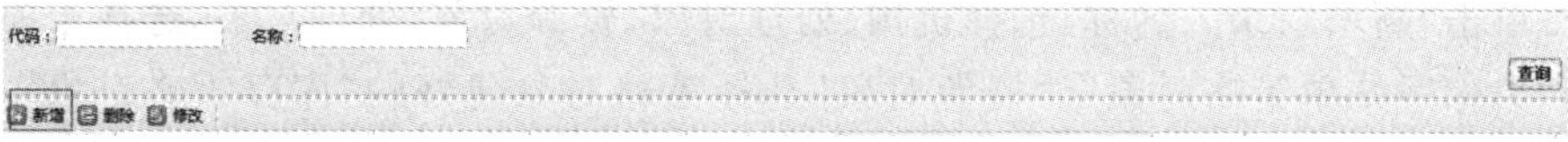

图 5.5.11 拣货策略设定 1

(2)选择所属策略组“周转箱拣选”,录入名称、顺序,如图 5.5.12 所示。

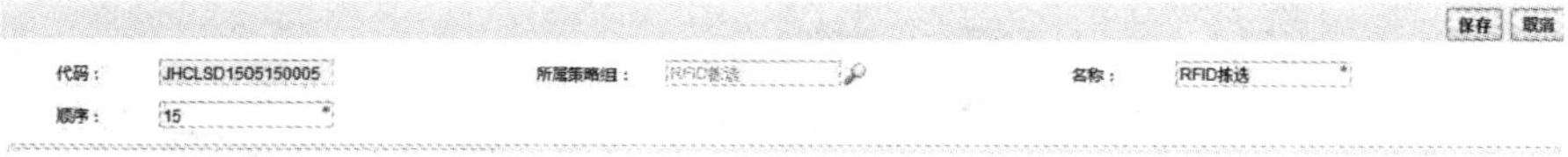

图 5.5.12 拣货策略设定 2

(3)单击“出库通知单匹配条件明细”→“新增”,选择处理对象属性“物料状态”,该处理对象为所属策略组的处理对象映射具体值→“值”,如图 5.5.13 所示。

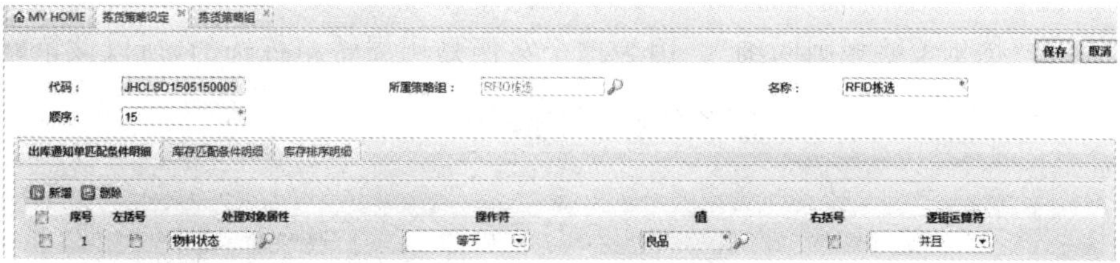

图 5.5.13 拣货策略设定 3

(4)单击“库存匹配条件明细”→“新增”,选择资源对象属性“货主”,该资源对象为所属策略组的资源对象映射具体值→“值”,如图 5.5.14 所示。

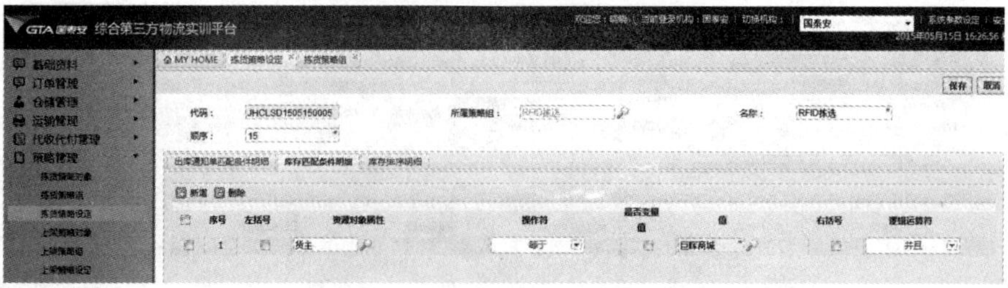

图 5.5.14 拣货策略设定 4

（5）单击“库存排序明细”→“新增”，选择资源对象属性“货主”→“升序/降序”，单击“保存”，如图 5.5.15 所示。

图 5.5.15　拣货策略设定 5

（6）设定保存好的拣货策略，添加到上一步保存的拣货策略组中，单击“拣货策略设定明细”→“新增”，选择策略设定代码“周转箱拣选”，勾选“启用”，单击“保存”，周转箱拣货策略新建完成，如图 5.5.16 所示。

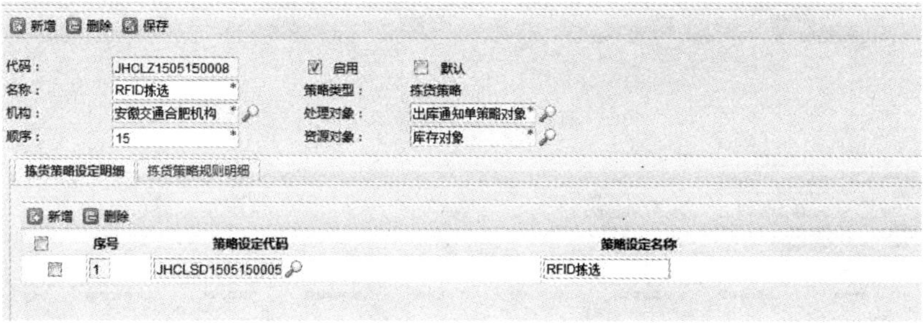

图 5.5.16　拣货策略设定 6

4.出库管理－周转箱拣选

（1）以案例为资料，新建一个出库通知单，请注意货主为“巨晖商城”，物料为“娃哈哈八宝粥、娃哈哈营养快线”，物料设置了周转箱拣选。如图 5.5.17 和图 5.5.18 所示。

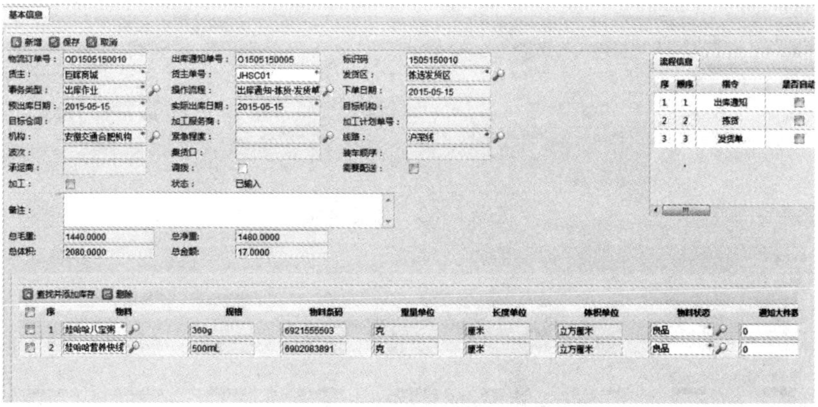

图 5.5.17　出库通知单 1

图 5.5.18　出库通知单 2

(2)在拣货单界面可以看到该拣货单储位,如图 5.5.19 至图 5.5.24 所示。

图 5.5.19 拣货单 1

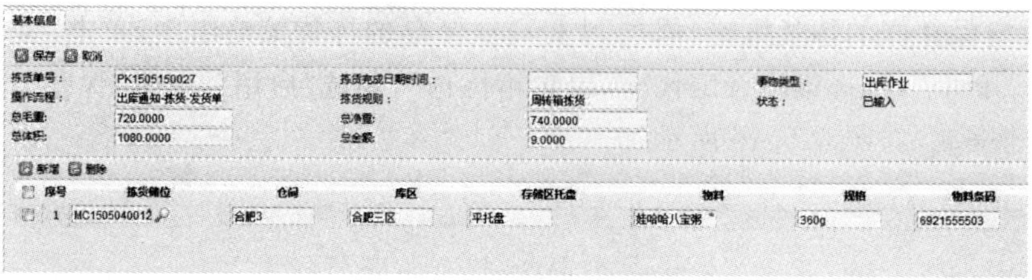

图 5.5.20 拣货单 2

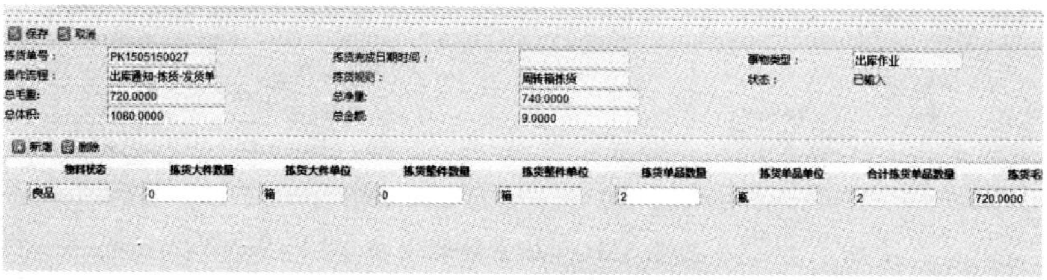

图 5.5.21 拣货单 3

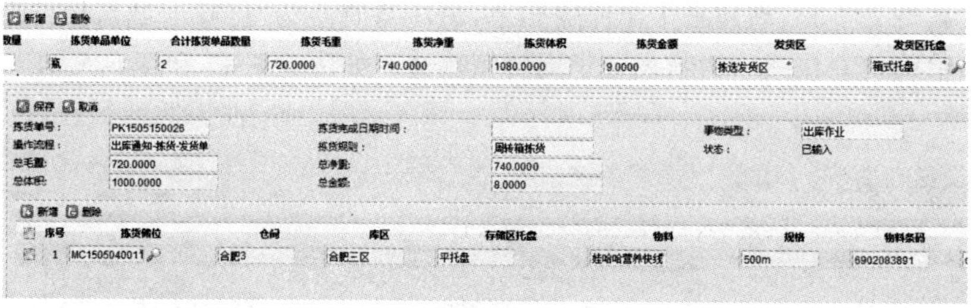

图 5.5.22 拣货单 4

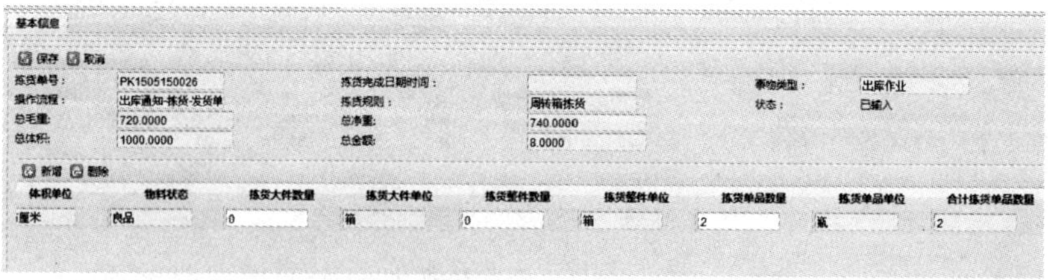

图 5.5.23 拣货单 5

图 5.5.24 拣货单 6

(3)单击“出库管理”→“周转箱号录入”,可以看到该拣货单形成的周转箱拣选任务,单击🔍,绑定周转箱号,如图 5.5.25 和图 5.5.26 所示。

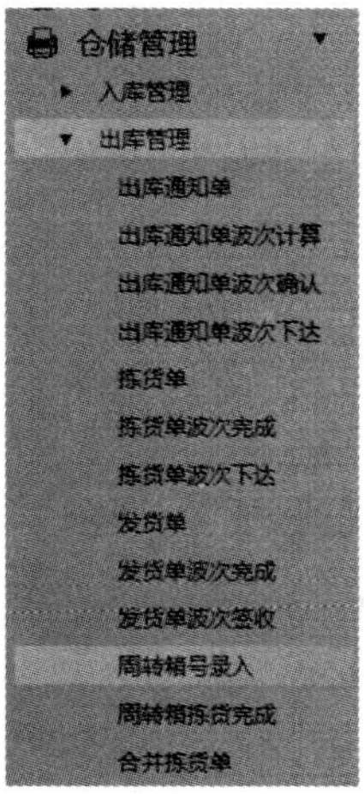

图 5.5.25　周转箱录入 1

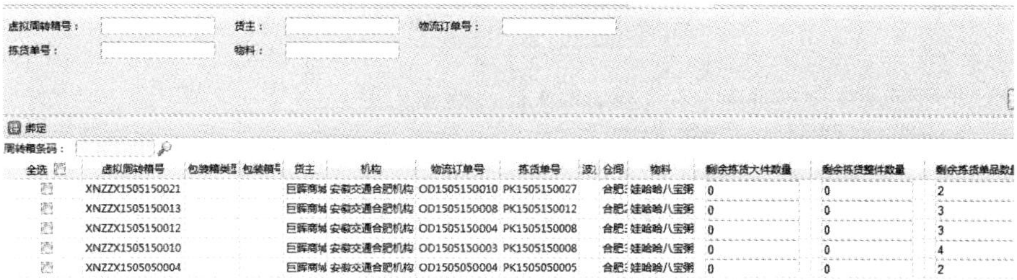

图 5.5.26　周转箱录入 2

这里可以看见周转箱剩余拣选数量为 2。

(4)勾选这条拣选任务,单击🔍,绑定周转箱,即可进行拣选。

(5)进入手持 RF 界面,执行周转箱拣选任务,录入用户名和密码,单击“登录”,如图 5.5.27 所示。

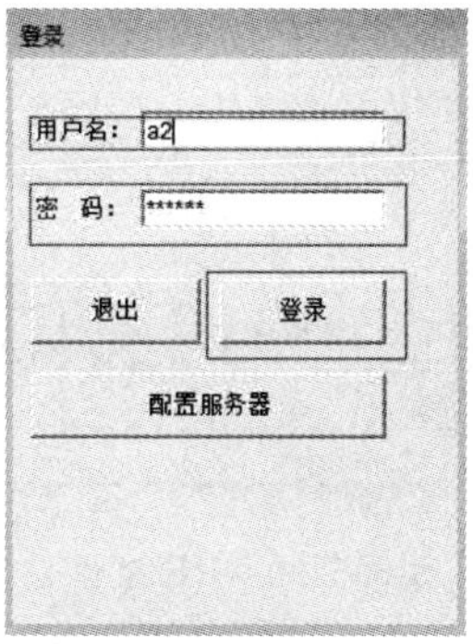

图 5.5.27　用户登录 1

①选择公司名称和登录机构，单击“确定”，如图 5.5.28 所示。

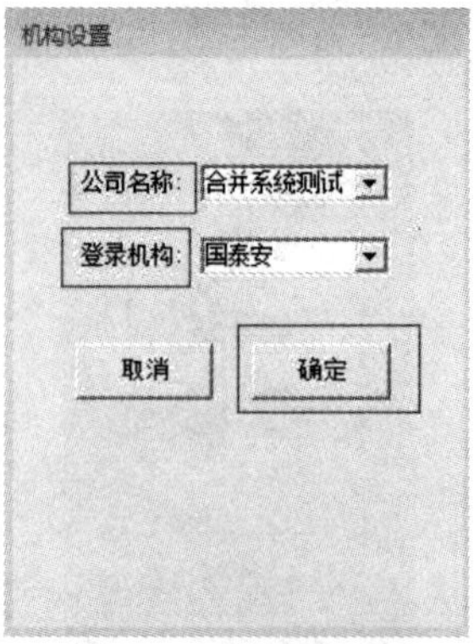

图 5.5.28　用户登录 2

②单击“出库”，选择周转箱发货，如图 5.5.29 所示。

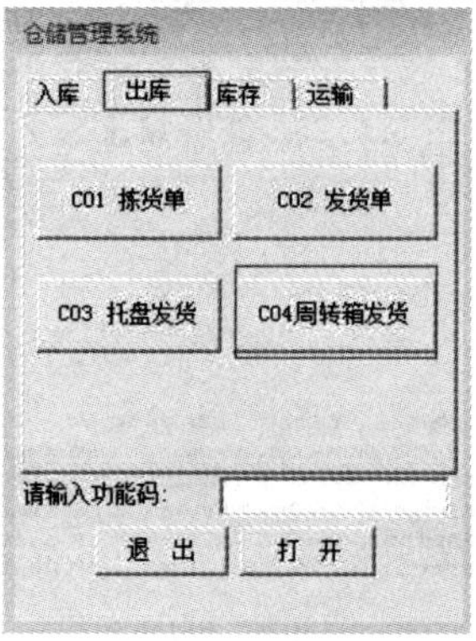

图 5.5.29　RF 操作 1

③单击“周转箱”，录入周转箱号，也用 RF 扫码周转箱号，单击“添加”，进入下一个界面，如图 5.5.30 所示。

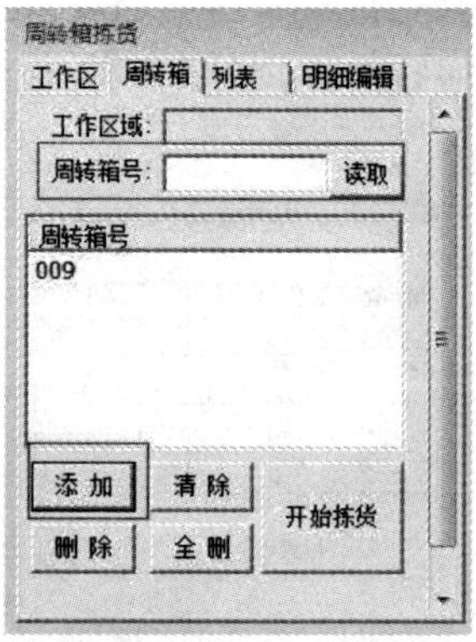

图 5.5.30　RF 操作 2

④选中周转箱号，单击“开始拣货”，进入下一个界面，单击“打开”，如图 5.5.31 所示。

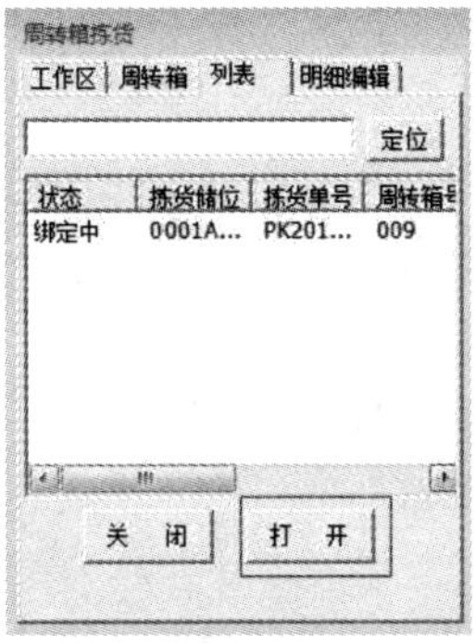

图 5.5.31　RF 操作 3

⑤出现拣货明细，单击“发送”，即将数据发送至电子标签货架，电子标签亮灯，开始拣选货物，然后拍灭亮灯。完成拣选后，在 RF 界面单击“完成”，如图 5.5.32 所示。

图 5.5.32　RF 操作 4

单击“完成”时，出现如图 5.5.33 所示对话框，单击“确定”。

图 5.5.33　RF 操作 5

(6)单击“出库管理”→“周转箱拣货完成”界面，单击“查询”，即可看见 RF 操作周转箱拣选的拣货任务，绑定 BC009，如图 5.5.34 所示。

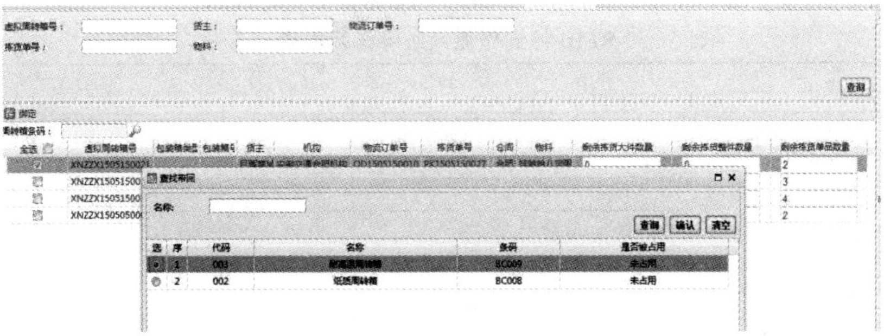

图 5.5.34　出库管理 1

(7)勾选该条记录，单击“完成”，即完成周转箱拣选任务，如图 5.5.35 所示。

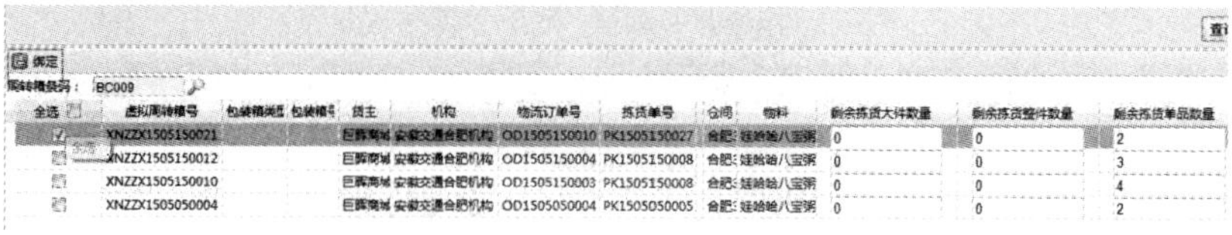

图 5.5.35　出库管理 2

(8)单击“出库管理”→“拣货单”，选择案例中的拣货单，可以看见拣货单中的拣货明细状态为“已绑定”，如图 5.5.36 所示。

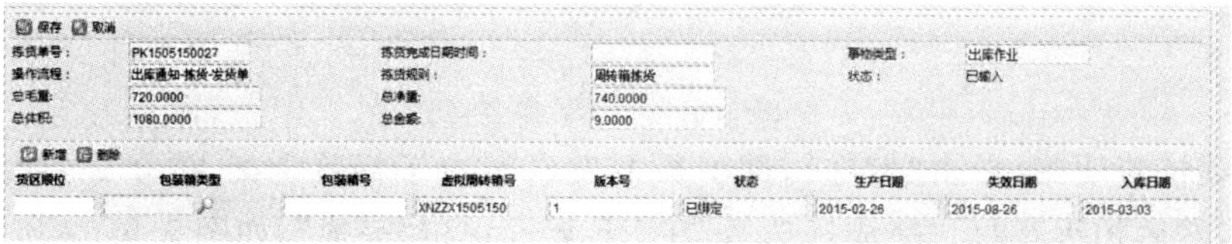

图 5.5.36　出库管理 3

(9)选择发货区和发货区托盘，单击“保存”，如图 5.5.37 所示。

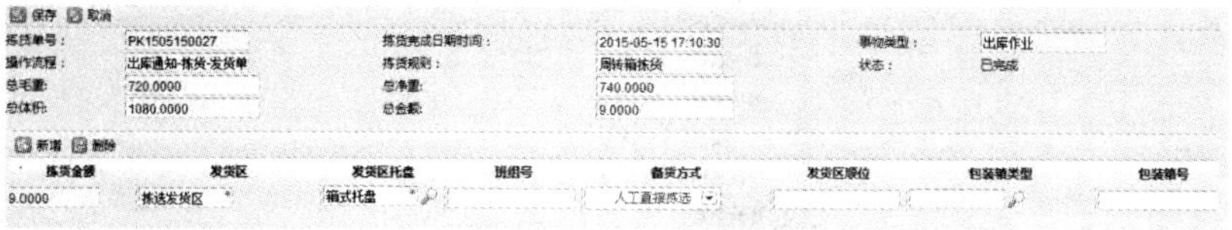

图 5.5.37　出库管理 4

(10)选中这条拣货单，单击“确认”“下达”，即可完成所有的拣货环节。拣货完成后，储位被占用的容量释放，储位的剩余容量增加。如图 5.5.38 所示。

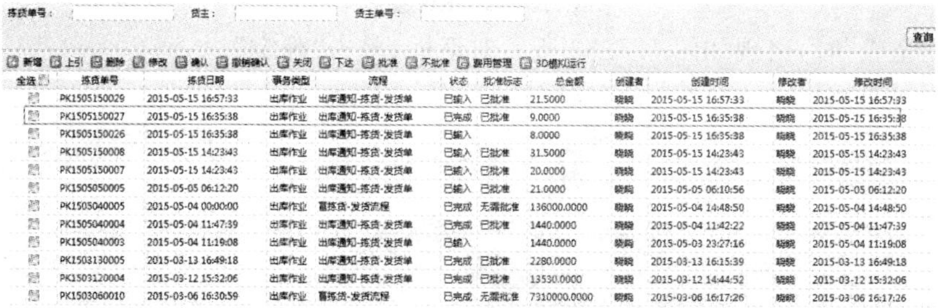

图 5.5.38　出库管理 5

5.4　考核标准

RFID 拣选作业系统考核标准表

小组成员			评委		
序号	考核内容	考核标准	分值	扣分	得分
1	RFID 拣选作业系统操作	WMS 拣货单操作	60		
2		RF 货架扫码	40		
综合得分					
评委指导意见					

5.5 附录

附录一

拣货策略对象策略对象属性对应表——出库通知单

数据源对象	出库通知单		
策略对象属性	策略对象属性名称	映射属性	映射资料类型
物料状态	物料状态	基础资料	物料状态
合计已拣货完成单品数量	合计已拣货完成单品数量	整数	
已拣货完成单品数量	已拣货完成单品数量	整数	
已拣货完成整件数量	已拣货完成整件数量	整数/小数	
已拣货完成大件数量	已拣货完成大件数量	整数/小数	
合计已拣货单品数量	合计已拣货单品数量	整数	
已拣货单品数量	已拣货单品数量	整数	
已拣货整件数量	已拣货整件数量	整数/小数	
已拣货大件数量	已拣货大件数量	整数/小数	
通知金额	通知金额	小数/整数	
通知体积	通知体积	小数/整数	
通知净重	通知净重	小数/整数	
通知毛重	通知毛重	小数/整数	
合计通知单品数量	合计通知单品数量	整数	
通知单品数量	通知单品数量	整数	
通知整件数量	通知整件数量	小数/整数	
通知大件数量	通知大件数量	小数/整数	
单品单位	单品单位	基础资料	计量体系
整件单位	整件单位	基础资料	计量体系
大件单位	大件单位	基础资料	计量体系
体积单位	体积单位	基础资料	计量体系
重量单位	重量单位	基础资料	计量体系
物料	物料	基础资料	物料
集货口	集货口	基础资料	集货口
线路	线路	基础资料	线路
物流订单号	物流订单号	单头 ID	
指定仓间	指定仓间	基础资料	仓间
目标仓间	目标仓间	基础资料	仓间
机构	机构	基础资料	机构
目标机构	目标机构	基础资料	机构
加工服务商	加工服务商	基础资料	加工服务商
总金额	总金额	小数/整数	
总体积	总体积	小数/整数	
总净重	总净重	小数/整数	
总毛重	总毛重	小数/整数	
波次	波次	明细 ID	
承运商	承运商	基础资料	承运商
客户	客户	基础资料	货主/托运商
实际出库日期时间	实际出库日期时间	日期时间	
预计出库日期时间	预计出库日期时间	日期时间	
下单日期时间	下单日期时间	日期时间	
事务类型	事务类型	基础资料	事务类型
货主单号	货主单号	单头 ID	
货主	货主	基础资料	货主/托运商
出库通知单号	出库通知单号	单头 ID	
出库通知单编号	出库通知单编号	单头 ID	

附录二

拣货策略对象策略对象属性对应表——库存

数据源对象	库存		
策略对象属性	策略对象属性名称	映射属性	映射资料类型
货主	货主	基础资料	货主/托运商
失效日期	失效日期	日期	
生产日期	生产日期	日期	
物料状态	物料状态	基础资料	物料状态
入库日期	入库日期	日期	
托盘	托盘	基础资料	托盘
待出单品数量	待出单品数量	整数	
待出整件数量	待出整件数量	小数/整数	
待出大件数量	待出大件数量	小数/整数	
待入单品数量	待入单品数量	整数	
待入整件数量	待入整件数量	小数/整数	
待入大件数量	待入大件数量	小数/整数	
在库单品数量	在库单品数量	整数	
在库整件数量	在库整件数量	小数/整数	
在库大件数量	在库大件数量	小数/整数	
储位	储位	基础资料	储位
物料	物料	基础资料	物料
库存编号	库存编号	库存 ID	
物料名称	物料名称	基础资料	物料名称

项目六　语音拣选系统实训

6.1　实训项目说明

实训课时

2 课时。

实训目标

学会使用语音拣选系统进行仓库拣选操作。

实训内容

(1)WMS 系统的出库流程操作。

(2)使用语音拣选设备进行拣选。

材料准备

2015 年 5 月 5 日，安徽交通合肥机构工作人员开始按照以往的出库单进行拣货，其中一份出库单是巨晖商城的，需要拣货的货物种类数量见表 5.6.1。上海三通物流公司工作人员安排货物拣选工作。

表 5.6.1　拣货信息表

代码	名称	供应商	规格	大件数量	大件单位	整件数量	整件单位	单品数量	单品单位
WHHYYKX	娃哈哈营养快线	杭州娃哈哈集团有限公司	500mL	0	箱	2	箱	3	瓶
WHHBBZ	娃哈哈八宝粥	杭州娃哈哈集团有限公司	360g	0	箱	2	箱	2	瓶

6.2　知识链接

语音技术是一种国际先进的物流应用技术，它通过 TTS 引擎（Text to Speech）将任务指令转化为语音播报给作业人员，并采用波形对比技术将作业人员的口头语音确认转化为实际操作。在欧美很多国家中，企业实施语音拣选可以简单地分为三个步骤：第一步，操作员听到语音指令，指令提供给操作人员一个巷道号和货位号，系统要求他说出货位校验号；第二步，操作员会把这个货位校验号读给系统听，当他确认后，系统会告诉他所需选取的商品和数量；第三步，操作员将货物从货架上拣取，然后等待下一个指令。语音技术对操作员的口音和方言是没有要求的，各地的口音和方言，它都能很方便地识别。语音技术的应用可以加快工作速度，提高工作效率和准确率，从而降低最低库存量及整体运营成本，并且大幅减少错误配送率，最终提升企业形象和客户满意度。

1. 实验室语音拣选设备

操作员携带语音接收机，通过无线网络就可接收到由 WMS 发出的工作指令。语音接收机可将 WMS 发出的工作指令编码翻译成操作员可听见及理解的声音，操作员需要回答语音接收机，才可以确认工作完成。语音接收机会将操作员完成的工作传送回 WMS，主机系统自动更新。如图 5.6.1 和图 5.6.2 所示。

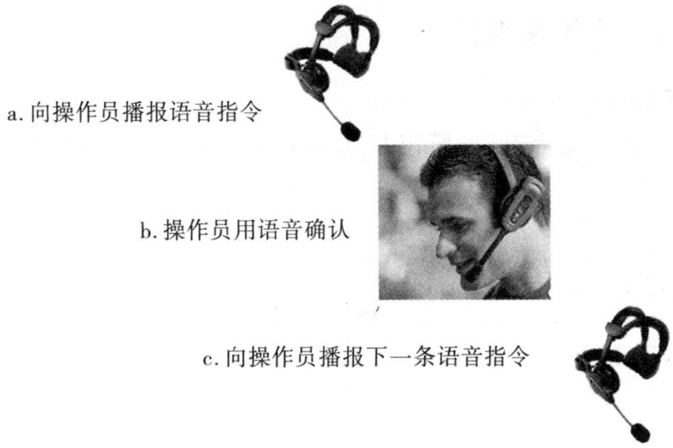

图 5.6.1　语音拣选示意图

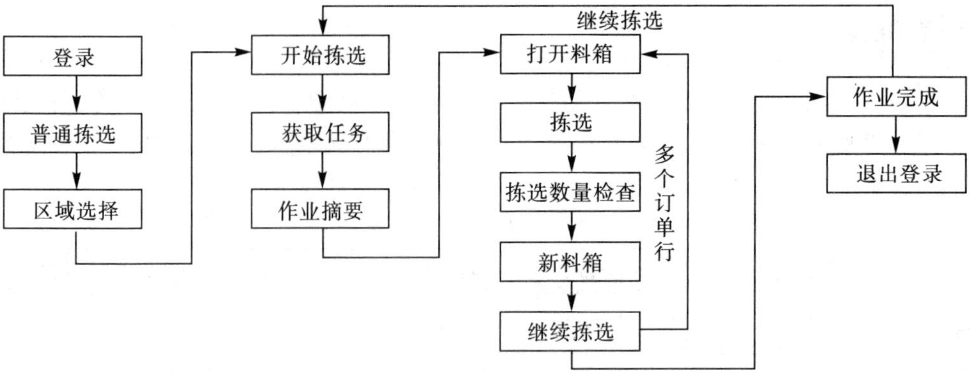

图 5.6.2　语音拣选流程

2.安徽交通职业技术学院物流实训室语音拣货系统功能介绍

(1)基础资料管理。首先需要完善基础数据,使系统有一个完整的数据链,保证整套系统数据的正确。按照菜单依次完善各菜单所对应的基础数据。

(2)用户管理。用户管理是该系统的分工核心所在。用户分为系统用户和操作员 2 种。系统用户主要对该系统的数据进行日常维护,同时增加拣货单,供操作员作业;操作员主要进行产品拣货操作,并将操作结果通过语音反馈到系统,等待系统的进一步指示。

系统初始账号:Administrator,密码:123456。

(3)客户管理。请完善菜单所对应的数据。

(4)产品管理。请完善菜单所对应的数据。

(5)订单管理。系统的核心功能是为拣货单提供数据。所有的拣货单都由该菜单所对应的功能点发出数据,供操作员作业,按照实际要求操作数据。

(6)补货管理。

①补货订单。当一个拣货单的拣货数量未达到所要求的数量时,该拣货单对应的作业不应该是一单完整的作业。基于该情况,当拣货单的拣货数量不够时,系统自动生成补货单到该菜单,供系统管理员进行下一步的补货操作。

②补货提醒。对仓库中少于 10 件的商品进行提醒,方便操作员及时补货。

(7)订单统计。对各种类型的拣货单进行导出操作,方便数据线下使用及流通。

6.3　语音拣选系统实训操作

1.语音拣选系统操作方法一

(1)因为是盲拣货→发货流程,所以从拣货开始,单击系统左侧“出库管理”→“拣货单”,如图 5.6.3 所示。

图 5.6.3　拣货单列表界面

(2)单击“新增”,创建一个新的拣货单,录入事务类型、货主、操作流程、线路、货主单号、拣货日期时间,如图 5.6.4 所示。

图 5.6.4　拣货单信息录入 1

(3)单击“查找并添加库存”,勾选物料,单击“确认”,如图 5.6.5 所示。

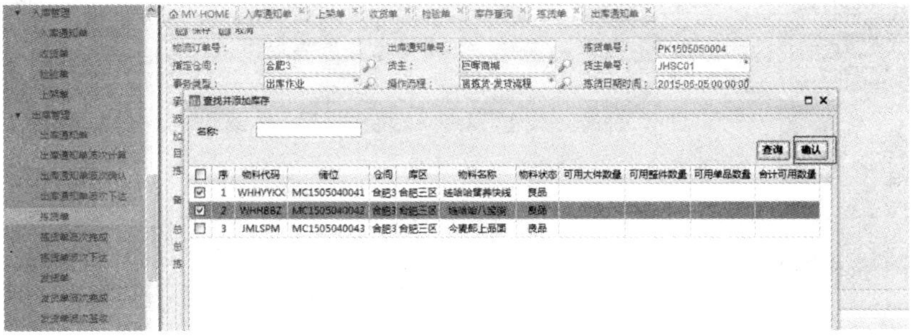

图 5.6.5　拣货单信息录入 2

(4)录入数量,如图 5.6.6 和图 5.6.7 所示。

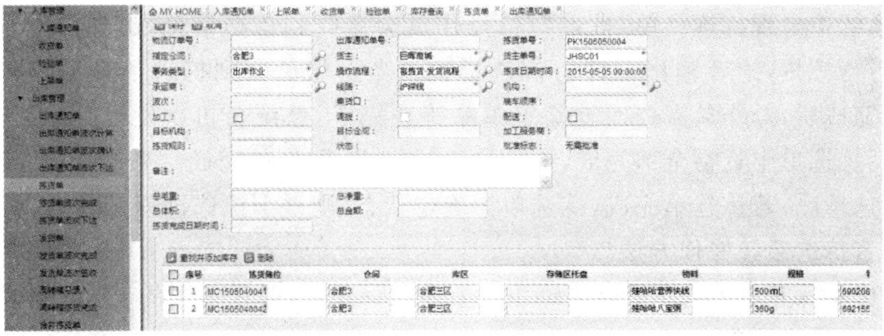

图 5.6.6　拣货单信息录入 3

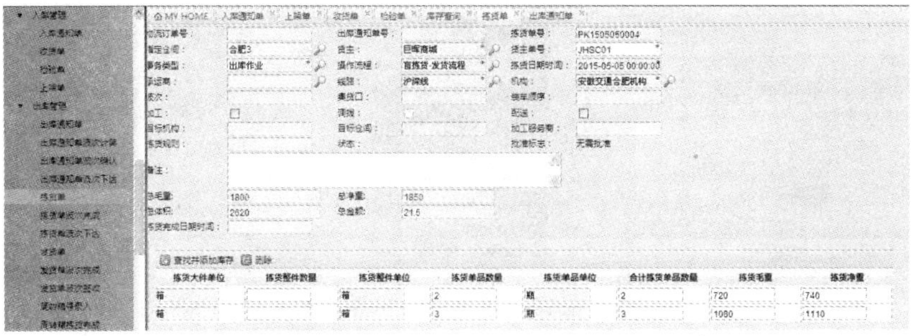

图 5.6.7　拣货单信息录入 4

(5)选择发货区和发货区托盘,然后单击“保存”,如图 5.6.8 所示。

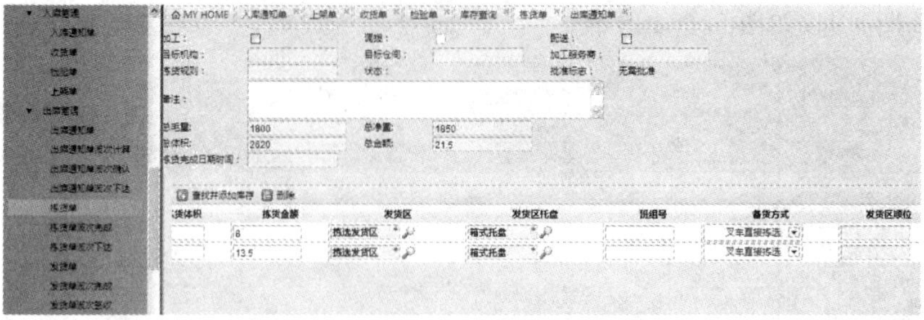

图 5.6.8 拣货单信息录入 5

(6)勾选拣货单“PK201505050004”,单击“确认”,如图 5.6.9 所示。

图 5.6.9 拣货单确认

(7)勾选拣货单,单击“下达”,生成发货单。该步骤为出库,在此不再进行展示。

语音拣选设备操作步骤在 WMS 操作第(4)步骤后开始。操作员佩戴语音拣选设备耳机,当系统中出现拣选订单“批准”后,操作员会接收到拣选信息,出现提示音,包含货主,然后等待拣货,语音输出一样待拣选货物。当操作员收到拣选信息后,开始进行拣选。拣选完成后,操作员需要回复确定单品拣选完毕,系统会再次发出其他货品的拣选指令,直到拣选单中货物全部完成,操作员口述完成,则订单完成。系统操作员在系统中可看到拣选情况,若拣选单完成,拣选单为确定状态,则整个拣选过程完成。

2.语音拣选系统操作方法二

该操作步骤基本上与 RFID 策略中设置步骤一致,只是设置中的部分内容不同。

(1)建立拣货策略对象。

①单击“策略管理”→“拣货策略对象”,如图 5.6.10 所示。

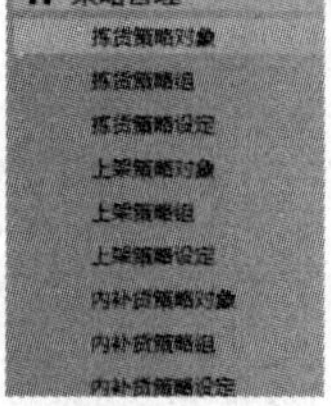

图 5.6.10 建立拣货策略对象 1

②单击“新增”,录入名称,选择数据源对象,新建拣货策略对象,一定要分别新建以

"出库通知单"和"库存"为数据源对象的策略对象，否则策略无法运算。如图 5.6.11 所示。

图 5.6.11　建立拣货策略对象 2

③单击"新增"，选择策略对象属性、映射属性、映射资料类型，如图 5.6.12 所示。具体的策略对象属性对应参见拣货策略对象附表(见本项目 5.5 附录)。

图 5.6.12　建立拣货策略对象 3

④根据以上步骤，新建以"库存"为数据源对象的拣货策略对象，如图 5.6.13 所示。

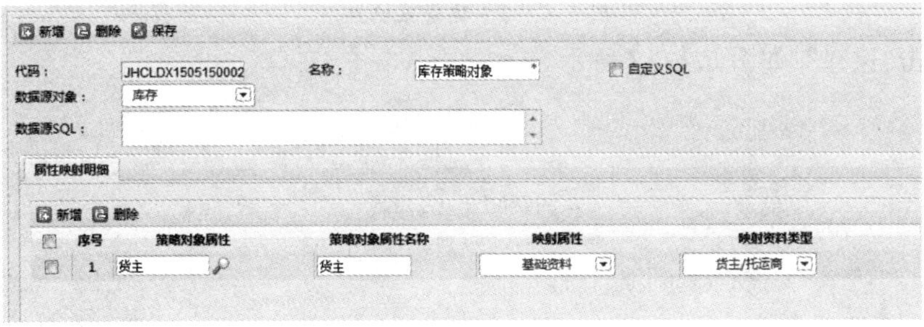

图 5.6.13　建立拣货策略对象 4

(2)建立拣货策略组。

①单击"策略管理"→"拣货策略组"，如图 5.6.14 所示。

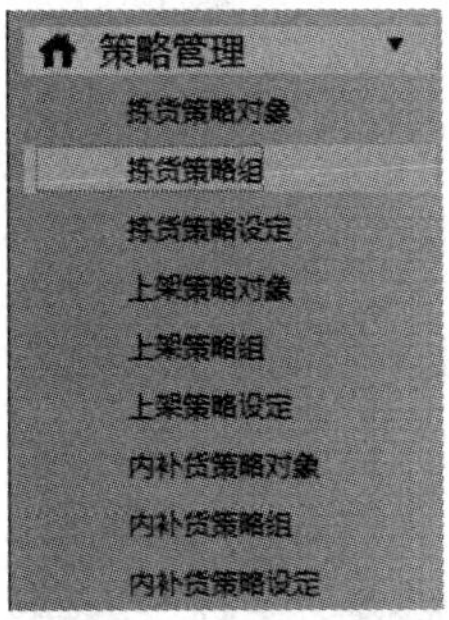

图 3.6.14　拣货策略组 1

②单击"新增"，录入名称，选择机构、处理对象、资源对象，处理对象选择策略对象建好的"出库通知单策略对象"，资源对象选择策略对象建好的"库存策略对象"；录入顺序，

该顺序为此策略对象组在所有拣货策略对象组中运算的顺序。如图 5.6.15所示。

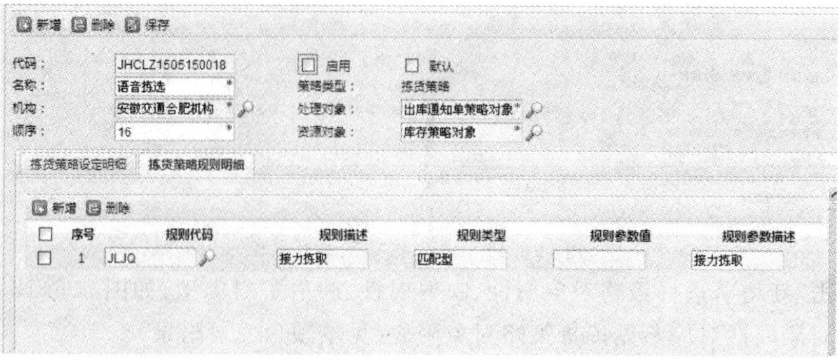

图 5.6.15 拣货策略组 2

③单击“拣货策略规则明细”。因为这个案例是用语音拣选的，根据语音拣选特性，属于按命令一条一条拣选，所以该策略组规则选择“接力拣取”，如图 5.6.16 所示。

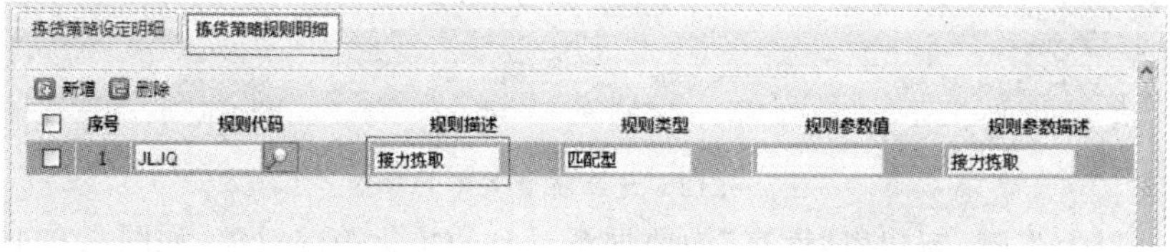

图 5.6.16 拣货策略组 3

④单击“保存”，如图 5.6.17 所示。

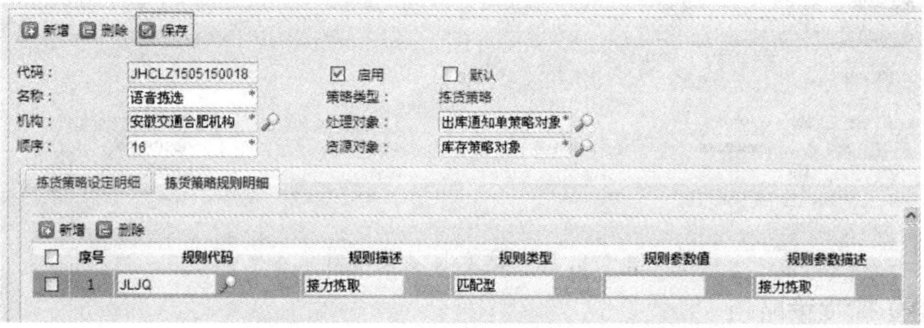

图 5.6.17 拣货策略组 4

(3)建立拣货策略设定。

①单击“策略管理”→“拣货策略设定”→“新增”，如图 5.6.18 和图 5.6.19 所示。

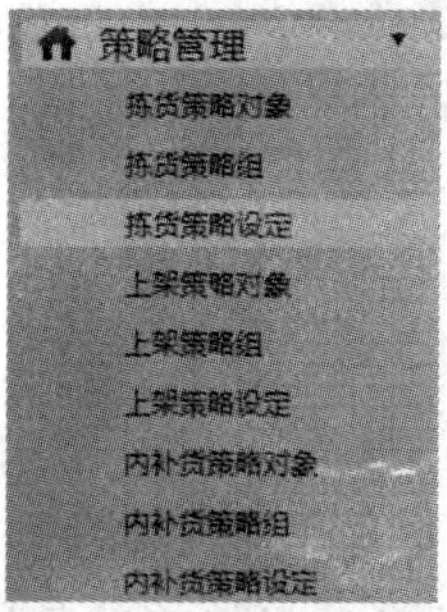

图 5.6.18 拣货策略设定 1

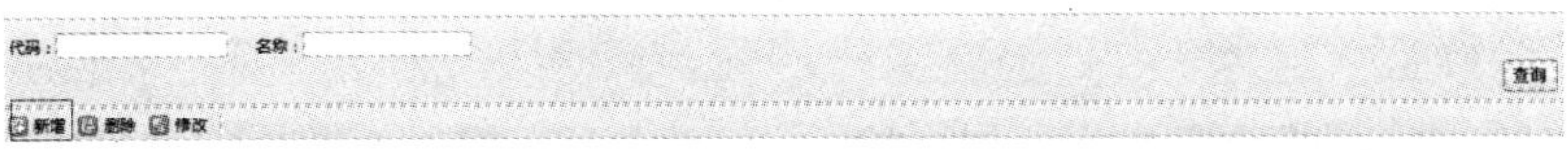

图 5.6.19　拣货策略设定 2

②选择所属策略组“语音拣选”，录入名称、顺序，如图 5.6.20 所示。

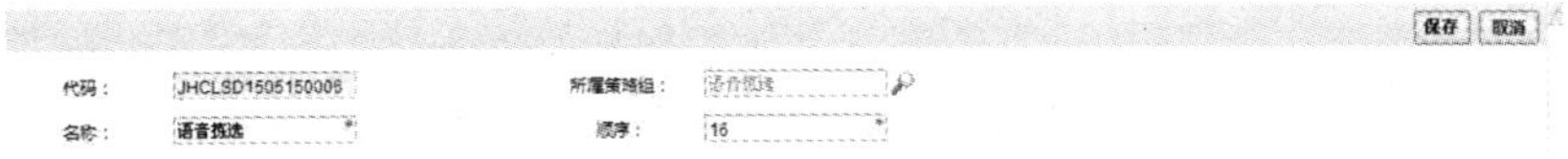

图 5.6.20　拣货策略设定 2

③单击“出库通知单匹配条件明细”→“新增”，选择处理对象属性“物料状态”，该处理对象为所属策略组的处理对象映射具体值→“值”，如图 5.6.21 所示。

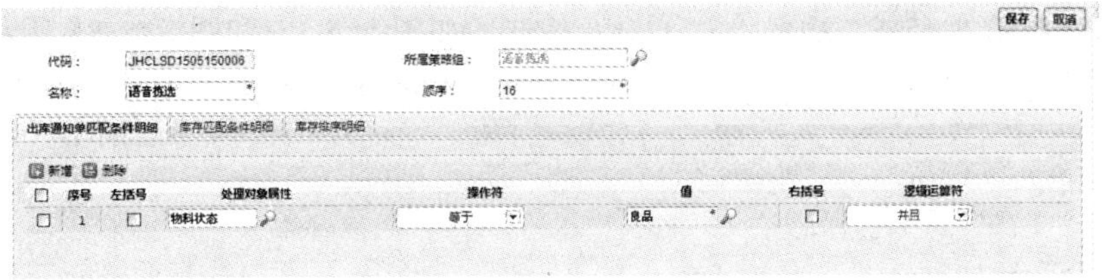

图 5.6.21　拣货策略设定 3

④单击“库存匹配条件明细”→“新增”，选择资源对象属性“货主”，该资源对象为所属策略组的资源对象映射具体值→“值”，如图 5.6.22 所示。

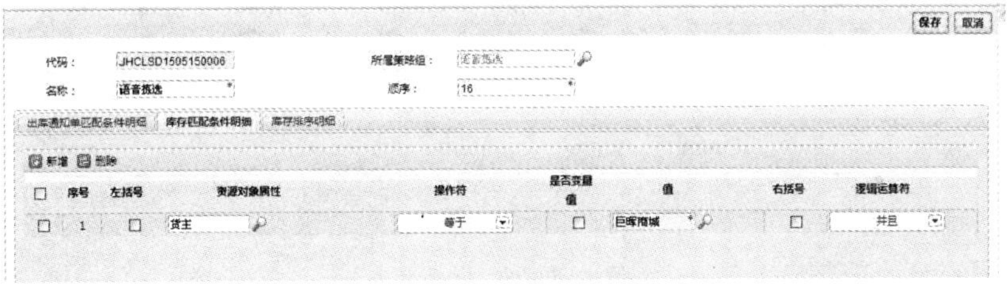

图 3.6.22　拣货策略设定 4

⑤单击“库存排序明细”→“新增”，选择资源对象属性“货主”→“升序/降序”，单击“保存”，如图 5.6.23 所示。

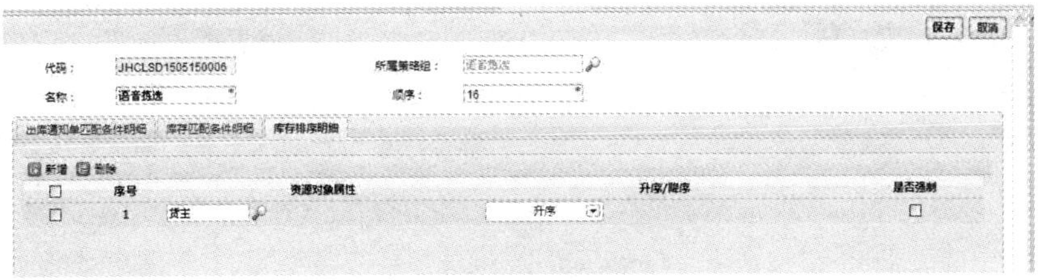

图 5.6.23　拣货策略设定 5

⑥设定保存好的拣货策略，添加到上一步保存的拣货策略组中，单击“拣货策略设定明细”→“新增”，选择策略设定代码“周转箱拣选”，勾选“启用”，单击“保存”，周转箱拣货策略新建完成，如图 5.6.24 所示。

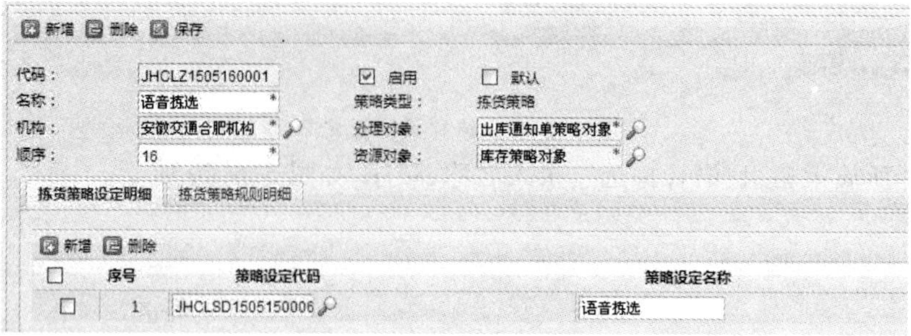

图 5.6.24 拣货策略设定 6

3.出库管理－语音拣选

(1)以案例为资料，新建一个出库通知单，请注意货主为“巨晖商城”，物料为“娃哈哈营养快线、娃哈哈八宝粥”，物料设置了语音拣选。如图 5.6.25 和图 5.6.26 所示。

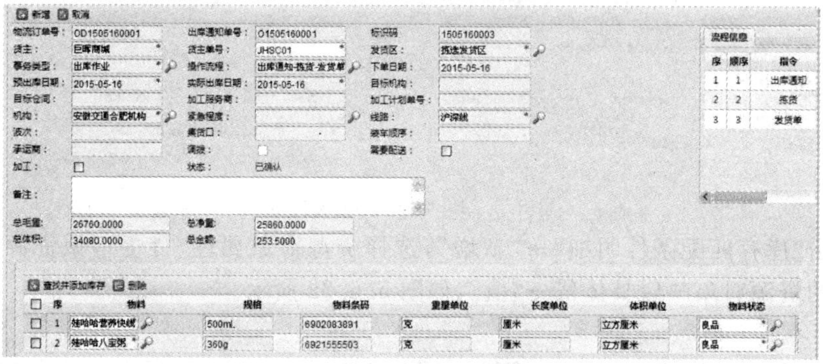

图 5.6.25 出库 1

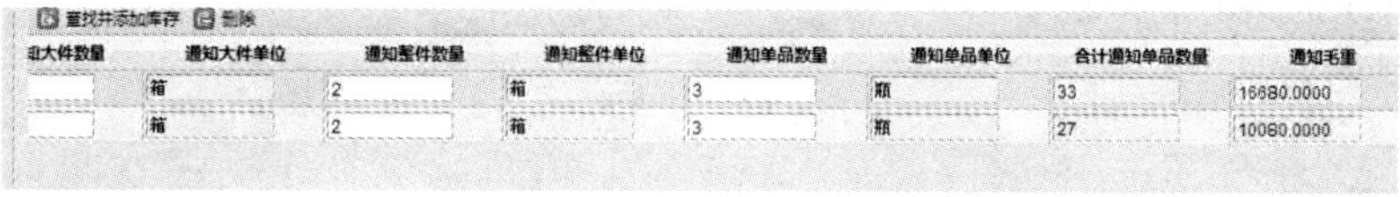

图 5.6.26 出库 2

(2)在拣货单界面可以看到该拣货单的储位信息，从中选出拣选的货位。如图 5.6.27和图 5.6.28 所示。

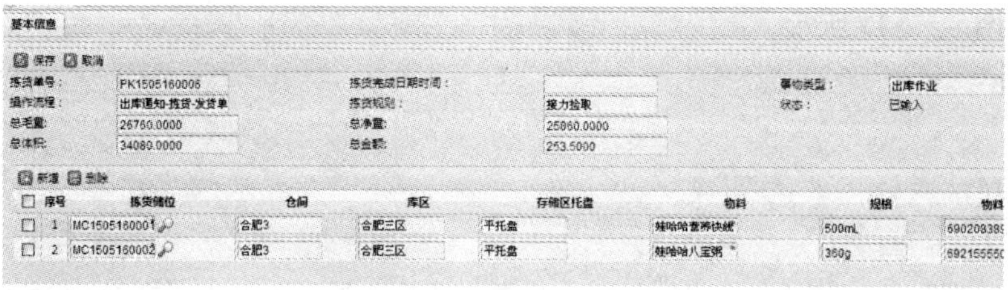

图 5.6.27 出库 3

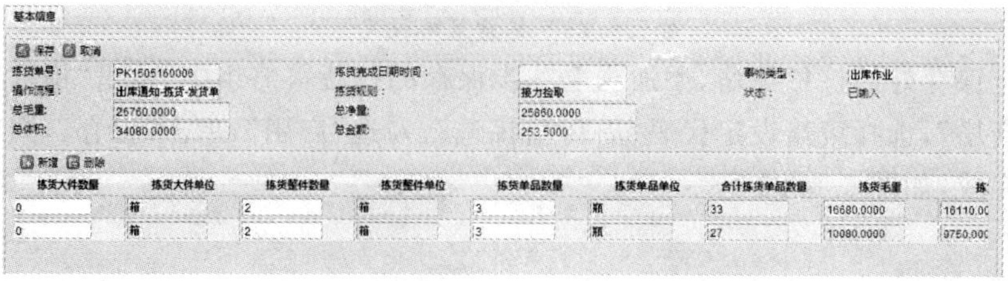

图 5.6.28 出库 4

(3)单击“出库管理”→“周转箱号录入”,可以看到该拣货单形成的周转箱拣选任务,单击 ,绑定周转箱号。如图 5.6.29 所示。

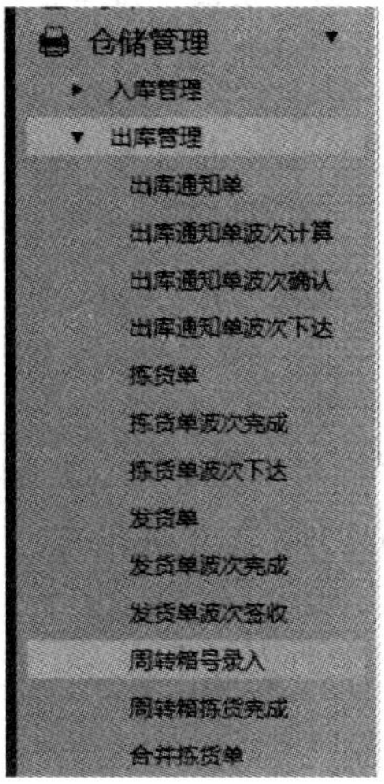

图 5.6.29 出库 5

(4)勾选这条拣选任务,单击 ,跳出周转箱信息并确认,然后绑定周转箱,即可进行拣选。如图 5.6.30 所示。

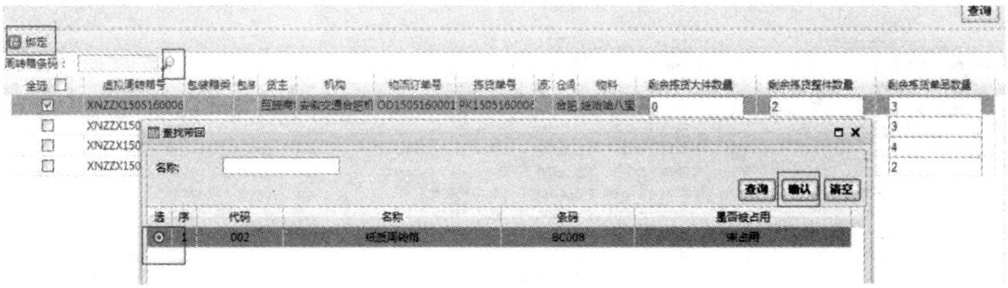

图 5.6.30 出库 6

(5)工作人员佩戴语音拣选设备,执行语音拣选—周转箱拣选任务,必须确定拣选货主及拣货单等信息。当设备发出该条拣选单指令时,工作人员需要到指定货架去拣选货物并确定数量,完成拣选后,语音确定“完成”,并开始进行下一货物拣选,直至整个订单完成。

(6)单击“出库管理”→“拣货单”,选择案例中的拣货单,可以看见拣货单中拣货时间跳出,说明拣货已完成,拣货明细状态为“已绑定”,多种货物往往只绑定其中一种货物。选择发货区、发货区托盘,单击“保存”,如图 5.6.31 至图 5.6.33 所示。

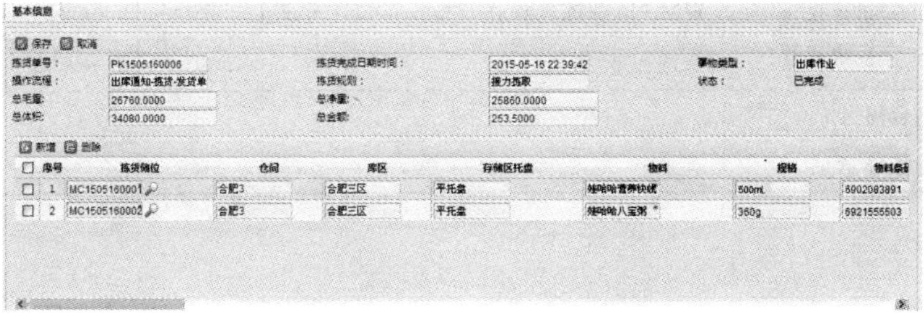

图 5.6.31 出库 7

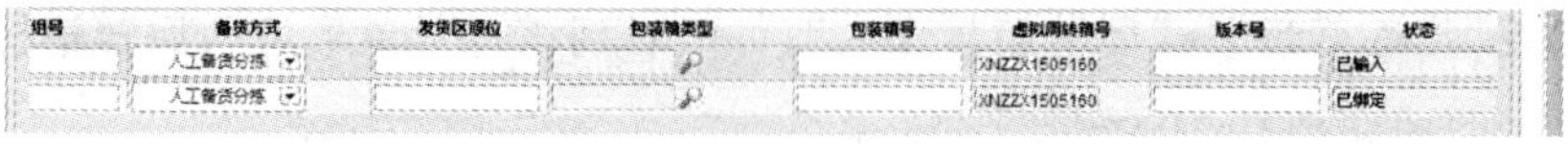

图 5.6.32　出库 8

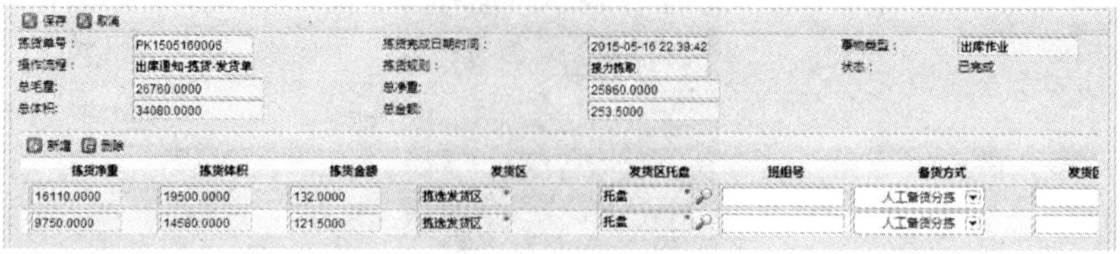

图 5.6.33　出库 9

(7)选中这条拣货单，单击“确认”后，单击“下达”即可完成所有的拣货环节。拣货完成后，储位被占用的容量释放，储位的剩余容量增加。至此拣货全部完成。如图 5.6.34 和图 5.6.35 所示。

图 5.6.34　出库 10

图 5.6.35　出库 11

6.4　考核标准

语音拣选系统考核标准

小组成员			评委		
序号	考核内容	考核标准	分值	扣分	得分
1	语音拣选系统操作	WMS 语音拣选操作	70		
2		拣选作业	30		
综合得分					
评委指导意见					

项目七　电子标签摘果式拣选作业系统实训

7.1　实训项目说明

实训课时

2 课时。

实训目标

1. 学会电子标签摘果式拣选作业工作步骤。
2. 学会使用 WMS 系统。

实训内容

1. 使用 WMS 系统进行出库拣选操作。
2. 使用摘果式拣选作业拣选货物。

材料准备

安徽交通合肥机构工作人员开始对以往的出库单进行拣货，其中一份出库单是巨晖商城的出库拣货单，需要拣货的货物种类和数量见表 5.7.1。巨晖商城有出库通知单，下面介绍如何利用摘果式拣选这张订单。

表 5.7.1　出库通知单

代码	名称	供应商	规格	大件数量	大件单位	整件数量	整件单位	单品数量	单品单位
WHHYYKX	娃哈哈营养快线	杭州娃哈哈集团有限公司	500mL	0	箱	0	箱	2	瓶
WHHBBZ	娃哈哈八宝粥	杭州娃哈哈集团有限公司	360g	0	箱	0	箱	3	瓶

7.2　知识链接

摘果式拣货(Pick-to-Light)系统主要作为采取订单拣货策略时的作业辅助：货架上安装的标签对应一个储位品项，拣货人员只要根据电子标签点亮的灯号指示至指定储位，按标签面板上显示的数量，从货架上拿取相同数量的商品，并放置在该客户订单所对应的承载物(纸箱、物流箱或栈板等)中，再在标签上进行确认动作，即可完成品项的拣取作业。此外，该过程中拣货人员可完全借由电子标签的作业指示，轻松、迅速地完成一张订单所有品项的拣货作业。

安徽交通职业技术学院物流实训室拥有摘果式电子标签拣选系统和播种式电子标签拣选系统以及台车拣选区域，主要采用电子标签显示进行拣选工作。摘果式拣选货架有 2 排，每排 3 层，每层 8 个电子标签。如图5.7.1和图 5.7.2 所示。

图 5.7.1　摘果式电子标签拣选货架区

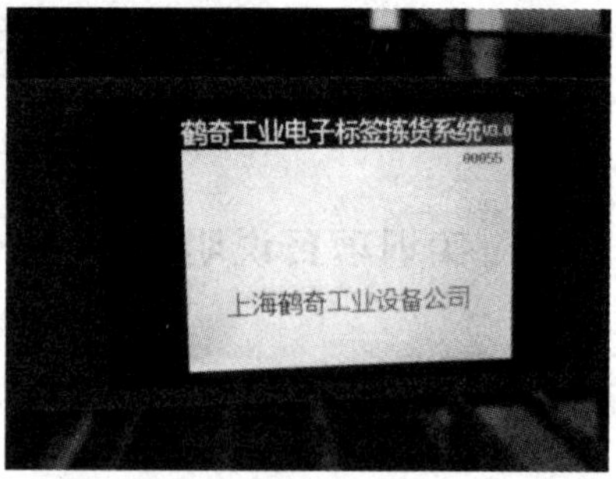

图 5.7.2　摘果式电子标签拣选系统 1

实训室电子标签主界面在工作状态时显示四项信息：货品、规格、批号和拣货数量。如图 5.7.3 所示。

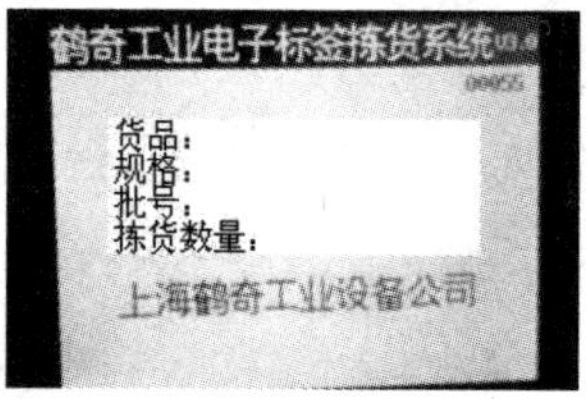

图 5.7.3　摘果式电子标签拣选系统 2

7.3　电子标签摘果式拣选作业系统实训操作

拣选作业开始时，按照储位设计货位信息。如图 5.7.4 所示。

图 5.7.4　货位设计

注意：首先查询库存中货架是否有需要拣选的货物，当没有货物时，需要将其他货架上的货物进行移库或者入库操作。

1. 建立拣货策略对象

(1)单击“策略管理”→“拣货策略对象”，如图 5.7.5 所示。

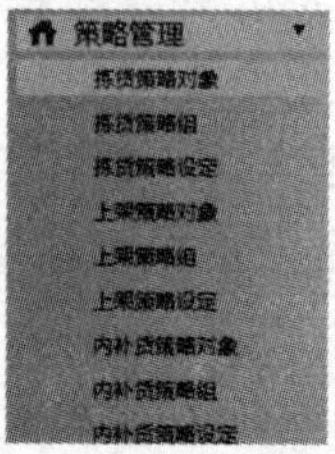

图 5.7.5　拣货策略 1

(2)单击“新增”,录入名称,选择数据源对象,新建拣货策略对象,一定要分别新建以“出库通知单”和“库存”为数据源对象的策略对象,否则策略无法运算。如图 5.7.6所示。

图 5.7.6 拣货策略 2

(3)单击“新增”,选择策略对象属性、映射属性、映射资料类型,如图 5.7.7 所示。具体的策略对象属性对应参见拣货策略对象(见本项目 7.5 附录)。

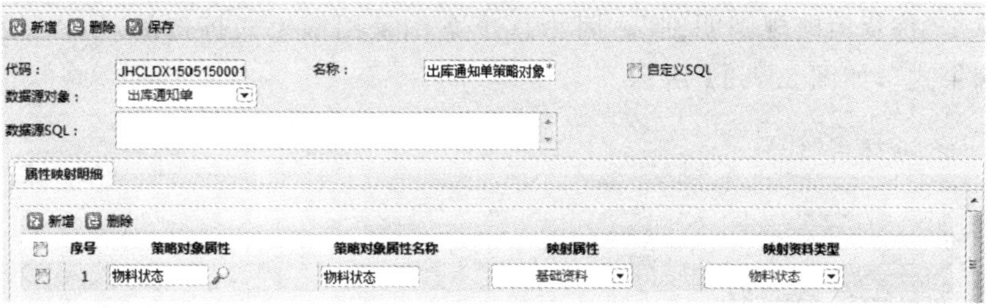

图 5.7.7 拣货策略 3

(4)根据以上步骤,新建以“库存”为数据源对象的拣货策略对象,如图 5.7.8 所示。

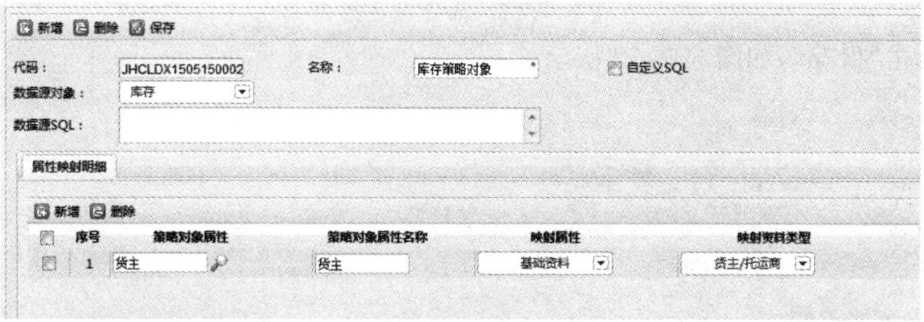

图 5.7.8 拣货策略 4

2.建立拣货策略组

(1)单击“策略管理”→“拣货策略组”,如图 5.7.9 所示。

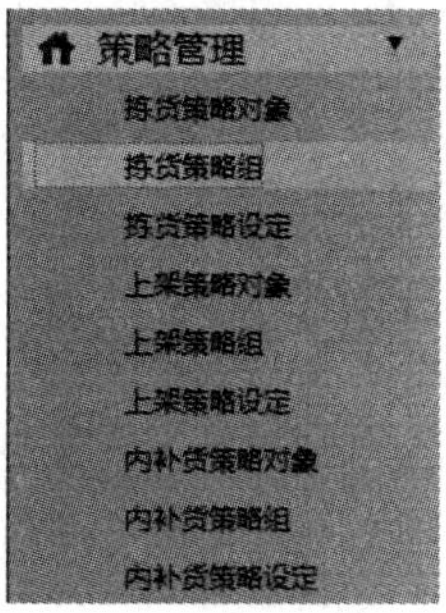

图 5.7.9 拣货策略组 1

(2)单击“新增”，录入名称，选择机构、处理对象、资源对象，处理对象选择策略对象建好的“出库通知单策略对象”，资源对象选择策略对象建好的“库存策略对象”；录入顺序，该顺序为此策略对象组在所有拣货策略对象组中运算的顺序。如图 5.7.10 所示。

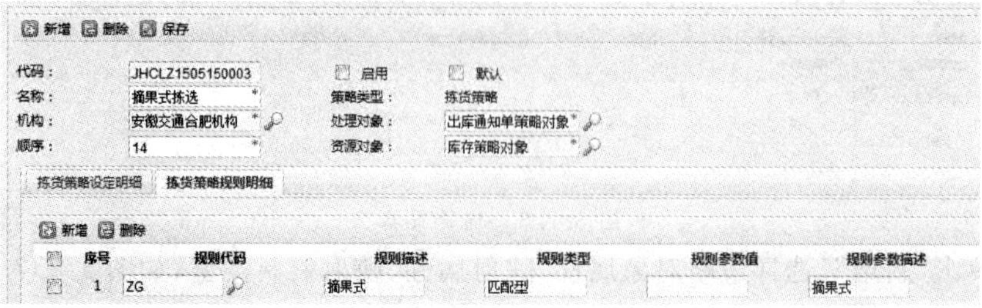

图 5.7.10 拣货策略组 2

(3)单击“拣货策略规则明细”。因为这个案例是用摘果式拣选的，所以该策略组规则选择“摘果式”，如图 5.7.11 所示。

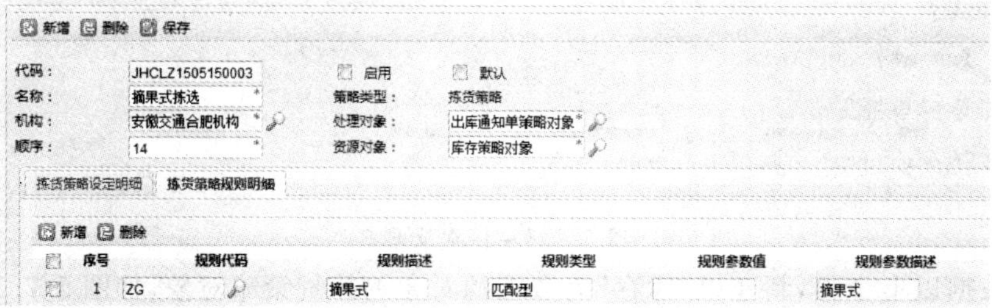

图 5.7.11 拣货策略组 3

(4)单击“保存”，如图 5.7.12 所示。

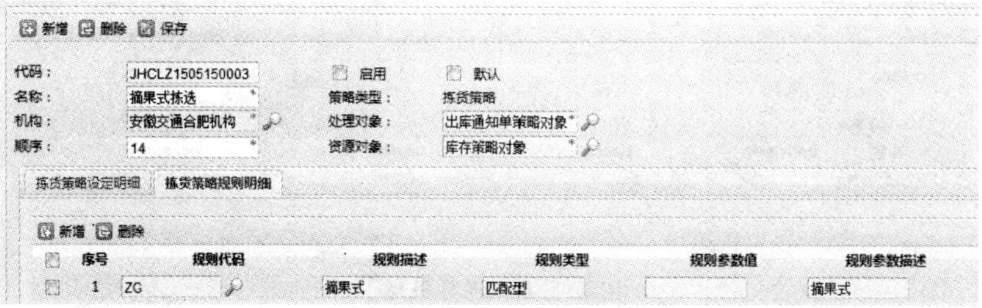

图 5.7.12 拣货策略组 4

3.建立拣货策略设定

(1)单击“策略管理”→“拣货策略设定”→“新增”，如图 5.7.13 和图 5.7.14 所示。

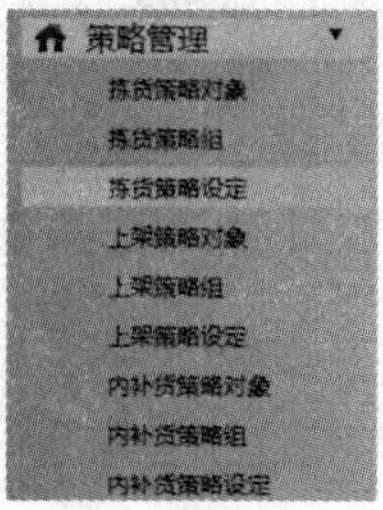

图 5.7.13 拣货策略 1

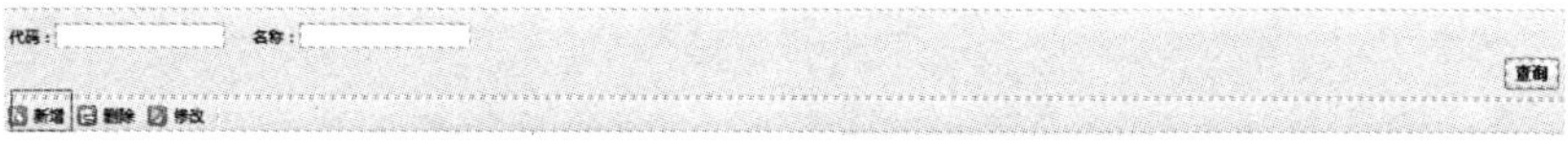

图 5.7.14 拣货策略 2

(2)选择所属策略组“摘果式拣选”，录入名称、顺序，如图 5.7.15 所示。

图 5.7.15 拣货策略 3

(3)单击“出库通知单匹配条件明细”→“新增”，选择处理对象属性“物料状态”，该处理对象为所属策略组的处理对象映射具体值→“值”，如图 5.7.16 所示。

图 5.7.16 拣货策略 4

(4)单击“库存匹配条件明细”→“新增”，选择资源对象属性“货主”，该资源对象为所属策略组的资源对象映射具体值→“值”，如图 5.7.17 所示。

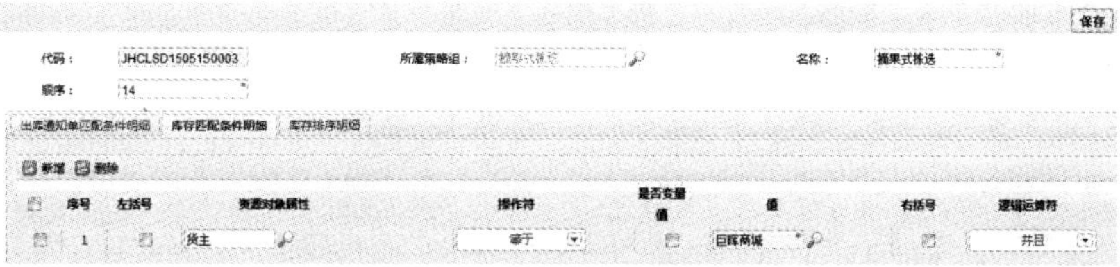

图 5.7.17 拣货策略 5

(5)单击“库存排序明细”→“新增”，选择资源对象属性“货主”→“升序/降序”，单击“保存”，如图 5.7.18 所示。

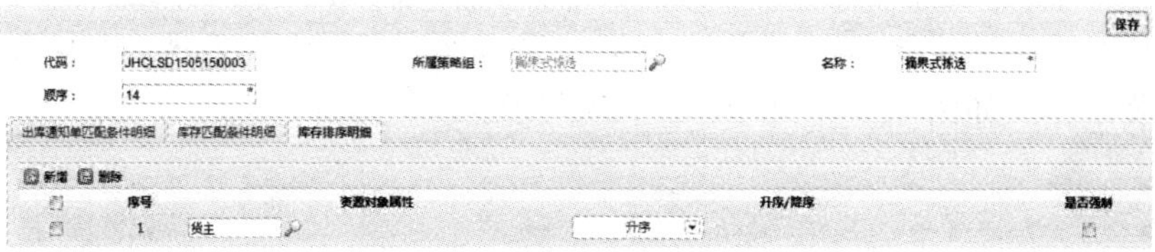

图 5.7.18 拣货策略 6

(6)设定保存好的拣货策略，添加到上一步保存的拣货策略组中，单击“拣货策略设定明细”→“新增”，选择策略设定代码“摘果式”，勾选“启用”，单击“保存”，至此策略新建完成，如图 5.7.19 所示。

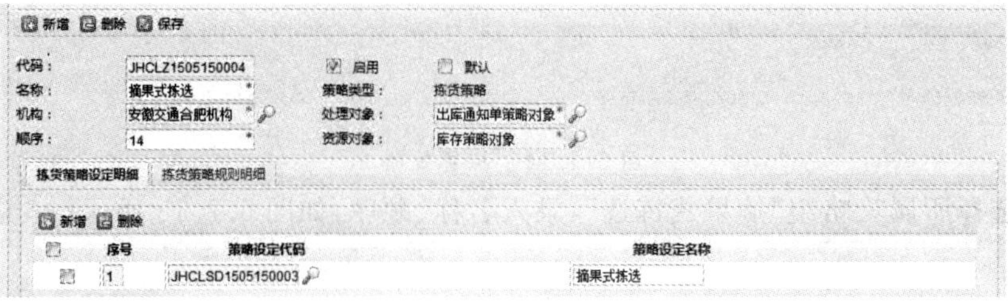

图 5.7.19 拣货策略 7

4.出库管理－摘果式拣选

(1)以案例为资料,新建出库通知单 1 个。应注意货主为“巨晖商城”。如图 5.7.20 和图 5.7.21 所示。

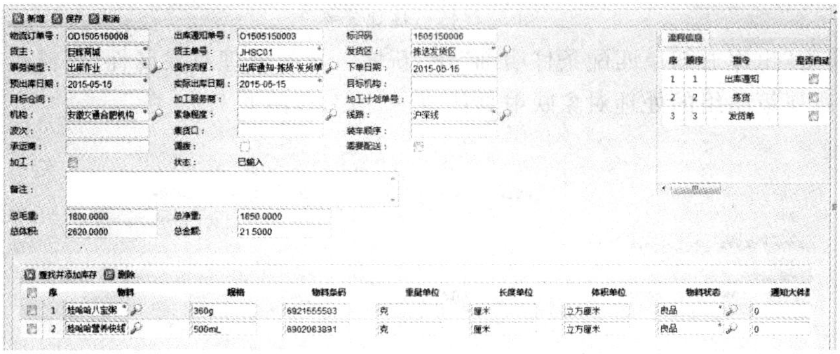

图 5.7.20 出库通知单 1

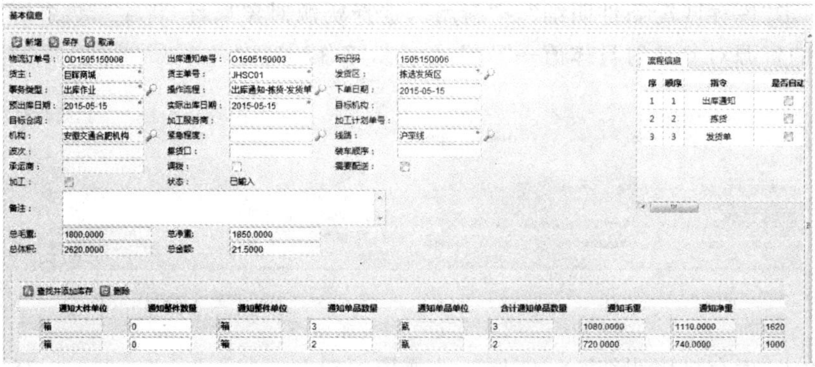

图 5.7.21 出库通知单 2

(2)在拣货单界面可以看到该拣货单储位,还可以看出摘果式拣选只是按订单拣选一个出库通知单中的货物,而且在图中也可以看出拣选规则为摘果式。仓储拣货人员可以开始拣货工作。如图 5.7.22 和图 5.7.23 所示。

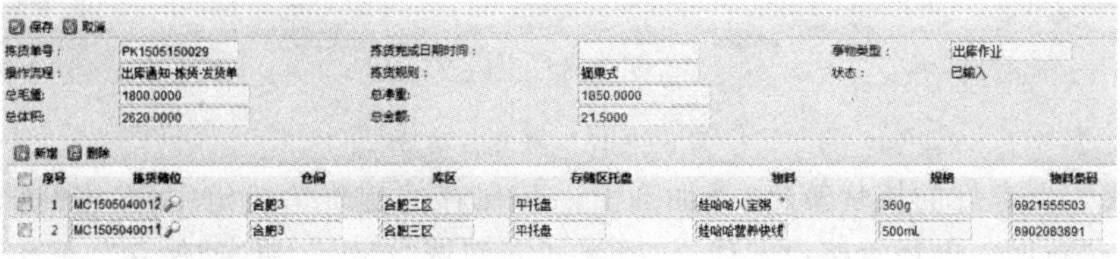

图 5.7.22 拣货 1

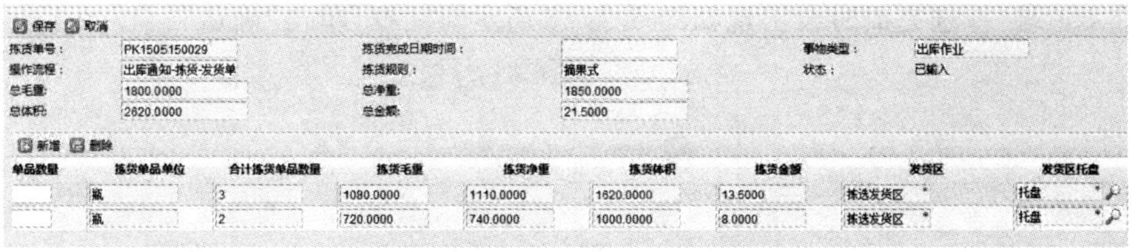

图 5.7.23　拣货 2

(3)拣货工作人员根据订单开始进行拣选。当拣货完成后,在第三方单击“确定”,即完成拣货作业,如图 5.7.24 至图 5.7.27 所示。后续工作为出库作业,在此简单描述如下:单击“出库管理”→“拣货单”,选择案例中的拣货单,可以看见拣货单中的拣货明细状态为“已完成”。选择发货区、发货区托盘,单击“保存”。选中这条拣货单,单击“确认”后,单击“下达”,即可完成所有的拣货环节。拣货完成后,储位被占用的容量释放,储位的剩余容量增加。

图 5.7.24　拣货 3

图 5.7.25　拣货 4

图 5.7.26　拣货 5

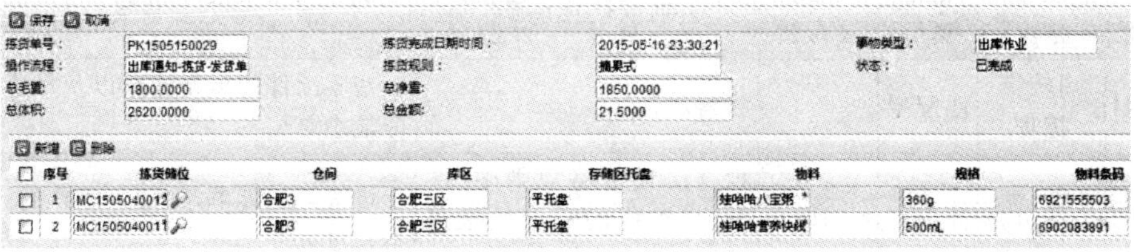

图 5.7.27　拣货 6

进入实训室 DSP 拣选辅助系统,读取拣货单信息,即将数据发送至电子标签货架,电子标签亮灯,拣选货物,完成拣选后,拍灭电子标签灯。

在 RF 端，拣选完成时会出现如图 5.7.28 所示对话框，单击“确认”。

图 5.7.28 拣货 7

注意：

①使用拣货策略时，需核对设定的规则和匹配条件，使其与单据、库存相符。

②如果需要使用某一特定拣货策略组，应取消其他拣货策略组的启用。

③具体策略组使用应注意储位和物料设置条件，参见本项目 7.5 附录中的“拣货规则对应表”。

④二次分拣规则不能单独使用，必须与 EN/IK、IK 分拣、IQ 分拣、EN 分拣、按单位分割、拣货方式原则、工作分区原则和边拣边分规则一起使用。参见本项目 7.5 附录中的“拣货规则—拣货单对应表”。

7.4 考核标准

电子标签摘果式拣选作业系统考核标准

小组成员			评委		
序号	考核内容	考核标准	分值	扣分	得分
1	WMS 电子标签摘果式拣选作业	WMS 电子标签摘果式拣选操作	80		
2		拣选作业	20		
综合得分					
评委指导意见					

7.5 附录

附录一

拣货规则对应表

规则代码	规格描述	规则类型	规则参考值	匹配信息来源	适用范围
ZZXJH	周转箱拣货	匹配型		物料属性	一些零配件的出库拣选以及散货出库，即最小单位
BJBF	边拣边分	匹配型	10	根据设置策略规则中“匹配值”对应的订单数量进行波次处理	少量多样的订单，且每一客户的订单量不宜过大
EN/IK	EN/IK	权衡型	10/10	单品品项数量≥10； 总单品项出库次数＝∑分批单中同一单品项数≥10	一次分批订单中单品品项数量多且每一单品在分批单中出库次数也比较多的订单类型

续表

规则代码	规格描述	规则类型	规则参考值	匹配信息来源	适用范围
IK	IK 分拣	权衡型	10	总单品项出库次数≥“10”	一次分批订单中单品出库次数较多的情况，这类订单汇总需满足以下条件：单品品项出库次数大，且单品种类简单，易于合并和拣取。此规则需与二次分拣规则一起使用
IQ	IQ 分拣	权衡型	50	单一品项数量＝单一品项明细数据数量合计； 单一品项数量≥“匹配值”	一次分批订单中单一品项明细数量合计较大的情况，这类订单需满足以下条件：单品种类简单，单品明细数量合计较大，易于合并和拣取。此规则需与二次分拣规则一起使用
EN	EN 分拣	匹配型	10	单品品项数量＝订单中单品名称明细数据条数合计； 单品品项数量≥“匹配值”	一次分批订单中单一品项名称数量合计数较大的情况，这类订单需满足以下条件：单品种类简单，单品品项数量合计较大，易于合并和拣取。此规则需与二次分拣规则一起使用
JLJQ	接力拣取	匹配型		先按订单进行工作区单独分类，再进行策略生成拣货单	订单量大且跨工作区产品较多的情况
BZ	播种式	匹配型		先按批量订单的汇总数据下的货物名称进行分类，再进行策略生成单独拣货单	批次订单较多、对配送时间要求不严的订单
ZG	摘果式	匹配型		先按订单进行单独分类，再进行策略生成拣货单	订单较少、单品品项较少、配送时间要求高的订单
DWFG	按单位分割	筛选型		储位	储存单位与拣选单位一致的拣选区域，方便拣取与搬运单元化，将拣货策略单纯化
JHFS	拣货方式原则	权衡型	优先人工 优先设备	储位	人工无法完成的拣选区域以及设备无法完成的拣选区域
GZFQ	工作分区原则	匹配型		储位	人员充足，工作区域划分比较明显的配送中心，存储条件不一样的产品
ECFJ	二次分拣	匹配型			与其他策略配套适用，EN/IK、IK 分拣、IQ 分拣、EN 分拣、按单位分割、拣货方式原则、工作分区原则和边拣边分必须选择二次分拣才能使规则生效；这些拣货规则在生成拣货单时，会根据出库通知单、发货区生成唯一的标识码，供用户根据唯一标识码进行二次分拣

附录二

拣货规则一拣货单对应表

拣货规则	拣货单
周转箱拣货	不在 web 界面生成拣货单，在 web 界面绑定周转箱，拣货任务在 RF 界面显示
边拣边分	生成多张拣货单，设定的参数固定为 4、8、12，下推 6 张出库通知单，则其中四张出库通知单根据储位、物料排序生成拣货单，剩余两张也是根据储位、物料排序生成拣货单
EN/IK	1.单品品项数量＜“EN 整数”并且总单品项出库次数＜“IK 整数”，按“订单分类一边拣边分”策略生成拣货单 2.单品品项数量≥“EN 整数”并且总单品项出库次数＜“IK 整数”，按“订单分割一工作分区原则”策略生成单独分拣货单，即根据不同的工作分区产生不同的拣货单 3.单品品项数量＜“EN 整数”并且总单品项出库次数≥“IK 整数”，播种 4.单品品项数量≥“EN 整数”并且总单品项出库次数≥“IK 整数”，摘果
IK 分拣	1.单一品项数量≤“匹配值”，整单按摘果式策略生成拣货单 2.单一品项数量＞“匹配值”，将符合的明细数据按单一品项生成单独分拣货单
IQ 分拣	1.单一品项数量≤“匹配值”，整单按摘果式策略生成拣货单 2.单一品项数量＞“匹配值”，将符合的明细数据按单一品项生成单独分拣货单
EN 分拣	1.单品品项数量≤“匹配值”，整单按摘果式策略生成拣货单 2.单品品项数量＞“匹配值”，将符合的明细数据按“订单分割一工作分区原则”策略生成单独分拣货单
接力拣取	一张订单，根据策略拣货规则，生成一张或多张拣货单
播种式	按批量订单的汇总数据下货物名称进行分类，再进行策略生成单独拣货单，根据物料是否相同生成拣货单
摘果式	根据货主不同，生成不同的拣货单
按单位分割	根据拣货单位不同，生成不同的拣货单
拣货方式原则	根据拣货方式不同，生成不同的拣货单，匹配“储位”的拣货设备
工作分区原则	根据工作区不同，生成不同的拣货单，匹配“储位”所属工作区

项目八　电子标签播种式拣选作业系统实训

8.1　实训项目说明

实训课时

2 课时。

实训目标

(1)学会播种式拣选作业。

(2)掌握 WMS 中的拣选策略及播种式拣选操作。

实训内容

进行电子标签播种式拣选作业及 WMS 的操作。

材料准备

安徽交通合肥机构工作人员开始对以往的出库单进行拣货，包括巨晖商城出库拣货单2个，需要拣货的货物种类数量见表5.8.1和表5.8.2。下面介绍如何利用播种式拣选系统拣选这2张订单。

表5.8.1　出库通知单1

代码	名称	供应商	规格	大件数量	大件单位	整件数量	整件单位	单品数量	单品单位
WHHYYKX	娃哈哈营养快线	杭州娃哈哈集团有限公司	500mL	0	箱	0	箱	3	瓶
WHHBBZ	娃哈哈八宝粥	杭州娃哈哈集团有限公司	360g	0	箱	0	箱	4	瓶

表5.8.2　出库通知单2

代码	名称	供应商	规格	大件数量	大件单位	整件数量	整件单位	单品数量	单品单位
WHHYYKX	娃哈哈营养快线	杭州娃哈哈集团有限公司	500mL	0	箱	0	箱	2	瓶
WHHBBZ	娃哈哈八宝粥	杭州娃哈哈集团有限公司	360g	0	箱	0	箱	3	瓶

8.2　知识链接

电子标签播种式拣选系统是全中文电子标签分拣系统。该系统可实时显示5个汉字的货物品名及10位数字、字母或特殊符号，其多功能按键可组合出96个标签，即96种操作方式。该系统包含标签终端、订单显示器、控制盒等，能完整模拟出播种式分拣流程，如图5.8.1所示。

图5.8.1　播种式电子标签货架区

播种式拣货(Put-to-Light)系统中，每一个电子标签代表一个订货客户或一个配送对象，即一个电子标签代表一张订单。每个品项为一次处理的单位，捡货人员先将货品的应配总数从系统中取出，并将货品信息录入系统，而系统会将订购此项货品的客户所代表的电子标签点亮，配货人员只要依电子标签的亮灯及显示的数字将货品配给客户即可。

播种式拣货把多份订单集合成一批进行处理，并且这些订单都有重合度高的特征。

8.3 电子标签播种式拣选作业系统实训操作

1.建立拣货策略对象

(1)单击“策略管理”→“拣货策略对象”,如图 5.8.2 所示。

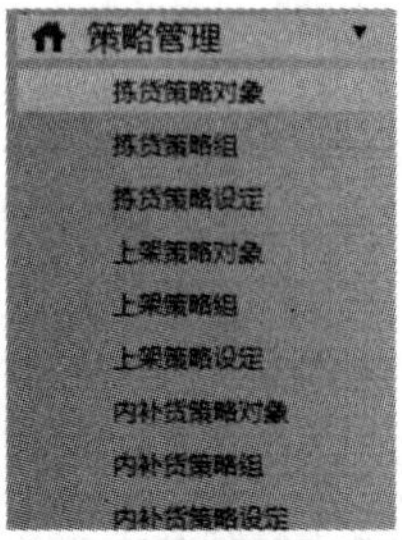

图 5.8.2 拣货策略对象 1

(2)单击“新增”,录入名称,选择数据源对象,新建拣货策略对象,一定要分别新建以“出库通知单”和“库存”为数据源对象的策略对象,否则策略无法运算。如图 5.8.3所示。

图 5.8.3 拣货策略对象 2

(3)单击“新增”,选择策略对象属性、映射属性、映射资料类型,如图 5.8.4 所示。具体的策略对象属性对应参见拣货策略对象中的附表。

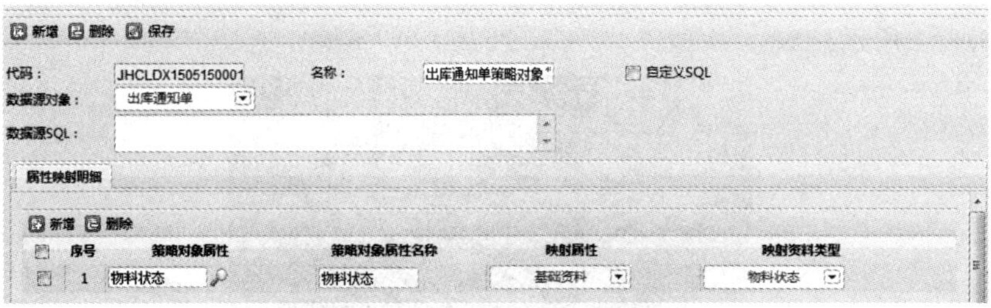

图 5.8.4 拣货策略对象 3

(4)根据以上步骤,新建以“库存”为数据源对象的拣货策略对象,如图 5.8.5 所示。

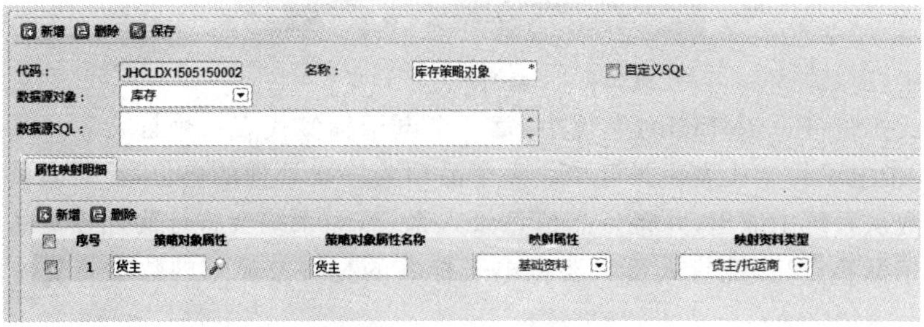

图 5.8.5 拣货策略对象 4

2.建立拣货策略组

(1)单击"策略管理"→"拣货策略组",如图 5.8.6 所示。

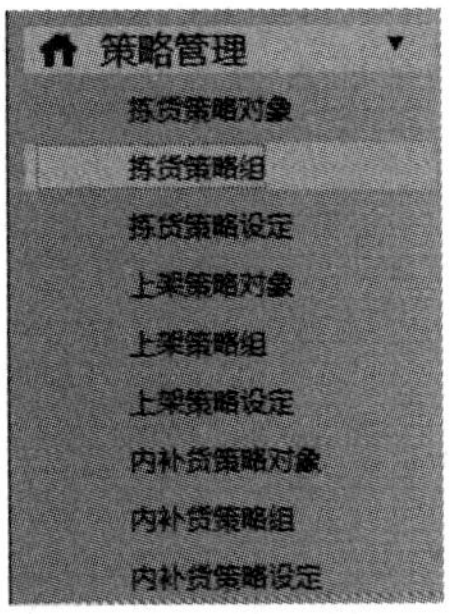

图 5.8.6　拣货策略组 1

(2)单击"新增",录入名称,选择机构、处理对象、资源对象,处理对象选择策略对象建好的"出库通知单策略对象",资源对象选择策略对象建好的"库存策略对象";录入顺序,该顺序为此策略对象组在所有拣货策略对象组中运算的顺序。如图 5.8.7所示。

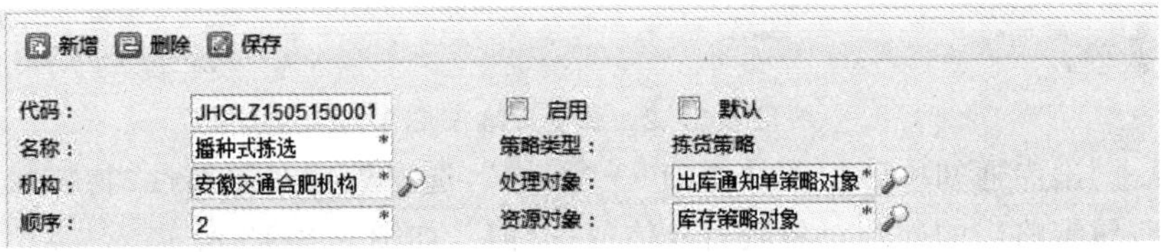

图 5.8.7　拣货策略组 2

(3)单击"拣货策略规则明细"。因为这个案例是用播种式拣选的,所以该策略组规则选择播种式,如图 5.8.8 所示。

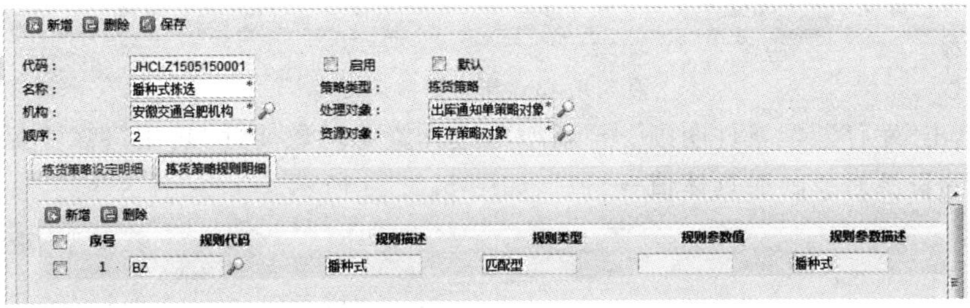

图 5.8.8　拣货策略组 3

(4)单击"保存",如图 5.8.9 所示。

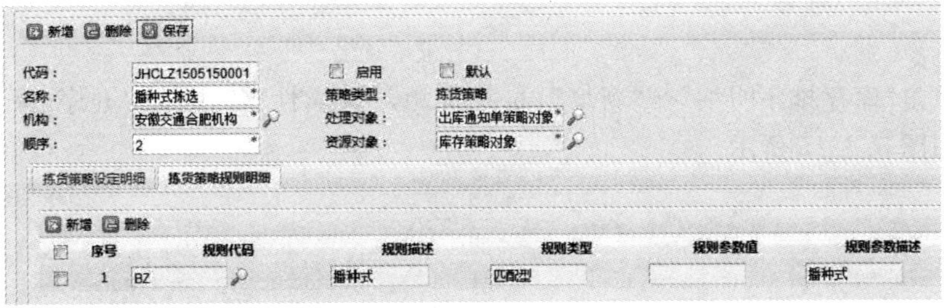

图 5.8.9　拣货策略组 4

3.建立拣货策略设定

(1)单击“策略管理”→“拣货策略设定”→“新增”,如图 5.8.10 和图 5.8.11 所示。

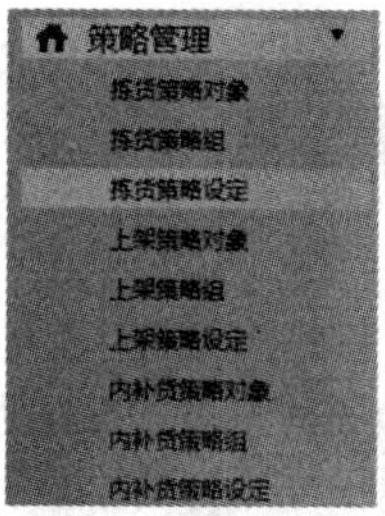

图 5.8.10　拣货策略设定 1

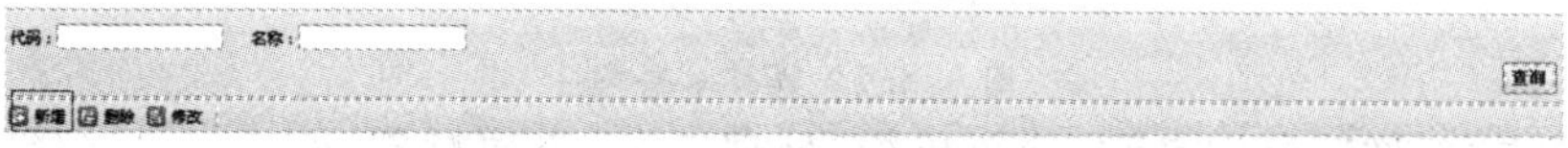

图 5.8.11　拣货策略设定 2

(2)选择所属策略组“周转箱拣选”,录入名称、顺序,如图 5.8.12 所示。

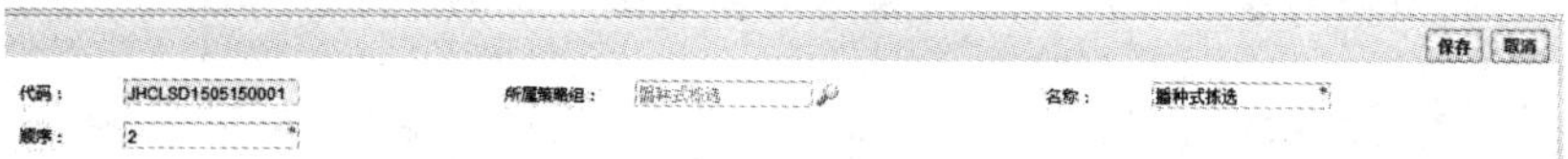

图 5.8.12　拣货策略设定 3

(3)单击“出库通知单匹配条件明细”→“新增”,选择处理对象属性“物料状态”,该处理对象为所属策略组的处理对象映射具体值→“值”,如图 5.8.13 所示。

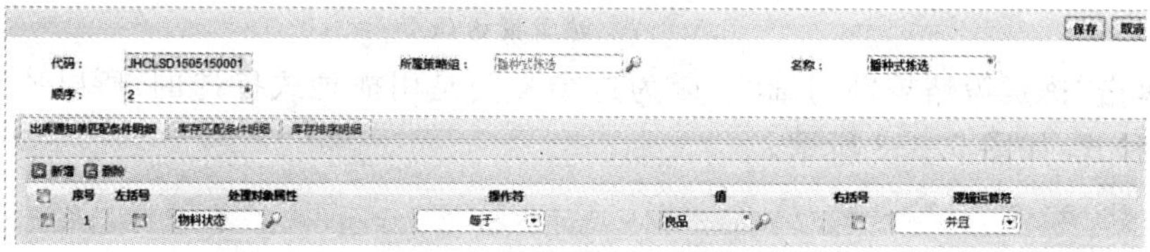

图 5.8.13　拣货策略设定 4

(4)单击“库存匹配条件明细”→“新增”,选择资源对象属性“货主”,该资源对象为所属策略组的资源对象映射具体值→“值”,如图 5.8.14 所示。

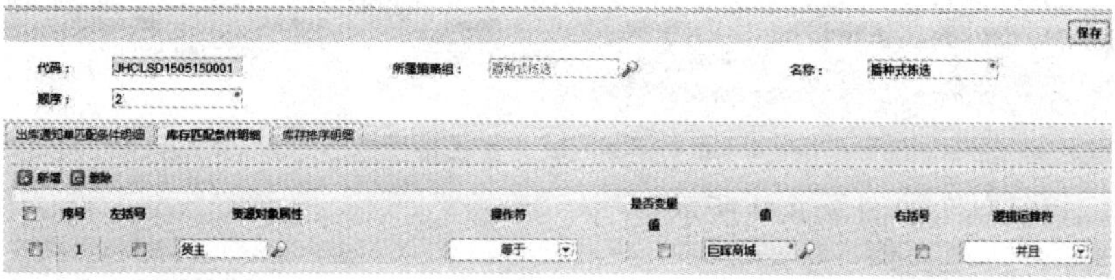

图 5.8.14　拣货策略设定 5

(5)单击“库存排序明细”→“新增”,选择资源对象属性“货主”→“升序/降序”,单击“保存”,如图 5.8.15 所示。

图 5.8.15　拣货策略设定 6

(6)设定保存好的拣货策略，添加到上一步保存的拣货策略组中，单击“拣货策略设定明细”→“新增”，选择策略设定代码“周转箱拣选”，勾选“启用”，单击“保存”，至此周转箱拣货策略新建完成，如图 5.8.16 所示。

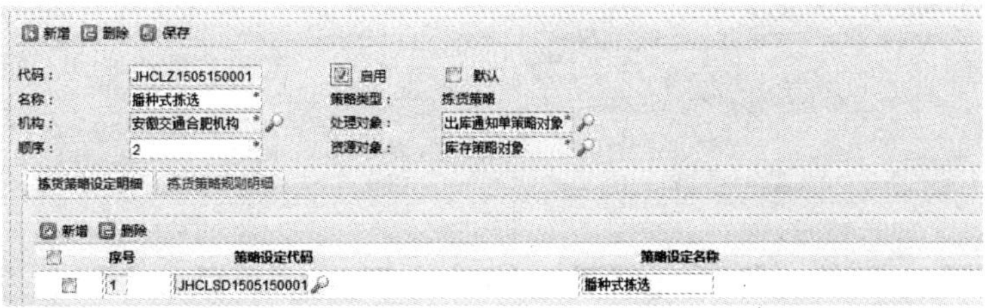

图 5.8.16 拣货策略设定 7

4.出库管理－播种式拣选

(1)以案例为资料，新建出库通知单 2 个，请注意货主为“巨晖商城”。如图 5.8.17 至图 5.8.20 所示。

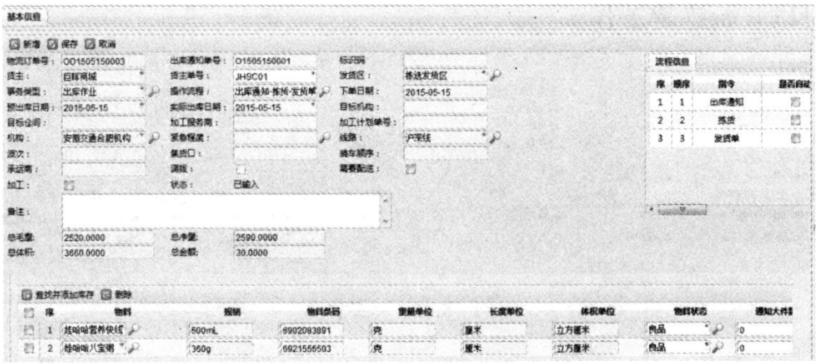

图 5.8.17 出库通知单 1

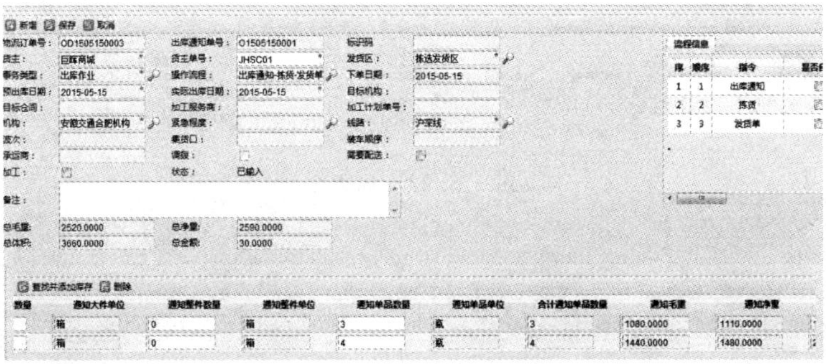

图 5.8.18 出库通知单 2

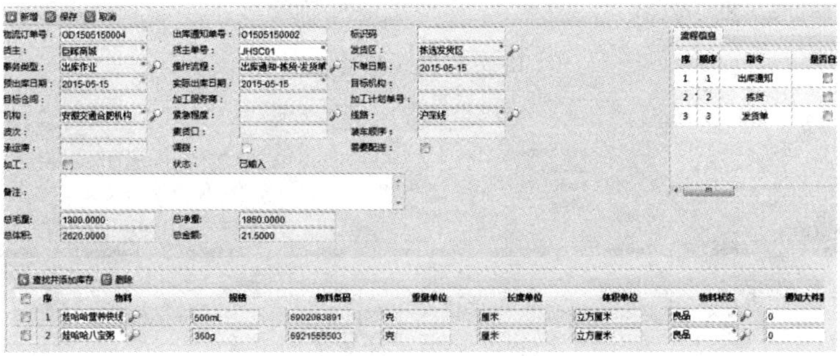

图 5.8.19 出库通知单 3

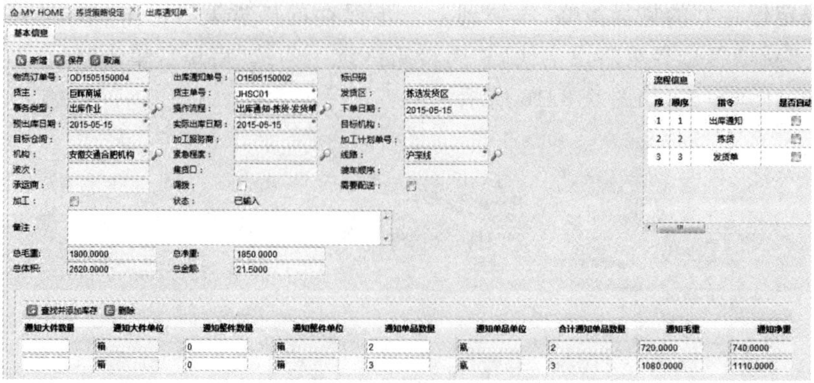

图 5.8.20 出库通知单 4

(2)在拣货单界面可以看到该拣货单储位,还可以看出两个出库通知单中的同一货物组合为一个拣选单。在图 5.8.21 至图 5.8.24 中也可以看出拣选规则为播种式。仓储拣货人员可以开始拣货工作。

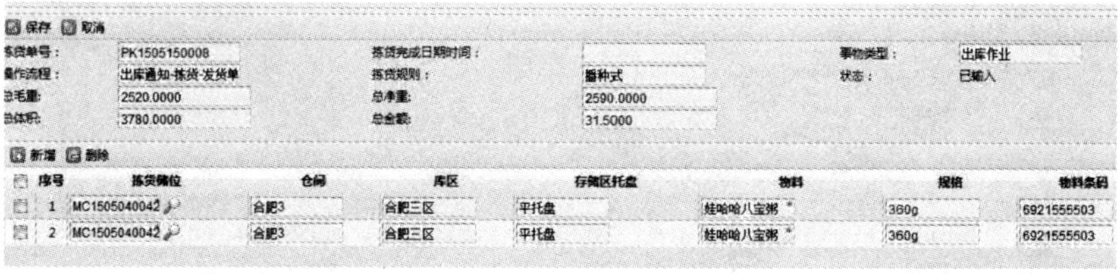

图 5.8.21 拣货 1

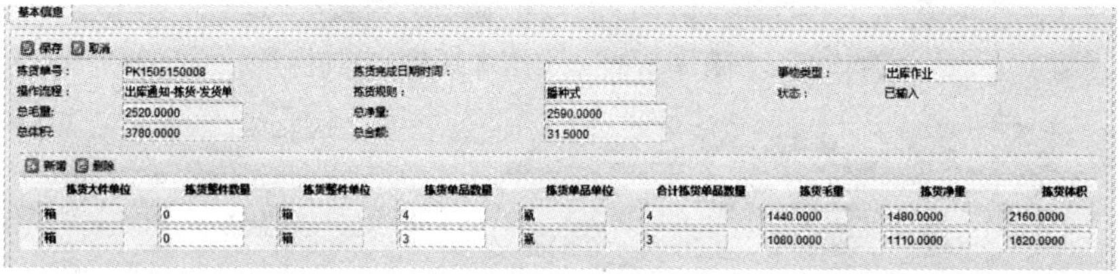

图 5.8.22 拣货 2

图 5.8.23 拣货 3

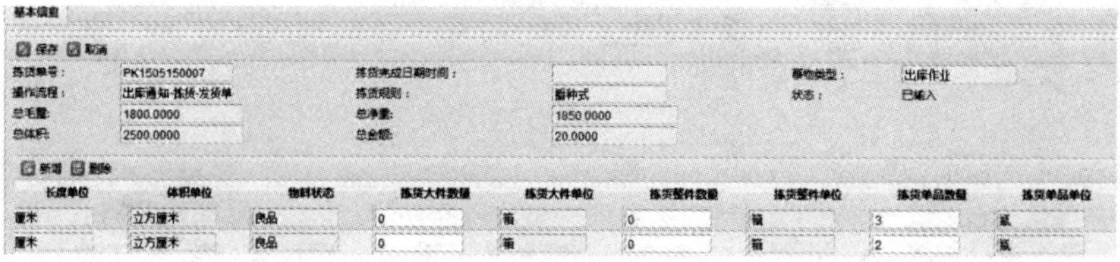

图 5.8.24 拣货 4

(3)单击“出库管理”→“周转箱号录入”，可以看到该拣货单形成的周转箱拣选任务，单击 ，绑定周转箱号。如图 5.8.25 所示。

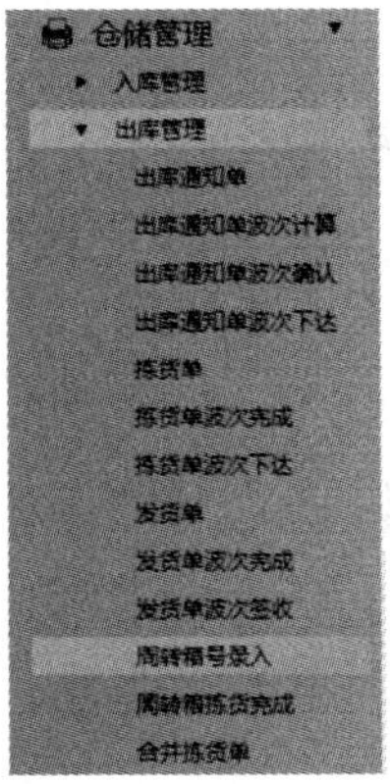

图 5.8.25　出库管理 1

(4)勾选这条拣选任务，单击 ，跳出周转箱信息并确认，然后绑定周转箱，即可进行拣选。注意：同一个物流订单号，即使有多个拣选单，也只能绑定一次，所以两个拣选单绑定一个周转箱。如图 5.8.26 和图 5.8.27 所示。

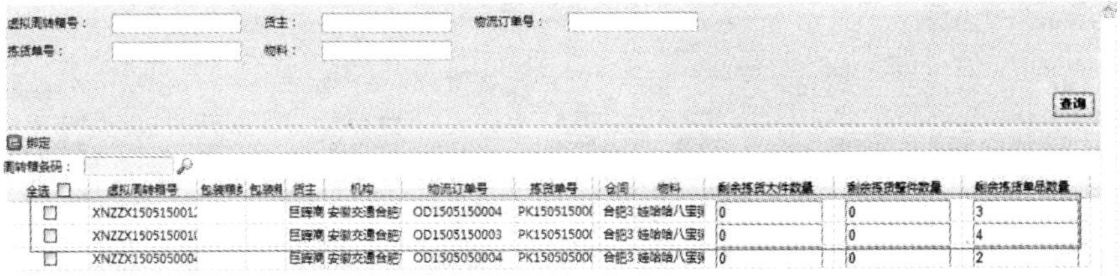

图 5.8.26　出库管理 2

图 5.8.27　出库管理 3

(5)单击“出库管理”→“拣货单”，选中这条拣货单，单击“确认”，选择案例中的拣货单，可以看见拣货单中拣货时间跳出，说明拣货已完成，拣货明细状态为“已绑定”，多种货物往往只绑定其中一种货物。如图 5.8.28 至图 5.8.32 所示。

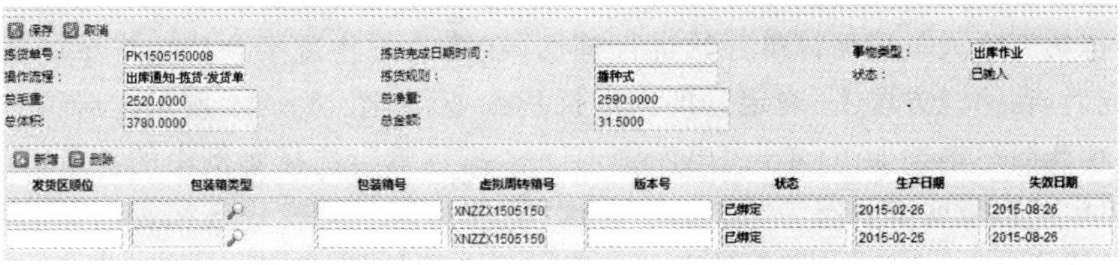

图 5.8.28　出库管理 4

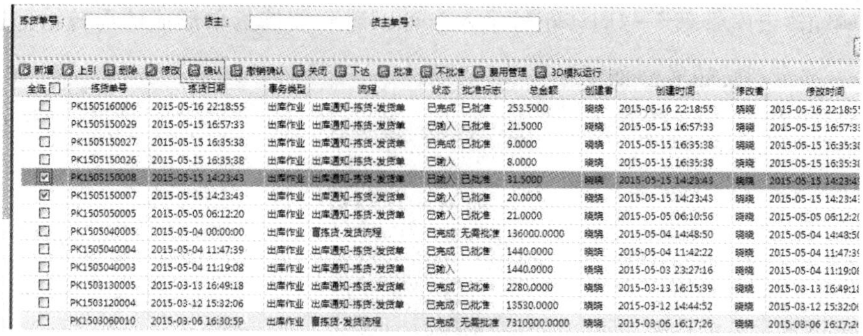

图 5.8.29 出库管理 5

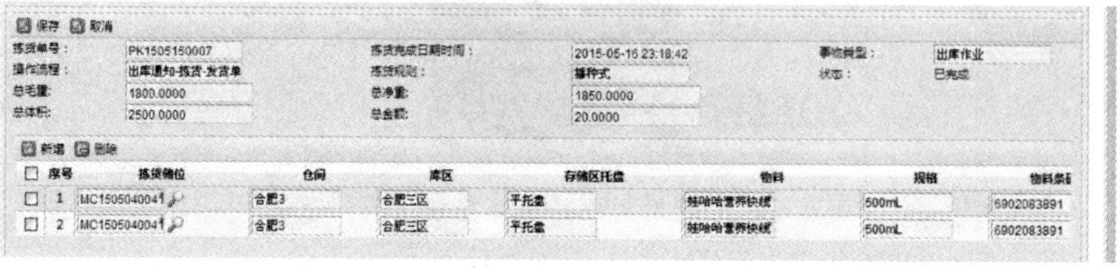

图 5.8.30 出库管理 6

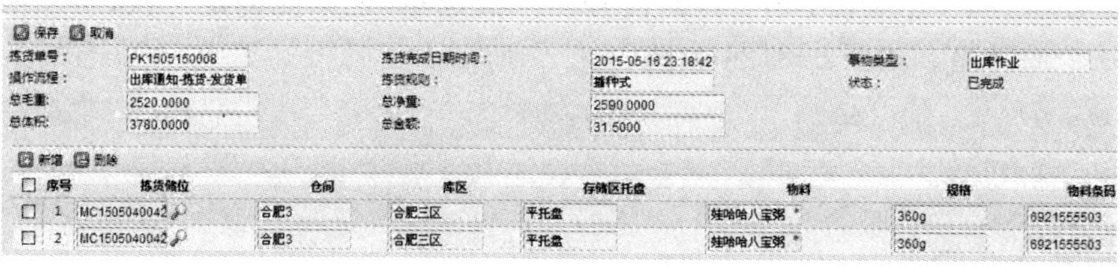

图 5.8.31 出库管理 7

图 5.8.32 出库管理 8

单击拣选单“下达”,即可完成所有的拣货环节。拣货完成后,储位被占用的容量释放,储位的剩余容量增加。至此拣货完成。出库在此不再讲述。

(6)拣货工作人员根据订单开始进行拣选(在第三方物流平台拣选订单确认前),当拣货完成后,在第三方单击“确定”,即完成拣货作业,如图 5.8.33 所示。后续工作为出库作业,在此简单描述如下:单击“出库管理”→“拣货单”,选择案例中的拣货单,可以看见拣货单中的拣货明细状态为“已完成”。选择“发货区”→“发货区托盘”,单击“保存”。选中这条拣货单,单击“确认”“下达”,即可完成所有的拣货环节。拣货完成后,储位被占用的容量释放,储位的剩余容量增加。

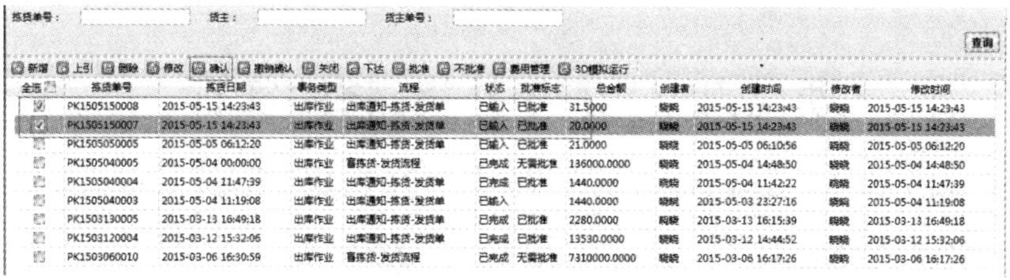

图 5.8.33　出库管理 9

在合并拣货单界面也可以看到这两个拣货单，如图 5.8.34 所示。

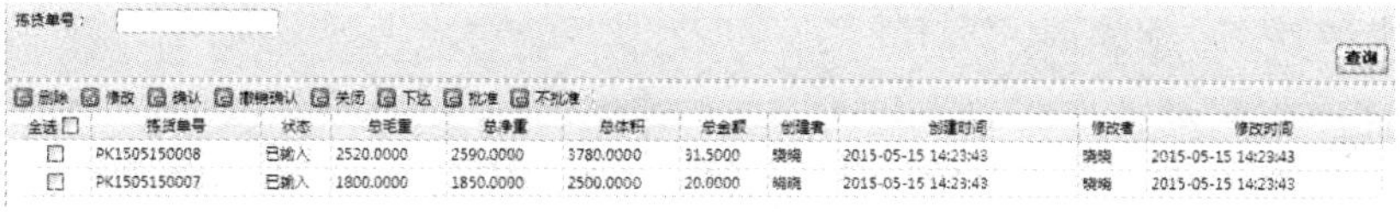

图 5.8.34　出库管理 10

也可以进入实训室 DSP 拣选辅助系统，读取拣货单信息，即将数据发送至电子标签货架，电子标签亮灯，拣选货物，完成拣选后，拍灭电子标签灯。

在 RF 端，拣选完成时会出现如图 5.8.35 所示对话框，单击“确认”。

图 5.8.35　出库管理 11

注意：

①使用拣货策略时，需核对设定的规则和匹配条件，使其与单据、库存相符。

②如果需要使用某一特定拣货策略组，应取消其他拣货策略组的启用。

③具体策略组使用应注意储位和物料设置条件，参见本项目 7.5 附录中的“拣货规则对应表”。

④二次分拣规则不能单独使用，必须与 EN/IK、IK 分拣、IQ 分拣、EN 分拣、按单位分割、拣货方式原则、工作分区原则和边拣边分规则一起使用。参见本项目 7.5 附录中的“拣货规则—拣货单对应表”。

8.4　考核标准

电子标签播种式拣选作业系统考核标准

<table>
<tr><td colspan="2">小组成员</td><td></td><td>评委</td><td colspan="2"></td></tr>
<tr><td>序号</td><td>考核内容</td><td>考核标准</td><td>分值</td><td>扣分</td><td>得分</td></tr>
<tr><td>1</td><td rowspan="2">WMS 电子标签摘果式拣选作业</td><td>WMS 电子标签播种式拣选操作</td><td>80</td><td></td><td></td></tr>
<tr><td>2</td><td>拣选作业</td><td>20</td><td></td><td></td></tr>
<tr><td colspan="2">综合得分</td><td colspan="4"></td></tr>
<tr><td colspan="2">评委指导意见</td><td colspan="4"></td></tr>
</table>

项目九　WMS补货、移库实训

9.1　实训项目说明

实训课时

2课时。

实训目标

(1)学会不同仓间移库作业。

(2)学会补货作业操作。

(3)熟练应用内补货策略,合理调整仓库内部布局及库存储位,以提高仓储利用率;学会设计内补货方案。

实训内容

(1)移库操作。

(2)WMS操作。

材料准备

1.移库案例

2015年3月14日,安徽交通合肥机构工作人员开始对以往的货物进行整理,发现巨晖商城的货物今麦郎上品面在仓库中,为了拣选方便,要求其将货物移到拣货货架上。为了出货方便,现将今麦郎上品面移到拣选库区的位置。请安徽交通合肥机构工作人员安排货物移库工作。货物移库表见表5.9.1。

表5.9.1　货物移库表

代码	名称	供应商	大件数量	大件单位	整件数量	整件单位	单品数量	单品单位	原储位	移后储位
WHHYYKX	娃哈哈营养快线	杭州娃哈哈集团有限公司	1	箱	1	箱	0	盒	MC1505030217	MC1505040038
MNSSR	蒙牛酸酸乳	内蒙古蒙牛乳业(集团)股份有限公司	1	箱	1	箱	0	盒	MC1505030219	MC1505040031

2.内补货策略案例

货主“巨晖商城”为了提高在“安徽交通合肥机构”的标准化操作,向安徽交通合肥机构提出要求,当储位区向拣货区进行补货作业时,不允许同种物料不同批次混放到一个储位上,同时,存储区的物料都是以整存整取的方式进行物料的移动及入出库作业。

9.2 知识链接

移位是针对不同仓库之间的货物转移，或者是同一仓库不同储位之间的移动，主要作用是提高仓库利用率。

安徽交通职业技术学院物流实训室的补货操作是在拣选区同一个货架上进行的。仓储货位前方为电子标签拣选区，主要用来拣选，后方是补货区域，主要向电子标签储位进行补货使用。如图 5.9.1 所示。

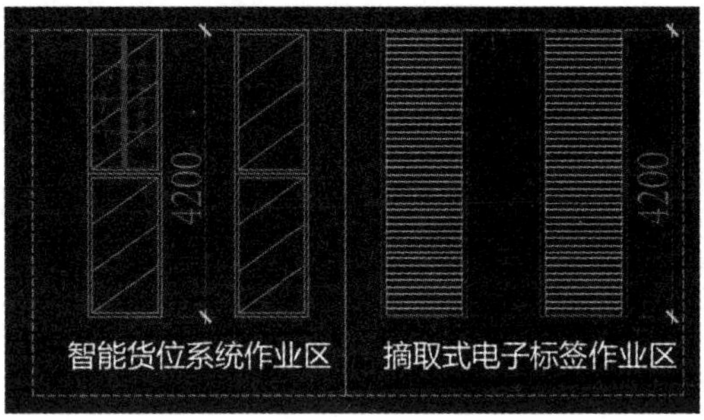

图 5.9.1 仓储货位

9.3 WMS 补货、移库实训操作

1.WMS 移库的操作

(1)单击库存管理中的“移位单”，选择“新增”，如图 5.9.2 所示。

图 5.9.2 移位单 1

(2)进入移位单界面，录入移位单号、机构、货主单号、移位日期、货主、事务类型，单击“保存”。如图 5.9.3 所示。

图 5.9.3 移位单 2

(3)进入移位单，单击“查找并添加库存”，选择需要移位的货物并确认。如图 5.9.4 所示。

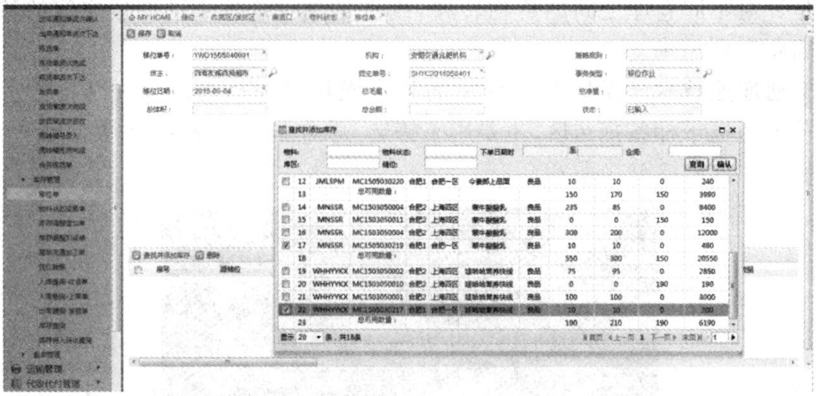

图 5.9.4 移位单 4

(4)确定需要移位的货物库存数量以及需要移位的货物目的储位、托盘，单击“保存”。如图 5.9.5 至图 5.9.7 所示。

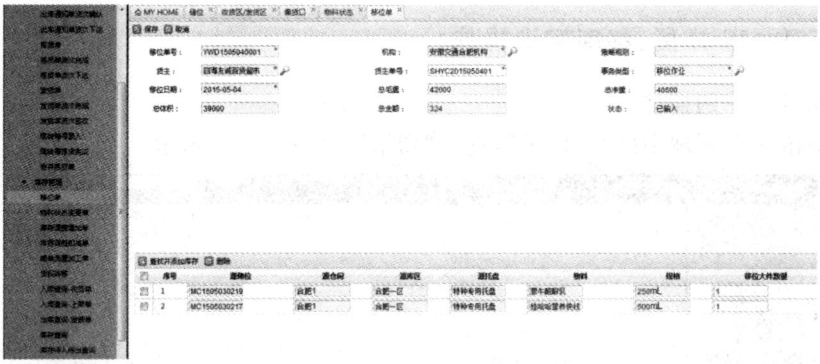

图 5.9.5 移位单 5

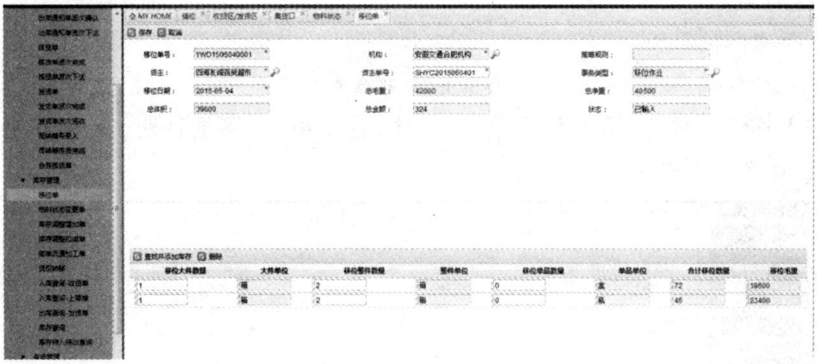

图 5.9.6 移位单 6

图 5.9.7 移位单 7

(5)保存后跳转到移位单界面，选择移位单，并且在货物完成移库后单击“确认”，至此移库作业完成。如图 5.9.8 所示。

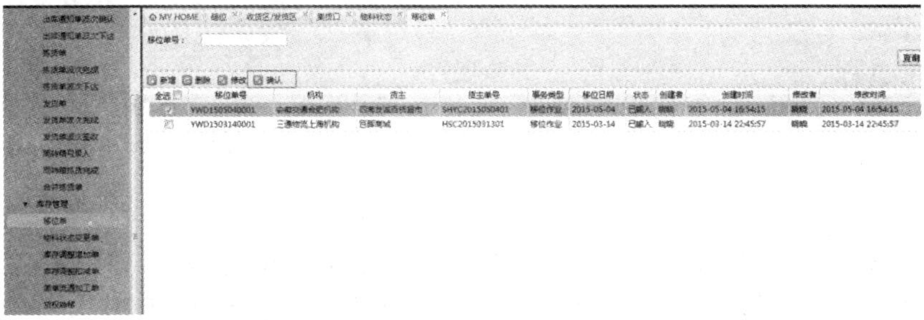

图 5.9.8 移位单 8

2. 内补货策略操作

(1)建立内补货策略对象。

①单击“策略管理”→“内补货策略对象”，如图 5.9.9 所示。

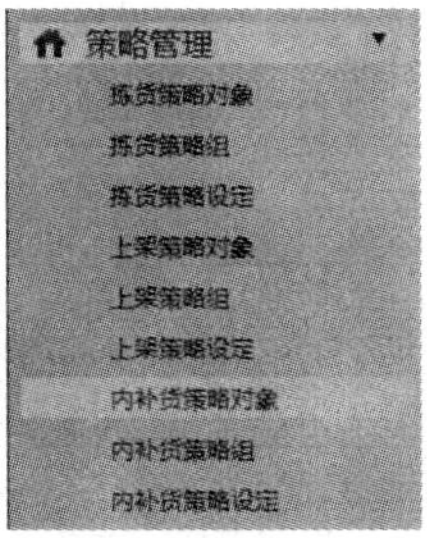

图 5.9.9 内补货策略 1

②单击“新增”，录入名称，选择数据源对象，新建内补货策略对象，必须新建三个内补货策略，并且数据源对象分别为“库存”“储位”“物料”，因为内补货策略是根据库存量、储位和物料属性的数据进行运算的。操作如图 5.9.10 和图 5.9.11 所示。

图 5.9.10 内补货策略 2

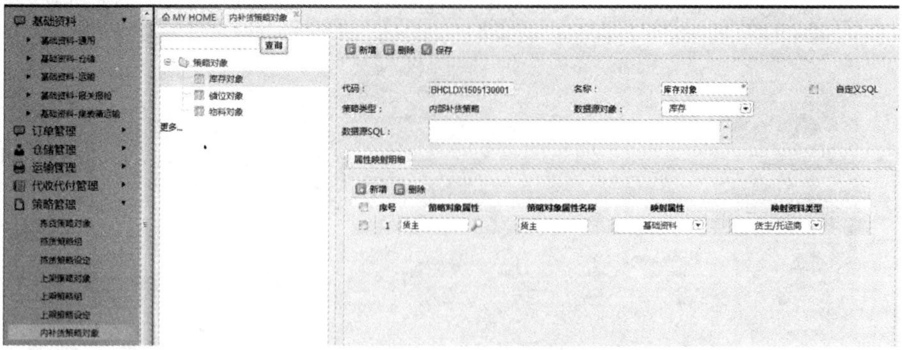

图 5.9.11 内补货策略 3

③单击“属性映射明细”→“新增”，选择策略对象属性，具体对应表参见内补货策略对象，这里选择“货主”为策略对象属性名称。如图 5.9.12 所示。

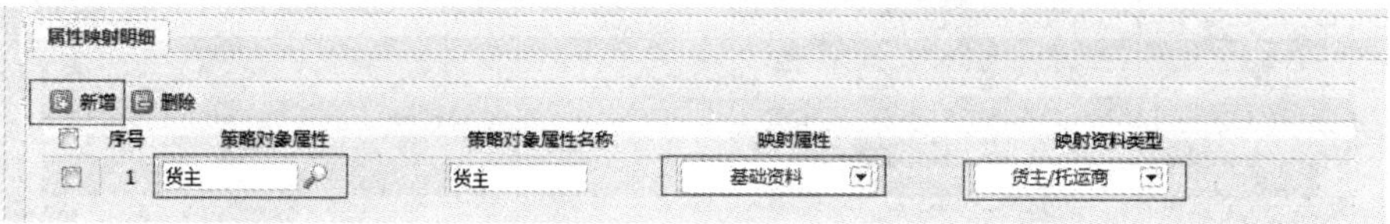

图 5.9.12 内补货策略 4

④按照以上的操作，再建立以“储位”和“物料”为数据源对象的内补货策略对象。内补货策略对象中设置的策略对象属性是内补货策略组运算具体取值字段。如图 5.9.13 和图 5.9.14 所示。

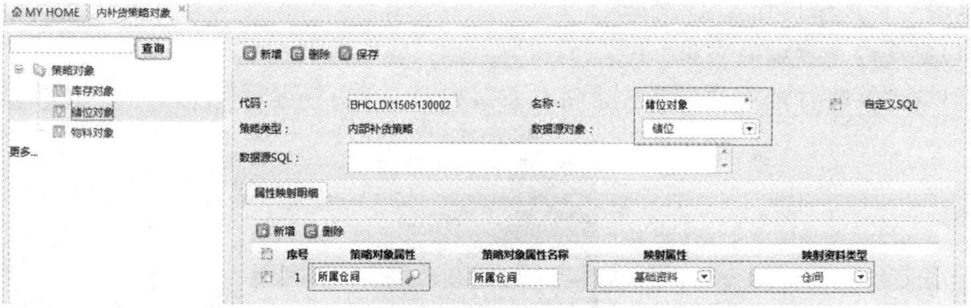

图 5.9.13 内补货策略 5

图 5.9.14 内补货策略 6

(2)建立内补货策略组。

①单击“策略管理”→“内补货策略组”,如图 5.9.15 所示。

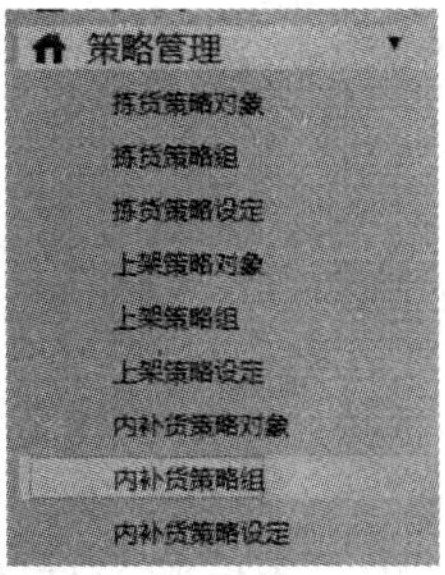

图 5.9.15　内补货策略管理 1

②单击“新增”,录入名称,选择机构、储位对象、资源对象、物料对象,录入顺序,选择移动事物类型,如图 5.9.16 所示。

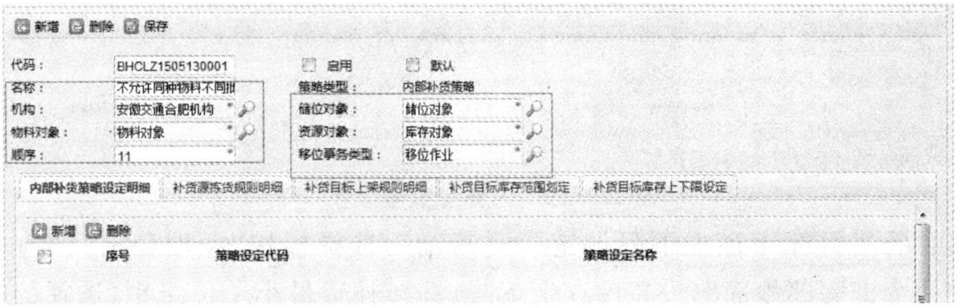

图 5.9.16　内补货策略管理 2

③单击“补货源拣货规则明细”→“新增”,选择“规则”,此规则为内补货任务发生时的拣货策略规则,即按照何种规则拣取货物。这个案例选择“按拣选方式”,规则参数值选择“优先人工”,具体的补货源拣货规则明细使用方法参见内补货策略组。如图 5.9.17 所示。

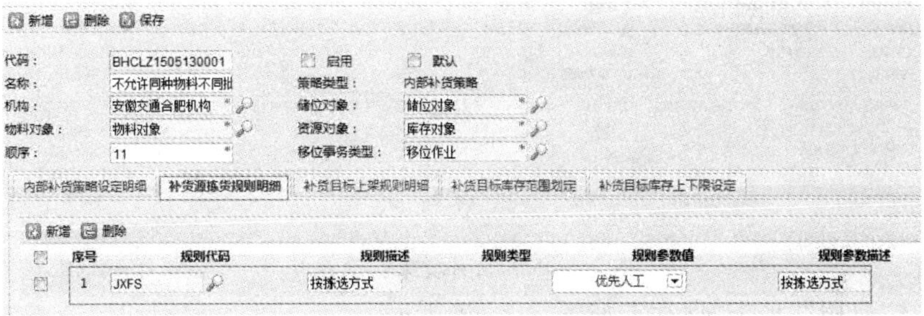

图 5.9.17　内补货策略管理 3

④单击“补货目标上架规则明细”→“新增”,选择“规则”,此规则为内补货任务发生时的上架策略规则,即按照何种规则分配储位上架。这个案例选择“不允许同种物料不同批次混放”,具体的补货目标上架规则明细使用方法参见内补货策略组。如图 5.9.18 所示。

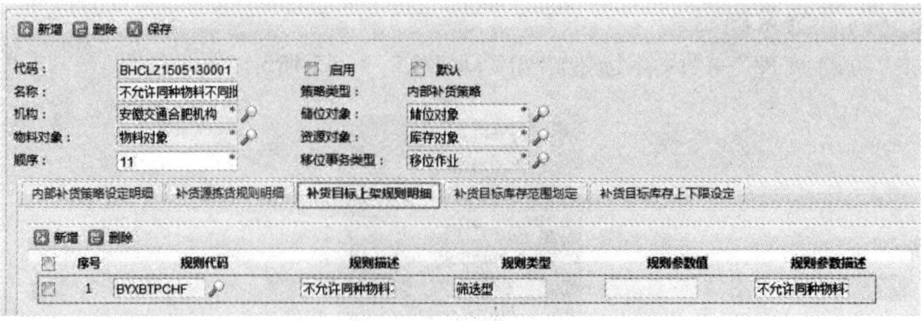

图 5.9.18 内补货策略管理 4

⑤单击“补货目标库存范围划定”→“新增”，选择处理对象属性，此处的处理对象即为补货上架储位库存范围，案例选择货主为巨晖商城的库存范围。如图 5.9.19 所示。

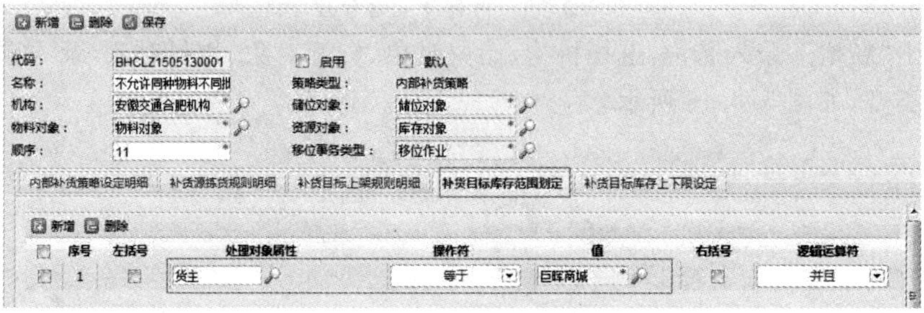

图 5.9.19 内补货策略管理 5

⑥单击“补货目标库存上下限设定”→“新增”，选择机构“深圳公司”、客户“巨晖商城”、物料“今麦郎阿郎炒面”，设置库存上下限，选择补货最小单位级别；选择的补货目标上架规则是不允许同种物料不同批次混放，系统中的该物料需有批次库存，才能执行这个规则。内补货策略里的补货量根据补货目标库存上下限设定的库存上限量、库存下限量以及补货最小单位级别计算。例如，补货最小单位级别设置成整件，则补货数量是以整件计算，库存上限量、库存下限量也是以整件计算。如图 5.9.20 所示。

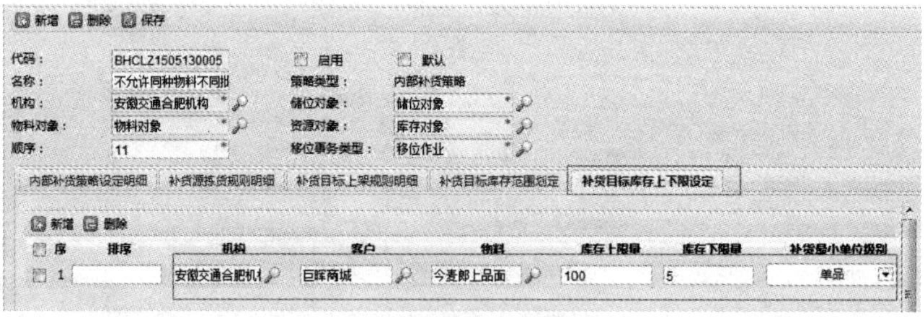

图 5.9.20 内补货策略管理 6

⑦勾选“启用”，单击“保存”，如图 5.9.21 所示。

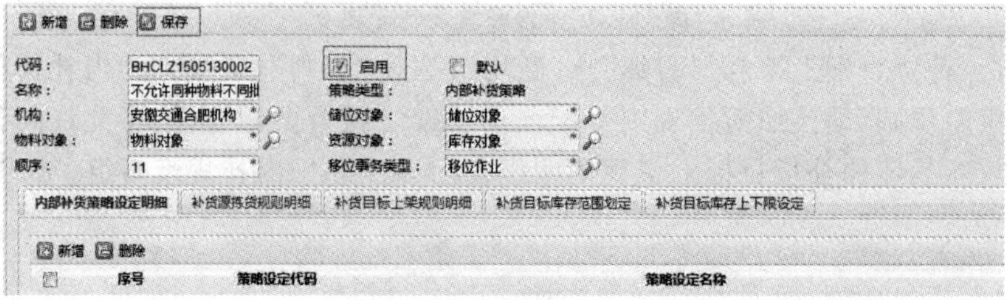

图 5.9.21 内补货策略管理 7

注意：因为这个案例要用“不允许同种物料不同批次混放”的内补货策略规则，所以其他内补货策略组须禁用，确保不被其他策略组匹配。

(3)建立内补货策略设定。内补货策略设定是将所属的内补货策略组的对象属性具体取值。

①单击“策略管理”→“内补货策略设定”，如图 5.9.22 所示。

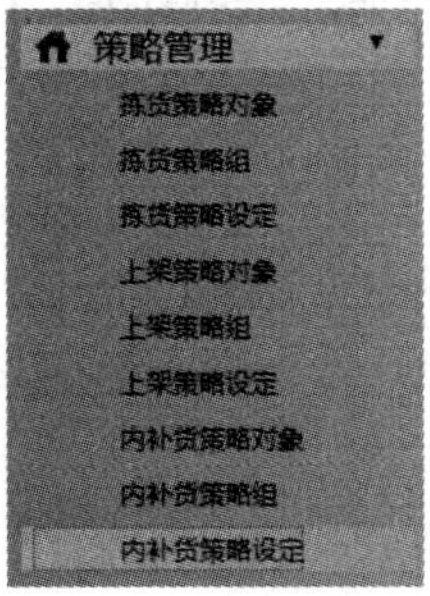

图 5.9.22 内补货策略设定 1

②单击“新增”，开始编辑内补货策略设定，如图 5.9.23 所示。

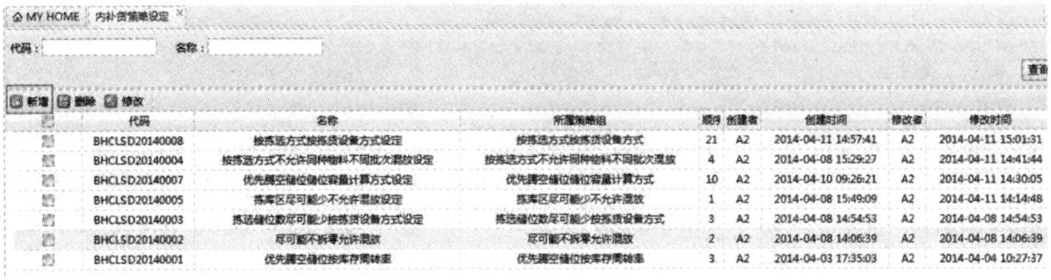

图 5.9.23 内补货策略设定 2

③选择所属策略组“不允许同种物料不同批次混放”，录入名称、顺序，如图 5.9.24 所示。

图 5.9.24 内补货策略设定 3

④单击“待补货数据匹配条件明细”，选择处理对象属性“名称”，选择值“今麦郎阿郎炒面”，如图 5.9.25 所示。

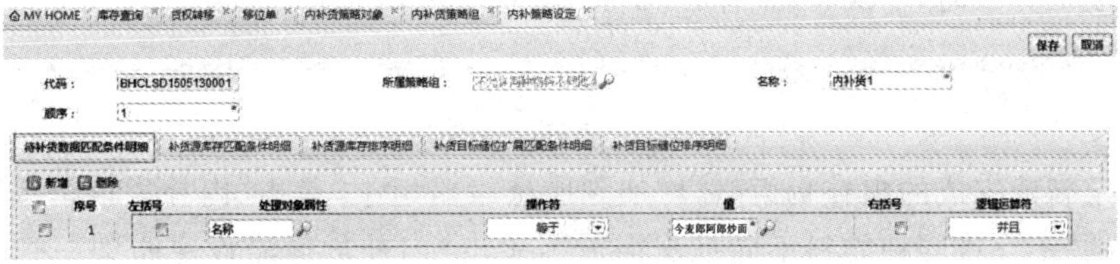

图 5.9.25 内补货策略设定 4

⑤单击“补货源库存匹配条件明细”，选择资源对象属性“货主”，即为之前的库存策略对象属性映射明细，选择值“巨晖商城”。如图 5.9.26 所示。

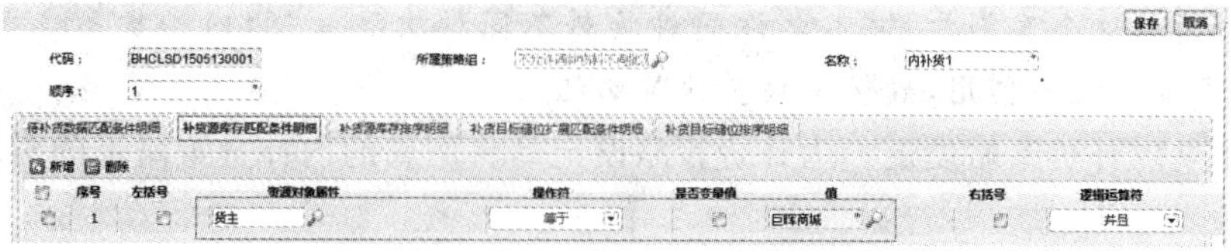

图 5.9.26　内补货策略设定 5

⑥单击“补货源库存排序明细”→“新增”，选择资源对象属性“货主”，选择升序/降序，如图 5.9.27 所示。

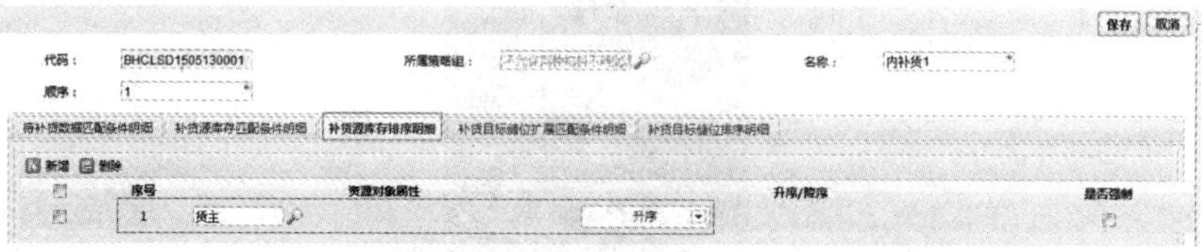

图 5.9.27　内补货策略设定 6

⑦单击“补货目标储位扩展匹配条件明细”→“新增”，选择资源对象属性“所属仓间”，选择值“合肥 3”，如图 5.9.28 所示。

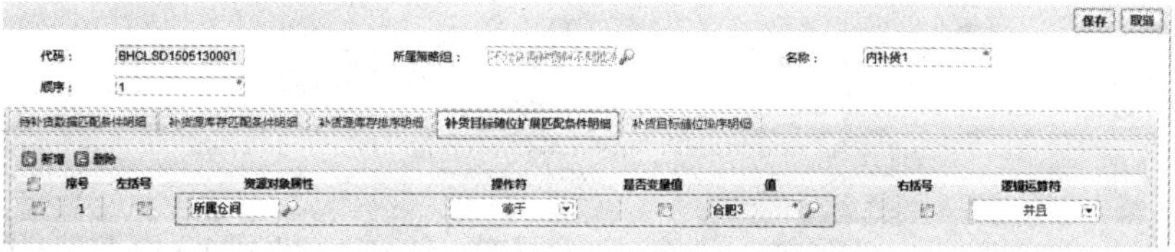

图 5.9.28　内补货策略设定 7

⑧单击“补货目标储位排序明细”→“新增”，选择资源对象属性，选择升序/降序，补货目标储位是根据升序/降序优先选择补货目标储位。如图 5.9.29 所示。

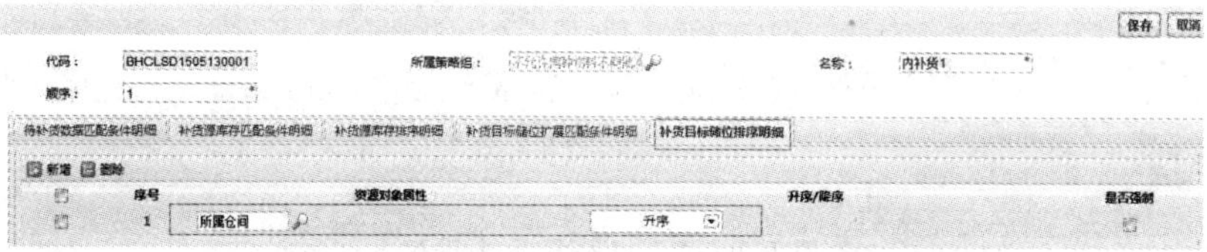

图 5.9.29　内补货策略设定 8

⑨填写完成后，单击“保存”，内补货策略设定新建完成。当内补货策略设定下的明细都必须填写完成时，才能单击“保存”。如图 5.9.30 所示。

图 5.9.30　内补货策略设定 9

⑩设定新建完成的内补货策略，增加到所选策略组中，单击“内补货策略组”，选择上一步设定的“不允许同种物料不同批次混放”，单击“内补货策略设定明细”→“新增”，选择策略设定代码，选择刚才设定好的内补货策略设定。勾选“启用”，单击“保存”，至此内补货策略设置完成。下一步开始使用刚才设定好的内补货策略。如图 5.9.31 所示。

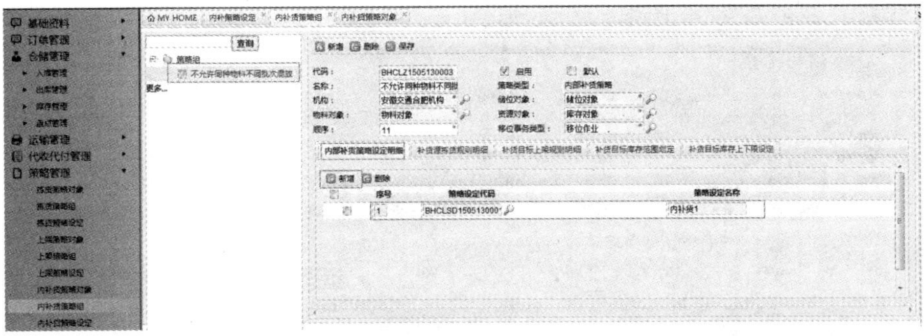

图 5.9.31　内补货策略设定 10

3.库存管理－补货运算

(1)单击“仓储管理”→“库存管理”→“补货运算”，如图 5.9.32 所示。

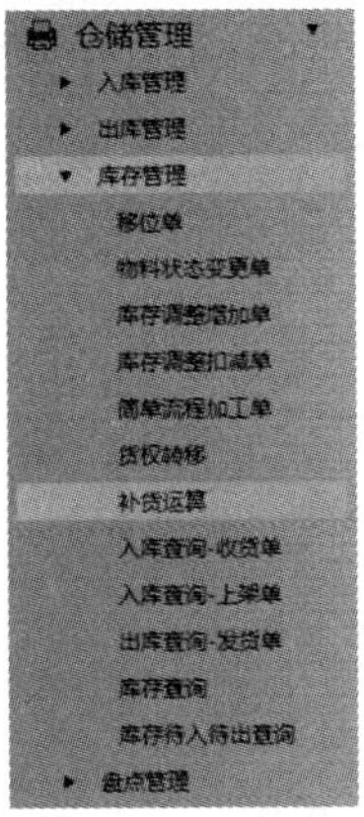

图 5.9.32　补货运算 1

(2)单击，选择机构“安徽交通合肥机构”，选择货主“巨晖商城”，单击“预览移位单”，即会出现根据内补货策略产生的移位单移位，如图 5.9.33 和图 5.9.34 所示。

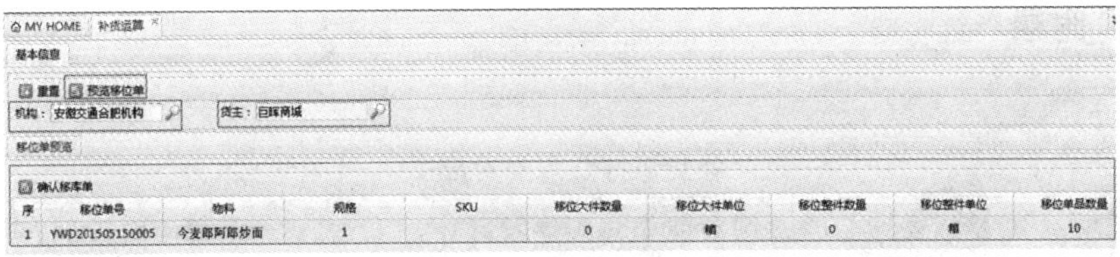

图 5.9.33　补货运算 1

源仓间	源库区	源储位	源托盘	目标仓间	目标库区	目标储位	目标托盘
55	55	MC14150002	37	B2仓间	B2库区	MC14120008	43

图 5.9.34　补货运算 2

图中源储位是拣选区原有标签，目标储位为电子标签，一个货架有正反两面，一面为补货区域(原有标签)，另一面为拣货区域(电子标签)。

注意：

①如果内补货策略设置完成，但是在补货运算时没有产生相应的补货移位单，需检查储位是否满足条件，即目标储位的库存是否大于或等于内补货策略组中设定的补货目

标库存下限。如图 5.9.35 所示。

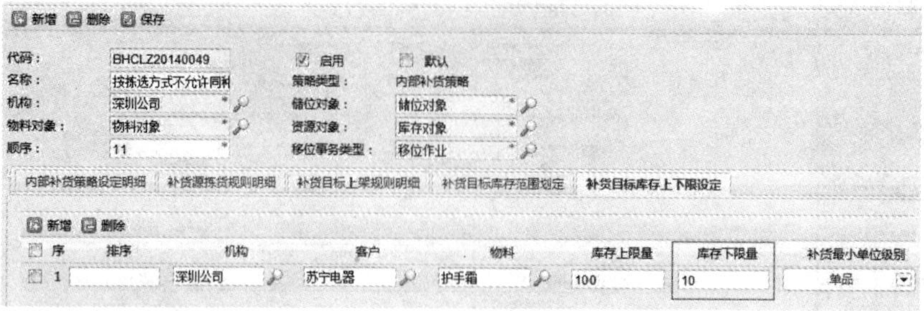

图 5.9.35　库存下限量

②查看其他储位是否有符合补货源拣货规则的储位和库存。

③检查物料是否符合内补货策略设定中待补货数据匹配条件明细。

④检查补货源库存是否符合内补货策略设定明细。

⑤检查补货目标储位是否符合内补货策略设定补货目标储位扩展匹配条件明细。

9.4　考核标准

WMS 移库考核标准

小组成员			评委		
序号	考核内容	考核标准	分值	扣分	得分
1	WMS 移库操作	补货策略运算正确建立	40		
2		WMS 移库作业操作	40		
3		货物移库作业操作	20		
综合得分					
评委指导意见					

9.5　附录

附录一

补货源拣货规则对应表

规则代码	规格描述	规则类型	规则参考值	匹配信息来源
JXFS	按拣选方式	权衡型	优先人工、优先设备	补货源拣选储位拣选方式
JKNBCL	尽可能不拆零	权衡型		补货源拣选储位拣选方式，优先考虑整货拣选
JKQS	拣选库区尽可能少	权衡型		补货源拣选区域选择单一工作区，避免分散拣取
JXCWS	拣选储位数尽可能少	权衡型		补货源拣选储位优先考虑单一储位，避免分散储位拣选
YXTKCW	优先腾空储位	权衡型		补货源拣选储位，优先考虑拣选储位数量

附录二

补货目标储位上架规则对应表

规则代码	规格描述	规则类型	规则参考值	匹配信息来源
BYXBTPCHF	不允许同种物料不同批次混放	匹配型		“批次”来源于“入库通知单”、“批次”资料
BYXHF	不允许混放	匹配型		来源于物料信息
YXHF	允许混放	匹配型		“参数”来源于“物料”资料，“批号”来源于“入库通知单”
JHSBFS	按拣货设备方式	权衡型	优先人工、优先设备	“拣货设备”来源于“储位”资料
JHMSFS	按拣货模式方式	权衡型	整货、散货	“拣货模式”来源于“储位”资料；整货和散货来源于“物料”的“该级单位及以下属于零散件”
SJZCW	上架总储位尽量少	权衡型		优先考虑占用储位数量
ZYCWS	占用空储位尽量少	权衡型		优先考虑占用储位空间
KCZZL	按库存周转率	匹配模式型	降序、升序	按库存周转率排序，对应储位排序明细方式，分配上架储位；在无上月数据情况下，默认值为“物料”中的“最低周转率”
CWRLJS	储位容量计算方式	匹配模式型	数量、容积、重量	按单分配，生成上架单

项目十　盘点实训

10.1　实训项目说明

实训课时

1课时。

实训目标

(1)了解仓储业务盘点模式。

(2)了解仓储业务盘点操作。

(3)熟悉仓储业务盘点流程。

实训内容

第三方企业对在仓库中的某一货主或制造商存放的货物进行盘点。

材料准备

安徽交通合肥机构接到四海友成百货公司的通知，对其在安徽交通合肥机构的货物进行盘点。安徽交通合肥机构决定于 2015 年 5 月 4 日对四海友成百货公司的所有货物进行盘点。(注意:软件盘点时会出现储位选项,这时需要选择有货物的储位)

10.2 知识链接

盘点是指定期或临时对库存商品的实际数量进行清查、清点的作业,即为了掌握货物的流动情况(入库、在库、出库的流动状况),以便准确地掌握库存数量,对仓库现有物品的实际数量与保管账上记录的数量进行核对作业。

盘点方式通常有 2 种:一种是定期盘点,即仓库的全面盘点,是指在一定时间内,一般是每季度、每半年或每年进行一次全面的盘点,由货主派人会同仓库保管员、商品会计一起进行盘点对账;另一种是临时盘点,即当仓库发生货物损失事故、保管员更换或仓库与货主认为有必要盘点对账时,组织一次局部或全面的盘点。

综合第三方仓储盘点是指根据货主、批号或储位等进行的盘点工作。

盘点主要包括以下几个方面:

①数量盘点。

②重量盘点。

③货与账核对。

④账与账核对。

10.3 WMS 盘点实训操作

(1)单击系统左侧"盘点管理"→"盘点单",如图 5.10.1 所示。

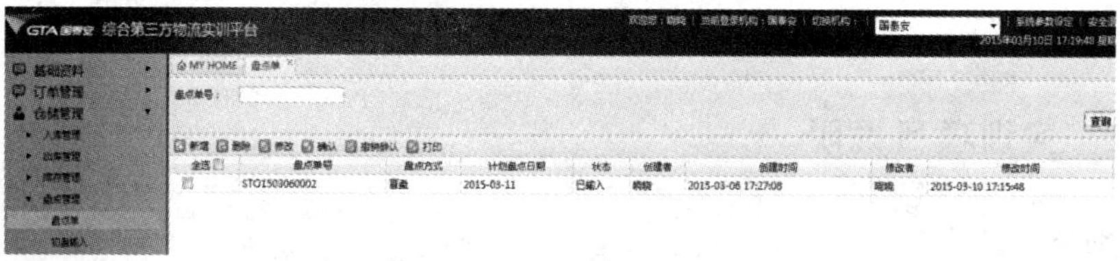

图 5.10.1 盘点单界面

(2)单击"新增",选择盘点方式,录入仓间、货主、物料状态、计划盘点日期、库区、储位,单击"保存",如图 5.10.2 所示。

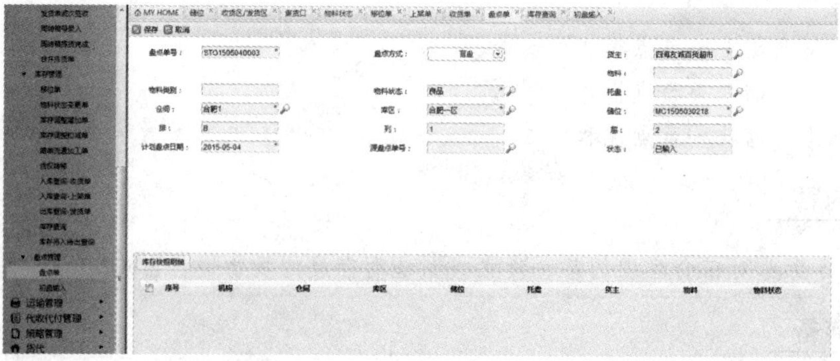

图 5.10.2 盘点单录入

(3)单击“保存”后，系统自动跳转至盘点单列表，勾选盘点单，单击“确认”，盘点单创建完成，如图5.10.3和图5.10.4所示。

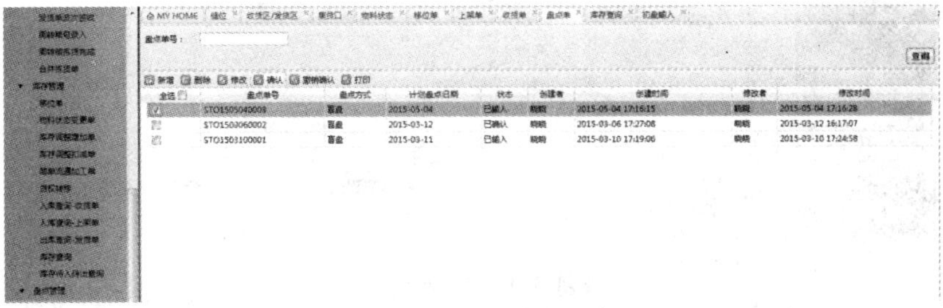

图5.10.3 盘点单创建1

图5.10.4 盘点单创建2

(4)单击系统左侧“盘点管理”→“初盘输入”，进入初盘环节，如图5.10.5和图5.10.6所示。

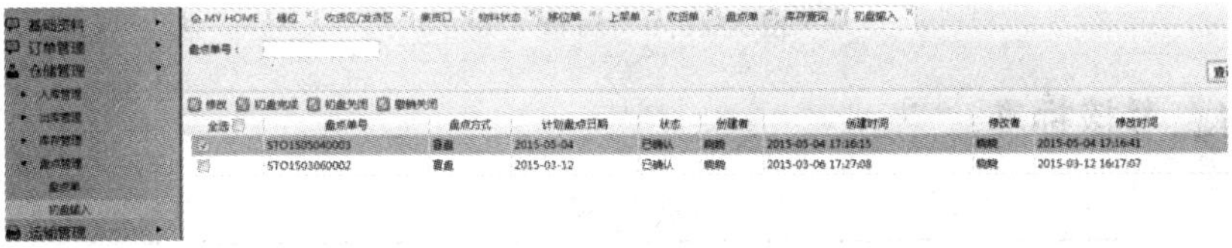

图5.10.5 初盘1

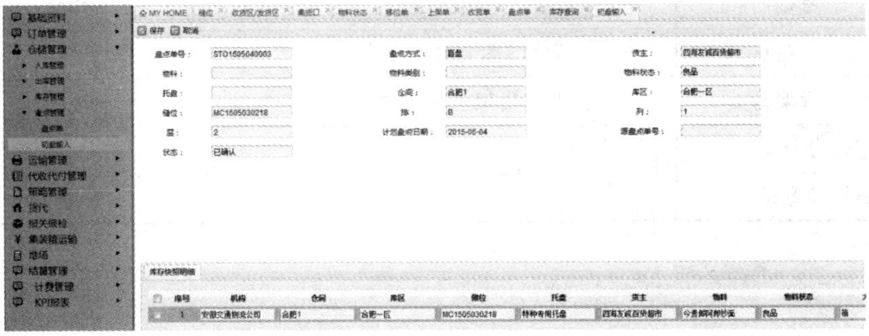

图5.10.6 初盘2

(5)仓管员对指定仓库中货架上的货物进行盘点，若货物数据属性数量没有错误，在系统中输入实际初盘数量，单击“保存”。如图5.10.7所示。

图 5.10.7　初盘 3

(6)在系统中勾选盘点单,单击“初盘完成”,则此次盘点任务完成,如图 5.10.8 和图 5.10.9所示。

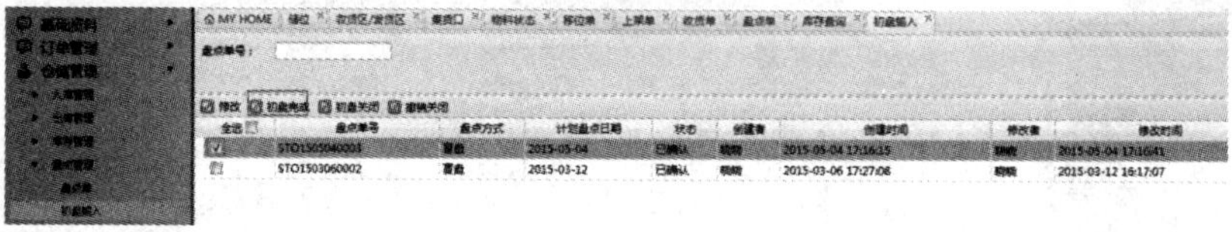

图 5.10.8　初盘完成 1

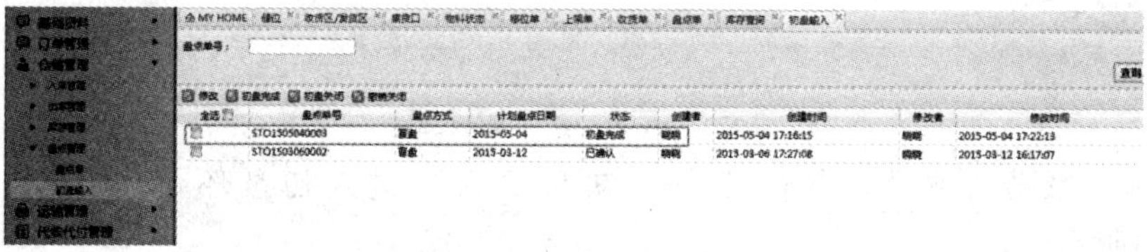

图 5.10.9　初盘完成 2

10.4　考核标准

盘点考核标准

小组成员			评委		
序号	考核内容	考核标准	分值	扣分	得分
1	盘点	WMS 盘点作业操作	50		
2	货架盘点	仓库内货架上货物的盘点	50		
综合得分					
评委指导意见					

参考文献

[1]范爱理.仓储管理实务[M].北京:人民交通出版社,2012.

[2]叶靖,李作聚.仓储配送中心布局与管理实训手册[M].北京:清华大学出版社,2011.

[3]钱芝网.仓储管理实务情景实训[M].北京:电子工业出版社,2011.

[4]杨叶勇.仓储与配送管理实训教程[M].北京:中国农业大学出版社,2009.

[5]张卓远,魏文波,吴满财.仓储管理实务[M].北京:航空工业出版社,2012.

[6]薛威.仓储作业管理[M].北京:高等教育出版社,2012.

[7]马俊,王彬.库存实务[M].北京:中国物资出版社,2011.